イギリスの教育課程改革
― その軌跡と課題 ―

*Education Reform
and
Curriculum Development in England*

木村 浩 著

東信堂

まえがき

　教育の危機が叫ばれて久しい。昨今の学級崩壊、いじめ、不登校、中途退学、校内・家庭内暴力、非行、少年凶悪犯罪、基礎学力低下など教育をめぐる諸問題は、その背景や原因が究明され、対応策が論議され、策定された改革施策が実施に移されても、いまだに、教育の危機的状況からの脱出はおろか、むしろ事態は一層深刻化しているのが現状である。
　こうした教育の危機的な問題状況の解決こそ、喫緊の最重要課題であると捉え、国を挙げて解決策を議論し、現状改善に取り組んでいるのは、ひとりわが国のみではない。諸外国の多くの国にも共通する教育問題であり、国家的課題でもある。本書で取り上げるイギリスとて、無論その例外ではない。
　イギリスが、教育の機会均等理念の実現を指向して、第二次世界大戦後の教育改革を国家主導のもとに推進したのは、「1944年教育法」の制定・施行によってであった。同法は、「1988年教育改革法」によりイギリス教育が大きく転換するに至るまで、イギリス教育制度の基本とされてきた。
　以下に収録する論稿のそれぞれは、この1944年法体制下の期間と、これに続く1988年教育改革法のもとに新たに展開された変革期の「イギリスの教育」を、その時々に応じて克明に描写し、かつ、これに分析を加えたもの、と言うことができよう。いわば、一人のイギリス教育研究者の目をとおして捉えたイギリス教育の断面なのである。
　ところで、イギリスの教育研究にかかわって以来、40年余りが経過した。この間、教育ジャーナルなどの関連誌紙や研究報告書・共著書等に発表したイギリス教育に関する論稿はかなりの数に達した。その中には、今日のイギリス教育の現実をより深く理解するうえでも、また、今後のわが国の教育を考える際にも、改めて再読し、検討の素材とすることが必要と考え

られるものも少なくない。　そこで、これらの書き溜めた論稿を吟味して、イギリスの主要な教育課題のうち、「教育内容・方法に関する」論稿と、「教育制度に関する」ものの２領域に分類することとした。今回は、「教育内容・方法に関する」拙稿のうち、イギリスの教育課程（カリキュラム）に深く関わり、同時に、わが国の教育問題と比較検討する観点からも有益と考えられる論稿に限定し、これを以下の７章（問題領域）にまとめ、本書に収録することとした。もう一方の領域である「教育制度に関する」拙論の吟味と分類、さらに書籍収録のための諸々の作業は他日を期したい、と思う。

　本書刊行を思い立ってから上梓に至るまでには、５年余りの歳月を要した。この間、多くの方々から貴重なご助言やご協力をいただいた。とりわけ、帝京大学の佐藤晴雄氏と、東信堂の下田勝司社長には大変にお世話になった。また、本書への転載をご快諾くだされた各出版社にもお礼を申し上げねばならない。併せて、深甚なる謝意を表する次第である。

著者

イギリスの教育課程改革——その軌跡と課題——／目次

まえがき　i

第1章　教育課程改革の進展とその軌跡 ………………… 3
　1節　中等教育の総合化と基礎学力問題　　　　　　4
　2節　ナショナル・カリキュラムと教育水準の向上　　9

第2章　教育課程と総合学習の展開 ………………… 21
　1節　総合学習——その原理と多様な実践——　　22
　2節　総合学習の展開と課題　　　　　　　　　　34

第3章　教育課程と職業体験学習 ………………… 44
　1節　学校と地域産業との協力関係——初期の事例——　45
　2節　体験学習と支援組織　　　　　　　　　　　49
　3節　体験学習の展開——特定校の事例研究——　55

第4章　教育課程と能力別指導 ………………… 74
　1節　能力別指導と教育効果　　　　　　　　　　75
　2節　能力混合教育の実践事例とその成果　　　　79
　3節　学校教育における平等主義と能力主義　　　86

第5章　教育課程と教科書 ………………… 91
　1節　教科書と1988年教育改革法　　　　　　　　92
　2節　教科書研究と学習材開発　　　　　　　　　123
　3節　学校における教科書の位置づけ　　　　　　137

第6章　教育課程と中等教育修了資格試験 ………………143
　1節　中等教育修了資格試験の史的展開　　　　　144
　2節　中等教育試験制度の改革案——GCSE試験の発足——　160
　3節　中等教育修了資格（大学入学資格）試験の事例研究　169

第7章 教育の国際化と多文化教育 ················· 208
　1節　多文化教育の展開　　　　　　　　　208
　2節　国際理解教育――日本とイギリス――　　220

巻末関連資料 ················· 226
　（1）イギリスの学校系統図
　（2）イギリスの教育課程関連年表
　（3）イギリスの中等教育試験関連年表

あとがき ················· 240

追記 ――イギリス教育研究追懐―― ················· 240

事項索引 ················· 242

人名索引 ················· 248

イギリスの教育課程改革
―― その軌跡と課題 ――

第1章　教育課程改革の進展とその軌跡
―― ナショナル・カリキュラムの設定と背景 ――

┌ 解説
　21世紀を迎え、一層に加速化された経済活動のグローバル化と、ITの発展に伴う知識社会 (knowledge based society) の到来は予想以上に急速であり、わが国のみならず諸外国にても、これら社会変化に対応した人材の育成や教育の在り方が、厳しく問われている。
　1980年代、すでに、子どもを取り巻く社会変化と国家の将来を見据えたアメリカは、本書「まえがき」にて述べたような教育の危機的な状況の克服を期して、アメリカ連邦教育省長官諮問委員会の報告書「危機に立つ国家」(*A Nation At Risk : The Imperative for Educational Reform*. April, 1983) を刊行し、アメリカ全土にわたる大規模な教育改革運動を展開した。
　また、教育内容については統制の比較的緩い国として知られ、わが国の教育課程管理と対比されてきたイギリスでも、サッチャー保守政権により「1988年教育改革法」が制定施行された。これにより、競争原理の導入と教育の効率化による学力水準の向上、国際競争力の強化を目指した教育改革が進められ、現在も引き続きその方向に沿った改革が進行中である。1997年に政権の座についたブレア労働党内閣も前政権の教育政策大綱を受け継ぎ、教育改革を最優先課題とする諸施策を次々に打ち出し、その推進・実現に努め成果を上げつつある。
　こうした先進諸外国の取り組みに互して、わが国では、1984（昭和59）年に中曽根総理直属の「臨時教育審議会」が発足、3カ年間にわたる調査審議の結果は4回の答申＜自由化・個性化・多様化＞にまとめられ、以後1987年の閣議決定「教育改革推進大綱」を基本方針とする改革施策が具体化された。次いで、2000年3月には、小渕総理が私的諮問機関「教育

改革国民会議」を設置、21世紀を担う人材の育成と教育の在り方が検討され、17項目の提言がなされた。これを踏まえて、2001年1月、文部科学省は「21世紀教育新生プラン」に改革の具体的な施策や課題をまとめ提示した。

以上、1980年代「臨時教育審議会」以降の教育改革への取り組みを追ってみたが、それぞれの提言・施策に共通する改革の理念ないし視点は、教育をめぐる危機的な状況への対応を第一とするものと言え、第二に先進諸外国の場合と同様に、経済面での国際競争、人材競争に参加しうる学力水準の向上であり、生涯学習社会の実現である。

世界の教育は、教育の機会均等理念の実現に向けて、すでに基礎教育の段階ではその量的拡大にかなりの成果を収め、今や基礎学力を子どもたちに保障し、個性や能力を全面開花させる「教育の質」の向上が注目されている。子ども一人ひとりには、多様な教育機会の保障に加えて「教育の質」の充実が期待され、国家レベルでは、国際競争力の強化を目指した、国民全体の、総体としての教育（知識・技能）水準の向上と、「質的に優れた人材」の「量的確保」が喫緊の教育課題となる。

本章では、わが国の教育改革問題を、今日の時点で分析・検討する際の手掛かりとなることを期待し、「1988年教育改革法」制定に至る以前のイギリスにおける基礎学力低下問題を取り上げる。次いで、教育改革法制定のねらいと教育課程改革構想の概要をまとめた拙稿を解説・転載する。

1節　中等教育の総合化と基礎学力問題

本節の背景とねらい

1964年の総選挙の結果、政権を獲得した労働党政府は、その8カ月後には地方教育当局に対して、11歳試験（eleven plus test）の廃止と中等教育の総合制化を目的とする教育科学省通達「中等教育の再編」（Circular 10/65 : THE ORGANISATION OF SECONDARY EDUCATION. Issued by the Department of Education and Science on 12 July 1965）を発した。時の教育科学大臣クロスランド（Antony Crosland）の名を冠してクロスランド通達とも称され、イギリスの中等教育総合化再編の研究にとって不可

> 欠な重要文書であり、戦後イギリスの教育政策史研究ないし教育制度研究のうえでも必読資料とされる。通達には、1950年代末以来「すべての者に完全な中等教育を」を標榜する労働党が、最優先教育政策とする三分岐制中等教育の廃止、すなわち総合教育原理による単一共通学校での中等教育の実現への具体的施策が盛り込まれている。
> 　これに対し保守党は、学力水準の低下を理由に能力主義教育体系の温存を政策目標として再編に反対し続け、学力低下問題ともかかわって両政党の争論的な教育課題として、発現の形を変えながらも現在にまで引き継がれている。
> 　低学力問題が、対応を迫られる焦眉の課題となっている今日の日本の状況と考え合わせ、本節が検討の素材ともなれば、幸いである。なお、1965年以降、政権の交替を重ねながらも総合教育は拡大普及を続け、2001年現在の総合制中等学校（comprehensive school）教育の普及率は、イングランド87％、ウエールズ100％、スコットランド96％、となっている。

1．はじめに

　ここ数年来、イギリスでは中等学校の総合制化が急ピッチで進行しており、これまで知的上位の子どもを対象としてきたグラマースクールは、「1976年教育法」の制定により早晩その姿を消すことが決定的となったが、新たに「11歳時試験」による選別の廃止と総合制化の進展に伴う学力水準の全般的な低下傾向が指摘され、基礎学力の充実確保が教育政策上の重要課題となるに至った。

2．多様化した教育課程

　元来、今日のイギリス初等・中等教育の目的・内容・方法の基本的な方向は、中等教育については、1959年の中教審報告であるクラウザー報告と、63年のニューサム報告の勧告の趣旨に基づくものであった。そして1960年代後半以降の中等教育政策は、就学年限の一カ年延長と総合制化に向けられ、教育の内容と方法においては、平均以下の子どもの能力を助長させ

るための教育課程や指導方法の開発が進められ、そのための実験が奨励された。また、初等教育についても、1967年に答申されたプラウデン報告は、11歳時試験と能力別学級編成の廃止といった労働党の教育政策に対応する諸勧告と併せ、一人ひとりの子どもの能力と成長に応じた教育内容と指導方法、学習組織の開発と新しい試みを推奨した。

その結果、子どもの全面的発達、基礎的技能の習得、宗教的・道徳性の涵養、身体的発達などの教育目的を実現するための児童中心の指導内容と方法、柔軟性のあるクラス編成など多様な教育形態が開発され、それらは急速に全国的に普及するに至った。

宗教教育を除いて、教育課程の編成と指導方法ならびに学習組織にかかわるすべてが各学校の校長と教師に任されているイギリスでは、初等、中等学校ともに極めて多様な教育課程が学校ごとに決定されるというこれまでの状況に加えて、能力・適性・進路において、多様な生徒を教育対象とする総合制中学校の第4、5学年では、一般に幅広い選択履習制を採用することによって、中等学校の教育課程は一段とその多様性が増幅されるという結果を招いたのである。

とりわけ、それまで初等学校の教育課程の全国的標準化の機能を果たしてきた11歳時試験が廃止され、また一方では16歳時統一試験であるGCEやCSE試験が新しい学習領域における教育プログラムの開発とその導入に応じて、新たな受験科目を次々と付け加えるなど、いずれも、それぞれの学校と教師の自主的で創造的な教育活動を許容する好ましい教育条件として、教師に受け入れられてきた。

その反面、子どもや生徒が学ぶ教育内容と指導の方法・形態は、学校ごとに異なって統一性を欠き、初等、中等教育ともに、基礎的な学力と技能の習得、徳性の涵養という人間形成にかかわる教育の基本目的に照らして、必ずしも望ましい学校教育の在り方であるとは言い難い事態が生じてきたのである。

3. 基礎学力の低下が問題化

たとえば、全国英国教育研究財団（NFER）の主任研究員ウィルモット博士らの研究グループが実施した GCE 普通レベルと CSE 試験の 1968 年と 73 年時の受験者についての調査結果が、1977 年 4 月発表されたが、それによれば、この 5 年間における合格水準の著しい低下の傾向は明白であった。また、イギリスの全大学の副学長（vice chancellor）で構成される大学副学長委員会が行った下院での報告の中にも、大学入学者の基礎学力が年々低下しており、その原因が中等学校における広範な科目選択制の採用と過密な教育課程にあると指摘されている。

中学校修了者を雇い入れる産業界からの基礎学力低下についての苦情と学校教育批判も後を絶たない。また、ここ数年来、初等教育修了後に私立学校に転入する生徒が増加しているのも、公立学校での基礎的教科の指導に対する一部の親の不満と失望を反映したものとして注目されている。

このような公立学校における基礎学力の低下という深刻な事態に直面した教育科学大臣ウィリアムズ女史は、1976 年 11 月から 1977 年 3 月にかけて、基礎的教科の重視と教育課程の基準導入の提案を含む教育問題についての全国的な教育討論会を全国の 8 地区で開き、地方教育当局、関係団体、産業界、親など広く国民各層の意見を聴取した。そして、この全国討議の成果をもとに、1977 年 7 月、学校教育に関する政府の教育政策を示す 50 ページほどの小冊子「学校における教育」を発表した。いわゆる「学校教育緑書」（グリーンペーパー）である。

同書には、教育大討議の主要議題となった教育課程の基準導入を含む 6 つの政策課題についての現状と問題点および提案がそれぞれ詳細に述べられている。

学力低下に関しては、最初の章「カリキュラム」において、児童の自発的学習を尊重する教授法の普及や問題解決学習の採用、教育課程の拡充を高く評価しているものの、新しい教授法の無批判な導入に対しては否定的であって、初等教育の目的は読み、書き、計算という基礎的技能の習得に

あることを強調している。

　また、中等教育については、教育課程の過度の多様化と専門化を批判し、国語、数学、理科、外国語等の基礎教科の学習の充実と教育課程を、現代産業社会に適合させることの必要性を訴えている。

　そして、その措置として、初等、中等教育ともに、現行教育課程の再検討と全国的な統一性を確保するための教育課程の全国的基準設定の必要性を説き、地方教育当局、教員団体、スクールズ・カンシルと協議のうえ、各地域および個々の学校の教育課程の再検討を地方教育当局に対して通達する意図があることを表明している。

　この緑書に続いて、1977年12月、教育科学大臣から地方教育当局あてに、教育課程の編成、実施状況、教育課程の内容、国語・数学・理科・外国語・宗教教育の主要教科についての方針などに関して、55項目にわたって回答を求める通達が出され、ほどなくその集計結果が公表されることになっている。

4. 注目される教師側の反応

　以上のように、公立初等・中等学校における基礎学力水準の低下問題にかかわる政府の措置は、教育課程の全国的基準の導入をもって、過密な教育課程の中で、ともすると圧迫される傾向にある基礎教科の復権をねらいとした一連の動きとして理解されるのであるが、全国的基準導入についての国民各界各層の反応は賛否両論続出の現況にある。

　しかしながら、1977年3月から9月にかけてタイムス紙が、日々教育実践に携わる学校教師が当面する多様な教育問題をどう考えているか、を把握するために実施した委託調査結果からは、少なくとも調査対象となった教師集団の反応傾向を知ることができる。

　調査対象となった公立、私立の初等・中等学校教師847人のうち、初等学校への基準導入については63%が、中等学校への導入に関して64%が反対の意向を表明している。この基準導入に対する教師の反応は、「過去5

年間に児童・生徒の学力水準が低下したと思うか」という別の設問に対して、「低下した」とするもの 36% に対し、「変わらない」32%、「上昇した」と回答するもの 24% であって、学力水準の低下を過半数の教師が否定する反応結果にも対応するものであった。

　児童・生徒中心の教授法の普及や教育課程の過度の多様化に伴う「基礎学力の低下」等の問題は、すべてではないまでも、その多くが中等教育の総合制化の著しい進展により生じたものと言え、労働党政府の推進する総合制化と教育課程の全国的基準導入の施策をめぐる今後の成り行きが注目される。

(出所)「英国における学力問題」『内外教育』(「現代海外教育シリーズ・「人間形成」、1978 年 7 月 11 日号、時事通信社) 所収

〈補説〉第 2 節以降の記述に見るように、1988 年教育改革法の制定・施行により、教育課程の全国基準は初等・中等学校に導入され、今日に至っている。

2節　ナショナル・カリキュラムと教育水準の向上

―本節の背景とねらい―

　日本比較教育学会第 25 回大会の課題研究発表 (1989 年、於・九州大学) の課題研究論文「特集：教育改革の国際的動向」に、「教育改革の国際的動向―はじめに―」(川野辺 敏)、「学校教育の質的転換に向けて―韓国の場合―」(馬越 徹)、「情報化と社会への対応について」(福田誠治)、「人格形成の充実を目指して―カナダ・ケベック州の場合―」(小林順子) の論稿とともに収録された拙稿である。学会発表の前年 (1988 年 7 月) に制定された、「教育水準の向上」を制度改革の第一義的目的とするイギリスの「1988 年教育改革法」を取り上げ、その制定の背景、経緯、法令内容、ねらい、などを分析・検討して、全国共通カリキュラムの設定にかかわるイギリスの国内論議と、期待される教育効果について論じた。

1. 教育改革法と全国共通カリキュラム

　1987年11月、イギリス政府は教育改革法案を国会に上提し、翌88年7月29日には、「1988年教育改革法」（以下、改革法）が成立した。

　改革法は、第一部「初等中等学校」、第二部「高等継続教育」、第三部「内ロンドンの教育」、第四部「雑則」、の四部構成の全文238条と13の細則から成る教育法令で、戦後教育体制の全面的な見直しと改編に貫かれている。その規定する主要な改革は、次のようなものである。

　① 教育内容の地域間、学校間格差を是正し、教育水準の全体的向上を図るため、全国共通カリキュラム（前節でいう「教育課程の全国基準」のこと）を設定する。② 親の学校選択権を拡大するため、公営学校の標準入学定員を順守させる。③ これまで地方教育当局の責任とされてきた学校財政運営の権限と、教職員の採用・解雇に関する権限を学校理事会に委譲する。④ 親の過半数の要請があれば、公立学校を地方教育当局の管轄から離脱（オプト・アウト）させ、政府補助学校に移管する。⑤ 内ロンドン教育当局を廃止し、13の地方教育当局を分離独立させる。⑥ 民活導入による技術者養成機関シティー・テクノロジー・カレッジを創設する。⑦ これまで地方教育当局が維持管理してきたポリテクニクス、高等・継続教育カレッジなどの高等教育機関を独立法人化する。⑧ 大学教員の終身在職権を制限する。

　以上総じて、教育全分野に競争原理を導入して、学校間の競争をあおり、学校運営の効率化を期待するとともに、これまで初等・中等・継続教育について全責任を負っていた地方教育当局の権限を大幅に縮小することをねらいとしたものとなっている[1]。

　改革法案を下院に上提した日の記者会見で、当時の教育科学大臣ベーカー氏は、「この法案の基本的、総合的な目的は教育水準の向上である」と言明し、法案を「よりよき教育のための憲章」と呼び[2]、そしてまた、改革法成立の日の記者会見にのぞんだ同氏は、改革法制定の目的が「親の選択権の拡大、学校理事会の権限強化による学校運営の効率化、全体的な

基礎学力水準の向上」[3] を図ることにあることを強調したのである。

　改革法は、(1) その第3条の第1、第2項で公営学校に在学する5歳から16歳の義務教育年齢の児童・生徒に学校教育での全国共通カリキュラムの履修を義務づけ、(2) さらに第2条第2項および第4条第2項にて、全国共通カリキュラム各教科の到達目標 (attainment target)、学習プログラム (programmes of study)、評価手順 (assessment arrangements) の設定ならびにその改定の権限が教育科学大臣にあると定めている。(3) 全国共通カリキュラムとは、中核教科 (core subjects) とされる国語・数学・理科に、基礎教科 (foundation subjects) の歴史・地理・技術・音楽・美術・体育・外国語（中等学校）を加えた10教科を指し、これが公営学校に在学する義務教育段階のすべての児童・生徒の履修すべき必修教科と法定されたのである。また、(4) 教育科学大臣が教科ごとに定める到達目標、学習プログラムおよび評価手順の策定・管理を教育科学大臣の指示に従って専門的に実施する機関として、全国カリキュラム審議会 (National Curriculum Council) および学校試験評価審議会 (School Examinations and Assessment Council) の設置を定めている。(5) 5歳から16歳までの義務教育年限11年間を、初等教育6年、中等教育5年に二分し、初等教育6年をさらに前期初等教育修了時に当たる7歳、後期初等教育修了時の11歳の二つの段階で、また中等教育5年を前期修了時の14歳と後期修了時の16歳の二つの時点で、各教育段階ごとに到達目標、学習プログラム、評価手順に従い、全国的な学力評価試験を実施する。(6) 学力評価試験は、7歳・11歳・14歳・16歳という発達の各段階ごとに、易から難へと10区分された到達水準 (level of attainments) に照らして、児童・生徒一人ひとりの学力到達度を明確に把握し、学校・地域・国レベルでの教育成果の確認を行うというものである。(7) 全国共通カリキュラムに基づく学習指導は、1989年9月からとされ、初等教育前期段階（5～7歳）では国語・算数・理科が、また中等教育前期段階（11歳～14歳）では数学・理科の学習がすでに導入されている[4]。

概略以上のような全国共通カリキュラムの履修については、後述するように、国が直接的にカリキュラムにかかわることのなかったイギリスでは、極めて画期的なことであり、数多くの反論が関係各団体・機関から寄せられることとなった。

それでは、次に共通カリキュラム法定に至るまでの経緯を振り返ってみることにしたい。

2. 全国共通カリキュラム設定の経緯

イギリスにおける戦後教育改革の最優先施策は、1944年教育法に基づく中等教育機会の万人への開放と義務教育年限の延長であった。

1960年代以降、労働党政権下においては中等学校の総合化政策が強力に推進され、その結果初等教育修了時の11歳試験による3種別の中等学校への振り分けから解放された初等学校では、児童中心の進歩主義教育が急速にその広がりをみせはじめていた。

加えて、戦後教育の基本を定めた1944年教育法は、年齢・能力および適性に応ずる教育の提供を地方教育当局に義務づけ、教育内容に関しては宗教教育のみを唯一の必修と規定するにとどめた。したがって、カリキュラムに関する権限と責任はすべて地方教育当局にあると見なされ、実質的には個々の学校の裁量において学校独自のカリキュラムが編成され、個々の教師による自由な教育実践がすすめられるのが全国の各地域・各校に共通する実態であった[5]。

それ故に、戦後教育体制下における地方分権主義と、国・地方・学校(教師)の三者協調主義に基づく緩やかな教育内容行政システムは、一段と地域間・学校間における教育内容上の格差を拡大させることとなった。1960年代の末から70年代にかけて全国的に基礎学力水準の低下が問題とされ、その原因が中等教育の総合制化、過度の科目選択制の導入、児童中心の進歩主義教育の採用にあるとする批判は一段とその高まりをみせはじめたのである。

2節　ナショナル・カリキュラムと教育水準の向上　13

　こうして、カリキュラムの共通化は、教育水準向上のための処方箋、1970年代中葉以降主要な教育課題として提起されるに至るのである。
　さて、共通カリキュラム設定に向けての動きが具体的に開始されるのは、1976年9月キャラハン労働党内閣の改造により、シャリー・ウィリアムズ女史が教育科学大臣に任命された時といってよい。学力水準の低下問題とかかわって、中等教育の総合制化や進歩主義教育に対する批判キャンペーンは、一連のブラックペーパー・シリーズの刊行などにより高められつつあった。労働党のキャラハン首相がオックスフォード大学のラスキン・カレッジで全国的規模の教育大討論会開催を提唱したのは、まさにこうしたイギリスの初等中等教育に対する国民各界各層の関心が高揚しつつあった時期でもあった。
　1977年2月から3月にかけて、全国8カ所で開かれた地域大会で論議された成果は、労働党政府の政策討議文書「学校における教育」、いわゆる教育緑書として同年7月に公表されたが、これは政府の学校教育に関する政策の方向を総合的に提示した最初のものとなった[6]。既述のとおり教育緑書には、すでに教育討論会の討議資料として政府の用意した小冊子「子どもの教育」に示された4領域、(1)学校カリキュラム5歳〜16歳、(2)試験制度、(3)教師教育、(4)学校と職業生活の各領域に添った討議主題と現状の分析、改革の提言が含まれている。このうち本節と関連するカリキュラムについては、児童中心的な教授法の行き過ぎに対する警告と、基礎学力の確保・向上の観点から初等学校レベルでの3R'sの重視の方向を打ち出している。
　中等教育については、過度の科目選択制による学習の多様化を抑制し、国語・数学・理科・外国語等の基本教科の重視と、現代産業社会への対応を指摘している。初等・中等教育ともに、現行カリキュラムの再検討と、カリキュラムの全国共通の枠組みの設定ないし教育内容の基準性の確保の必要性を強調したのである。
　1977年に出された教育科学省通達「学校カリキュラムに関する地方教

育当局の措置について」[7]は、1944年教育法第23条に基づく地方教育当局の学校カリキュラム事項に関する責任事項についての計画的・継続的調整措置を照会するものであった[8]。

また、同年には、中等学校の共通カリキュラムに関する勅任視学部の討議文書が刊行されたが、これは先の1977年教育科学省通達と併せ、中等教育への共通カリキュラム導入と、カリキュラム領域への中央政府の介入とイニシャティブの必要性を示唆するものであった[9]。

かくして、基礎学力の確保、教育水準の向上のための教育課程の全国的基準設定へ向けての動きは、1979年5月の労働党から保守党への政権交代にもかかわらず、継続して取り組まれることとなる。

1980年1月、協議文書「学校教育課程の枠組み」が教育科学省により発表された。同文書は初等・中等教育ともに義務教育の全課程を通じて、国語・数学・理科を必修と定め、国語と数学には総授業時数の10％を、理科には10〜20％を当てることを指示している。このほか、体育・宗教の必修と中等学校での外国語学習の継続を望ましいものとしている。これに対する教育関係団体・機関の反応は概して厳しいもので、少なくとも中央政府が総授業時数に占める教科の学習時間を比率をもって明示することについては、極めて批判的であった[10]。

1981年3月、義務教育段階のすべての児童・生徒を対象とする教育科学省指導文書（ガイダンス・ペーパー）「学校教育課程」が発表された。共通カリキュラムの導入および中央政府のイニシャティヴ発揮を提言する文書は、これまでは討議文書、協議文書という性格をもつものであったが、今回は指導文書としてのそれであった。同書はわずか22頁、64項目の文書であるが、教育の目標、勧告、示唆を含み、初等学校では全員共通履修を、さらに中等学校では5カ年間にわたる外国語の継続履修を指示している[11]。

以後、1984年9月には、討議文書「カリキュラムの構造と内容・5歳〜16歳」が、また翌85年3月には「よりよき学校」が続いて発表される。

前者は、3R's 基礎技能の習得を優先させるが、初等学校ではこれに加えて芸術・理科・コンピュータ学習を、中等学校では、国語・数学・理科・工芸・テクノロジー・デザイン・外国語の履修も提言している。また、中等学校第4、第5学年の選択科目に当てる時間は総授業時数の15%程度が適切であると示唆している[12]。

さて、後者は教育科学省「白書」であり、初等中等教育ともに教育課程は、(1) 幅の広い、(2) 均衡のとれた、(3) 児童・生徒の生活体験や将来の成人生活に関連したもので、(4) 能力適性に応じて多様性のあるもの、としている。そして、初等段階では、国語・数学・理科の基礎学力の習得、ほかに歴史・地理・デザイン・テクノロジー・体育・道徳・健康教育を含めるべきこと、中等段階では過度の選択制を改め、国語・数学・理科・体育・人文・芸術・外国語・テクノロジーを含むカリキュラムの履修を勧告している[13]。

「よりよき学校」は、白書であるが多分に政策文書ともいうべき性格を併せ持つものであり、共通教育課程導入についての強い志向は、改革法のナショナル・カリキュラムの草案へと連なっていったのである。1976年10月のキャラハン首相のラスキン演説から12年、全国共通カリキュラムは1988年教育法により法定され、中央政府主導による教育課程管理、あるいは教育内容に関する教育科学大臣の権限が明確に示されたことによって、イギリスの教育課程行政は新たな時代を迎えたというべきであろう。

地方分権主義と、中央・地方・学校（教師）の三者協調主義に基づく教育行政[14]のこれまでの在り方は、イギリス経済の再建と国際競争力の強化を喫緊の課題とするサッチャー政権の教育改革により、大きく変貌することとなったのである。

以下では、全国共通カリキュラム設定の政府提案に対する関係団体・機関等の反応をみてみることにしたい。

3. 全国共通カリキュラム設定についての反応

　教育改革法案の下院上提に先立って、教育科学省は、全国共通カリキュラムを含む教育改革に関する諮問文書を刊行・配布し、全国の関係団体・機関・個人からの意見・助言を受け付けた。タイムズ教育版の報ずるところによると、教育科学省に寄せられた1万8,000の意見・助言のうち、その半数が全国共通カリキュラムに関するものであった、という。

　それら意見のうちの一部は、書物の形で収録されて市販されているものもある。

　ハヴィランド編の『テイク・ケア・ミスター・ベーカー』[15]には、全国共通カリキュラムと全国テストに関する教員組合や地方教育当局など97団体・機関からの回答が収録されている。鈴木彬司氏は、これを手際よくまとめ、以下のように5項目に分類・整理している[16]。

(1) ナショナル・カリキュラム（全国共通カリキュラム）の導入はまさに教育内容の国家統制であり、それはイギリスがこれまで培ってきた自由かつ民主的な教育制度を放棄することにつながる。

(2) 教師および地方教育当局が自主的に行ってきたカリキュラム編成、カリキュラム開発が阻害され、教師の教育意欲が低下する。

(3) 「古典」「社会」「商業」「家庭科」などナショナル・カリキュラム以外の重要または周辺教科の選択が制限されるほか、地域の特性を生かした教科の実施が困難になる。

(4) 試験制度の導入は、総合制中等学校の普及発展の過程で廃止された11歳時試験の復活であり、時代に逆行するものである。

(5) 11歳時試験は、必然的に優秀な子と、そうでない子を選別し、子どもの正常な発達を阻害する。

　このように、児童・生徒の学習する教育内容を共通化し、教育水準の全体的向上を図ることを最大の目的とする全国共通カリキュラムの設定は、これまで長年にわたってはぐくまれてきた多様で、創造的で、自由なカリ

キュラム編成と教育実践というイギリス教育の類い稀なる特質を失わしめるのではないかとする危惧を表明するものもみられる。

ロンドン大学名誉教授で比較教育学者として世界的に著名な E. キング (King) 博士も、「パートナーシップがイギリス教育の一つの特長」であり、「地域により管理される国の制度」というこれまでの伝統的な行政の在り方が、中央政府の権限強化により「時計の針を元に戻す」怖れが強くなった、と鈴木慎一氏に宛てた論文の中で述べている[17]。同様な不安と批判は、ロンドン大学のリニー・サラン女史など来日された教育学者との懇談を通してもうかがうことができた。また筆者の友人であるイギリス人教師はその私信の中で、全国共通カリキュラムの実施に伴う全国テストは、学校間競争を激化させ、テスト中心の授業展開の横行、経験や活動を重視する教育が抑制させる怖れがあるとも記している。

教育科学省への数多くの回答にもみられるように、地域・学校の特性を生かした開発の阻害、基礎教科以外の学習領域軽視の惧れがあるなど、全国共通カリキュラムの実施にはいくつもの不安がつきまとう。

こうした批判に対して、サッチャー首相の政策ブレーン集団として知られるヒルゲートグループは、1986年12月刊行の政策声明「学校は誰のもの」に続いて、1987年「イギリスの教育改革」[18]を発表して、サッチャー政権の教育改革に望む基本原則と、その実現のための具体的施策を提示した。同書は全国共通カリキュラムを含む主要な改革提案6項目について、グループとしての見解を示すとともに、修正案や改善策をも表明している。全国共通カリキュラムの法定とそれに伴う教育科学大臣の権限強化は、国際的競争相手に遅れをとらないための教育水準向上策の実現にとって必要不可欠であるとしている。

今や、国・地方・学校（教師）の三者協調の特色ある行政システムは改められ、教育科学省の役割のみが一段と強調されているのである。

おわりに

　全国共通カリキュラムが法定され、教育科学大臣による基準設定の権限が明示されたことにより、長年にわたり教育議論の中心に位置づけられてきた教育課程共通化の問題は、新たな時代を迎えることになった。

　イギリス教育の特質とされる学校独自のカリキュラム編成と個々の教師による創造的で自由な教育実践は、全国共通カリキュラムの導入により、今後どう変わっていくのであろうか。1989年9月からの導入科目は、初等教育前期の第一段階への数学・理科・国語の3中核教科に限られ、全国テストは1992年度と予定されている。歴史・地理の導入は初等教育前期では1991年に、中等後期の第四段階では1994年であり、また、美術・音楽・体育が全段階の全児童・生徒に履修されるのは1992年である。

　1989年6月時点での全国カリキュラム審議会の計画[19]では、中等教育前期・後期のそれぞれの段階での外国語の履修開始は1992年と1995年であり、全国的な到達度評価（全国テスト）が行われるのは1996年と1997年とされている。したがって、改革法により設定された全国共通カリキュラムが義務教育の全段階で履修されるのは1995年、全国テストは1997年であり、教育実践レベルでの導入に伴う影響がより明確な形で把握されるのはさらに数年後のこととなろう。

　1989年度の日本比較教育学会大会では、教育実践のレベルで予想される影響について発表させていただいた。今後の情報・資料の収集と併せ、教育実践レベルにおけるイギリス教育の特質の変容を考察の対象としていきたいと考えている。

　全国共通カリキュラム導入と全国テストの準備作業をすすめているのは、改革法により創設された全国カリキュラム審議会と全国試験・評価審議会である。各教科の到達目標、学習プログラムの各々についての審議と最終報告書の作成、教育科学大臣による省令草稿の作成と省令公布が今後逐年に行われる。全国共通カリキュラムの全課程を履修した、いわゆる共通カリキュラム第一期生が就職・進学に当面するのは2000年のことであ

る。全国共通カリキュラムの今後の実施状況と実施に伴う教育の質の変化に注目していきたい。

(出所)「全国共通カリキュラムの設定と教育水準の向上―イギリスの場合―」『比較教育学研究』(第16号、課題研究論文＜特集・教育改革の国際的動向＞1990年、日本比較教育学会編)所収、pp.144-151.

〈補説〉1997年労働党が政権に復帰し、翌1998年には「学校水準および枠組み法」(School Standards and Framework Act) が成立する。これにより、EAZ (Education Action Zone) が定められ、ナショナル・カリキュラムの改定作業と「カリキュラム2000」の導入に向けての動きが活発化する。また、この年には「全国読解・計算能力向上作戦」(National Literacy and Numeracy Strategy) が策定されるなど、以後、基礎学力水準向上のための諸施策が次々に実施に移されていく。

(注)
(1) 鈴木慎一「イギリス教育改革法の成立と今後の動向」『きょうどう』第2巻6号、1988年11月号、協同出版
(2) Department of Education and Science."Education Reform Bill." *News*.343/87. Nov. 20.1987.
(3) Department of Education and Science. "Kenneth Baker welcomes Education Reform Act." *News*. 228/88. July 29. 1988.
(4) National Curriculum Council. Newsletter of the National Curriculum Council. June,1989.
(5) John Mann. "Education." *Government and Administration Series*. Pitman, 1979. pp.179-201.
(6) DES. Education in Schools. A Consultative Document. HMSO. 1977.
   Denis Lawton. *The Politics of the School Curriculum*. Routledge and Kegan Paul Ltd., 1980. pp.36-49.
(7) DES Circular 12/77. *LEA Arrangements for the School Curriculum*. DES Circular, 1977.
(8) Denis Lawton, op.cit., pp.44-45.
(9) ibid., pp.46-49.

(10) DES. *A Framework for the School Curriculum.* Consultative Document, HMSO. January, 1980.
(11) DES. *The School Curriculum.* HMSO. March, 1981.
(12) DES. *The Organisation and Content of the 5-16 Curriculum.* discussion paper, HMSO. September, 1984.
(13) DES. *Better Schools.* White paper. HMSO. March, 1985.
(14) Denis Lawton. op. cit., pp.6-12.
(15) Julian Harviland. "Take Care, Mr. Baker!" Fourth Estate, London, 1988, pp.7-100.
(16) 鈴木彬司「イギリスの1988年教育改革法について」『国会図書館レファレンス』平成元年8月号、52頁
(17) E. キング・鈴木慎一訳「1988年教育改革法について」『教育』1989年3月号、国土社
(18) The Hillgate Group. *The Reform of British Education, From Principles to Practice.* The Claridge Press. Sept. 1987.
(19) National Curriculum Council. *NCC News.* June 1989.

第2章　教育課程と総合学習の展開

> **解説**
>
> 　平成10年6月、わが国の「教育課程審議会」は、これからの社会変化に主体的に対応できる資質・能力の育成をねらいとする「総合的な学習の時間」(以下、総合学習)の創設を答申した。この教科横断的・総合的な学習活動の展開による「問題解決能力」「生きる力」の育成という答申の基本的な考えは、学習指導要領改訂の主眼とされ、平成12年度からの移行措置を経て、小・中学校では平成14年度から、高等学校は平成15年度から全面的に実施さている。ところで、文部科学省告示である学習指導要領には、各教科についてはそれぞれの目標・内容が明示されているが、教科でも領域でもない「総合的な学習の時間」については、事例と標準配当時間を示すにとどまり、学習の主題・内容・実践方法などは、すべて学校教師に任されている。したがって、教育現場では、新学習指導要領の告示以降さまざまな論議や研究試行がみられ、主題の選択・設定や総合化を図る学習の効果的な展開、児童・生徒の協働学習、教師間の協力指導など先導的実践事例が紹介されたりもした。とりわけ、移行措置期間に続く全面実施年度を迎えて以来、実践事例の紹介と経験の蓄積は着実に進められた。また、平成16年以後に再燃した基礎学力問題と併せ、総合学習をめぐる論議が浮上してきている。
>
> 　こうした最近のわが国の教育動向に対して、すでに1920、30年代の初等学校に始まるイギリスの総合学習の伝統と展開は、恰好のモデルとなりうる。おそらく、教育課程審議会委員の念頭には、イギリスの総合学習の実践の様子が映じていたのかもしれない。
>
> 　以下、イギリスの「1988年教育改革法」の制定・施行「以前」と「以後」

に書かれた拙論を、論旨はそのままに原文の表現に若干の加除訂正を加えて、それぞれ1点を転載し、検討の素材としたい。

1節　総合学習──その原理と多様な実践──

本節の背景とねらい

　1960年代にみられた「教育の現代化」の後を受けて、70年代は各国ともに「学校教育の人間化、多様化、個別化」の動きが著しい。「ゆとりと充実」を目指したわが国の学習指導要領改訂（1978）も、この世界的な潮流に沿った改革であった。本節は、教育内容の多様化、学習の個別化・主体化の先進事例としてイギリスの総合学習を取り上げ、多様な学習形態と実践の分析を通じて、わが国の教育革新にとって何らかの示唆を得ようとするものである。

1．はじめに

　1960年代の後半から急速に世界的な注目を浴びるに至ったイギリスのインフォーマル・エデュケーションは、個性と能力に応じた、柔軟で主体的な学習の展開を指向する授業革新の一方式として普及し、今日ではイギリスはもとより、アメリカにおいてもその多様な実践が展開されている。

　わが国でも、学習の主体化の方向にそった「ゆとりと充実」をスローガンとする教育課程の改善が行われ、またすでに、数少ないながらも、子どもの個性と自主性を尊重する私学の試みが見られるに至った（沼津市の加藤学園の試みもその一つであり、『私学公論』1975年9月号に、学園長加藤正秀氏による学園の紹介が見られる）。

　学習者の個性と自主性を尊重し、一人ひとりの学習要求に柔軟に対応するための学校教育の改革は、まさに世界教育の新しい方向を示すものであるといってよい。

2．さまざまな学習形態

アメリカのジャーナリスト、シルバーマンは、その著『教室の危機』の中で、イギリスのインフォーマル・エデュケーションを「英国の新しい実験」として紹介している。彼は、プラウデン委員会によって新しい初等教育の基本的方向を示すものとして推奨された学習形態が、「フリー・デイ」（自由学習の日）、「インテグレイテッド・デイ」（統合学習の日）、「インテグレイテッド・カリキュラム」（統合カリキュラム）、「ニュー・メソッド」（新教授法）、「フリー・スクール」（自由な学校）、「オープン・スクール」（開かれた学校）、「インフォーマル・エデュケーション」（非形式的教育）とも呼ばれている実態に言及して、「名称の多様性は、それぞれの学校のやり方と組織編成の幅の広さを反映するものである」（山本正訳『教室の危機・上巻』223ページ。サイマル出版会、1973年）と述べている。

イギリスでは、一般に、伝統的な学校教育の在り方に対して、形式や伝統にとらわれない教育という意味で、「インフォーマル・エデュケーション」という言葉で総称される場合が多いが、カリキュラムの面に着目するならば、「インテグレイテッド・カリキュラム」ないし、「インテグレイテッド・デイ」と呼ぶのがむしろイギリスで一般化しているインフォーマル・エデュケーションの運営の実態を正しく捉えた呼び方とも言えよう。

この「総合カリキュラム」あるいは「総合学習の日」とでも和訳しうる学習方式については、1964年当時、初等学校総数のおよそ3分の1くらいが採用していたということが報告されている程度であって、カリキュラムの統合化の程度やその実際の運用については明確でない部分が多い。学校ごとに、また教師ごとにその採用される指導と編成のスタイルも異なる。とりわけ、学校ないし教師の裁量で自由にカリキュラムが編成されるという実際の状況を考えれば、インフォーマル・エデュケーションの運用の実態を捉えることがかなり困難であることはいうまでもない。まして、1930年代ころから、進歩的な教師や教育関係者によって試みられ、長年の実践と創意工夫の蓄積の上に徐々に普及してきた総合学習方式が、1960年代

に至って改めてプラウデン委員会により見直されたという経緯をみても明らかなように、インフォーマル・エデュケーションの概念も、インテグレーションの程度も千差万別であることは容易に想像されるところである。

したがって、イギリスのインフォーマル・エデュケーションの実際を見学した人々は、多種多様な教材・教具を備えた教室環境、子どもの自由な移動と学習活動を可能とするための広い空間、そして柔軟に展開される自主的な個別学習の活気に満ちた、騒々しいほどの教室の情景を、それぞれ特定校の事例として報告する。シルバーマンとて例外でなく、『教室の危機』に描かれているインフォーマル・エデュケーションの様子は、教室の学習コーナーに群がる子どもが自由に、自分の興味・関心のおもむくままに個別的な活動を展開しているという、観察に基づく事例の記述が多く、実際にどのように多様な実践がどう進められているかとなると、必ずしも明らかではない。

そこで本節では、モーラン (P. R. Moran) とビーリング (D. Bealing) の実施した二つの調査の紹介を中心に、イギリスにおけるインフォーマル・エデュケーション―総合学習の実態と問題点について述べてみたい。

3. 柔軟で個別的な学習の展開 —— モーランの実態調査

エクスモアーのロール・カレッジのモーランが、エグゼター大学教育学部の後援を得て1970年に実施した総合学習に関する調査は、エグゼター周辺の19の地方教育当局所管の、主に初等学校教師262名を対象とするものであった。調査方法は、授業展開の実態把握を目的とする8項目からなる記述式の質問票によるもで、回収率は80%、実数210名、内訳はインファント・クラスの教師85名、ジュニア・クラスの教師123名、中等学校教師2名という小規模なものである。回答者のうち総合学習を実践していると答えた教師は181名 (86%) であった。モーランは、これら181名の実践する総合学習を以下のように5つの類型に分類整理している。

第1のタイプ（98名・54%）

このタイプの特徴は、以下のように要約することができる。

(1) 同一時間帯に個別的な総合学習が展開されるが、個々の子どもの活動はすべて教師の指示により進められる。子どもには自分の学習活動についての選択権は与えられていない。
(2) 一人ひとりの学習が教師の指示により個別的に展開されるが、(1)の場合と異なり、子どもの活動が同一の学習領域（同一教科科目群）の枠内に限定されていて、教師により指示される個別学習には難易の差が設けられている。

このタイプに類型化される実践は、子どもの学習活動が教師の指示と指導により進められる。ある教師の回答記述によれば、「英語の学習」「創作活動」「算数の学習」の３つの領域に分けられた子どものグループは、教師の指示によって交互に学習領域を替えて、１日のうちに３つのグループすべてが全学習領域の個別学習に取り組むように配慮されている。個別的であれ、小集団的であれ、教師の指導による学習の展開が基本とされており、完全な自発的総合学習に至る初歩的な段階と考えられている。

第2のタイプ（40名・22%）

子どもが取り組む課題（プロジェクト）なり学習の目標・範囲なりが、すべて教師の指示によるところは第１のタイプの場合と同様である。しかし、与えられた課題なり学習なりを進める順序・方法は、子どもの自主的決定に任されている。教師の記述によれば、課題や学習範囲の指示は、口頭、板書、ワーク・ブックによる場合もある。また課題完成に与えられる時間は、２、３日から１週間、あるいは２週間に及ぶ事例も報告されている。教師の具体的な記述の中には、次のようなものが見られる。

「子どもたちは、与えられた学習が定められた週のうちに完成できる

というのであれば、何曜日に、何の学習をするかは、まったく自由に決定できるのです。」

「各自にワーク・ブックを持たせ、毎週初めにワーク・ブックのリストにより学習活動を指示します。」

「子どもは、指示された課題リストの中から自由に選んで、かなりの程度に総合化された学習を1週間の大部分の時間を使って取り組みます。」

「毎週金曜日の午後には、子どものワーク・ブックを検査します。」

このように、第2のタイプは、指示された学習活動・課題への取り組みの手順・方法・時間配分は子どもに任されている。したがって、ワーク・ブックによる場合には、カリキュラムのバランスを保つことは比較的容易であるが、課題方式を採用する場合には、個々の子どもの進度の記録をはじめ、学習領域間の均衡維持など、教師にはかなり高度の専門性が要求されることになるわけである。

第3のタイプ (21名・11%)

このタイプの特徴は、1日の学習を午前と午後に二分し、午前中は時間割に従って3R'sの基本的技能の学習が集中的に行われ、これに続く午後の時間をすべて子どもが自由に選択した個別的な学習活動に当てる方式である。一般に「インテグレイテッド・ハーフ・デイ」と呼ばれているものであって、初等教育における基本的技能取得の重要性を強調する教師により生み出されてきたカリキュラム編成と指導の方式だと言われる。教師たちの記述によれば、「基本的学習、特に算数の系統的学習は、総合学習では無理のようです。創作的な科目とか理科の学習であれば、総合学習によるのが最適だと思います」といったように、このタイプの指導法を採る教師は、3R'sの学習時間を総合学習の別枠として設けている場合が多いようである。

第4のタイプ（12名・6％）

このタイプに分類された授業実践は、すべてインファント・スクールの教師のそれであって、「インフォーマル・エデュケーション」ないし総合学習と称せられる指導法の典型といってもよいものである。わが国で紹介されるインファント・スクールの実践実例の多くもこのタイプに属するものであり、また、かつて筆者が見学し、紹介した事例（拙稿「イギリスの幼年学校」、持田栄一編著『未来をひらく幼児教育』第17巻所収、チャイルド本社、1974年）もこの種のもので、イギリスのインファント・スクールでは、かなりの程度に一般化しているもののようである。

このタイプの特徴は、教室ないし学校周辺に、多様な学習を想定して構造化された状況をあらかじめ設定しておき、子どもたちは、その環境の中で、集合時間がくるまで自由に選択した個別的な活動（遊び）を進めるものである。午前・午後をとおして、子どもたちは自由に教室の内外を歩き回り、次々と別の活動へと移動する。教師は子どもの間を巡回しながら、実にひんぱんに個別的な指示を与えるが、特に3R'sの学習についての助言や指導が多いという。

教師たちは、自分たちの実践について次のように記述している。

「1日の学習は、子どもが学習活動（遊び）を選択することから始まります。11時45分の集合時刻まで、子どもは自由に動き回り、個別的な活動をします。午後の時間は、私の場合ですと、体育とムーブメント（ダンス、ゲームなど、リズムに合わせた自由な身体的な表現活動：筆者注）に充てています。」

「教室内での個別指導は絶え間なく行い、必要に応じていくつかのグループを作り、集団的な活動をさせることもあります。」

「子どもは、学校の中で、各自の興味・関心に即して自由に移動し、さまざまな活動を進めます。ですから、教室や学校には彼らの活動に役立つと考えられる可能な限りの学習コーナーを設けています。自然、理

科、読書、辞書、計量、計測、ワーク・ブックのコーナーのほか、ホーム・コーナー、料理コーナー、絵画コーナー、がらくたコーナー、粘土・木工・音楽のコーナーなど、彼らの教育的な活動を支える、いわば学校全体がワーク・ショップなのです。」

「一方、教師側のほうはうまく編成されていて、詳細な時間割まで用意しています。もしそうしておかないと、個別的な指導を必要とする子どもに即座に応じられませんから。」

このように、第4のタイプは、子どもの自発的・創造的な遊びをとおしての学習を助長すべく、とりわけ学習の環境の整備に心がけるとともに、子どもの活動を中断しないための配慮として、時間割はもとより、休み時間さえ廃止している場合も見られる。教師のひとりは、「休み時間は、子どもの活動の継続にとって人為的な障害である」と述べている。

第5のタイプ (10名・5％)
このタイプは、子どもの自主的選択による自発的活動を特徴とする。与えられる活動時間は、週に1、2日の場合もあるし、1学期間のうちの特定の1週間に限る場合、また毎週の特定曜日の午後だけ、というようにさまざまである。ある教師は、「金曜日のまる1日を、子どもが自由に選択した学習を自主的に進めるために配当しています。私が条件として子どもに要求することは、必ずある程度の算数の学習を含めるということです」と記述している。自主的選択・自主的学習といっても、もちろん、上述したように1週間に1日か、2、3日とか、あるいは特定の1週間だけの集中的な統合学習というように時間的な長短があり、学習活動の選択にも制限がある。たとえば、フォーマルな学習と並行して総合学習を進めている実験的な段階にある学校の場合には、学習活動の選択についても、指示された課題リストの中からの選択といった制限とか週3日間の午後だけを総合学習に当てるという事例もみられる。

以上のように、イギリスのインフォーマル・エデュケーションが、自主性と個性を尊重し、一人ひとりの独自の要求に対応する柔軟で個別的な学習の展開を指向する授業革新の一方式だと定義するにしても、実態的には教師の指導と関与の程度、子どもの自主的学習に配当される時間の長短、選択の幅、総合学習と基礎的学習との時間配分、カリキュラムのバランス維持に対する教師側の配慮の程度、インファント・スクールとジュニア・スクールとの間にみられる支配的な採用タイプの相異など、各々の学校の独自性とそれぞれの教師の個性ある学級経営を反映して、実にさまざまな実践が展開されていることが理解される。

4．教師の個性を生かした実践 ——ビーリングの実態調査

上述のモーランの総合学習に関する実態調査を、別の視点から補完する調査が実施された。レスター大学教育学部のビーリングが実施した調査がそれである。調査は、総合学習を何らかの形態で実践している小学校教師181名（39校）を対象として、総合学習の実践において採られている経営の原則ないし方針を明らかにすることを主たる目的とするものであった。

質問紙は3部門から成り、①ストリーミングに関すもの、②教室内の備品配置や子どもの位置および移動に関するもの、③子どもの学習活動の組織・編成についてのもの、である。

調査結果によれば、90％以上の教師が、複数科目から成る総合的な学習方式を取り入れていることが明らかとなったが、このことは教室における一斉指導が消滅したことを意味するものではない。

表2-1は、教師の採用する指導法が、ときおり適用するものであれ、全期間をとおしてのものであれ、採用比率には無関係に、「採用している」と回答した者の比率である。したがって、一斉指導、グループ学習、個別学習の組み合わせの比率を示すものではないが、カリキュラムの各領域とも個別学習が支配的な学習形態となっている状況がうかがえる。とりわけ、回答した教師のおよそ4分の1が読解力の学習では完全に個別学習方法を

採用していると述べている。

表 2-1　　　　　　　　　教師の採用する指導法

（単位　％）

指導法＼領域	読解	国語	算数	美術・工作	理科	一般学習
一斉学習	39	81	78	60	72	79
個別学習	95	95	95	90	73	92
グループ学習	65	69	85	88	75	86

（出典）Deanne Bealing, "The Organisation of Junior School Classrooms." *Educational Research*, Vol.14, No.3, p.234.

　グループ学習の採用が低率であるのも、読解と国語の領域である。読解と国語以外のカリキュラム領域では、グループ学習法を採用したことがある教師のおよそ半数が、「本づくり」などの共同的な総合学習に子どもを協力させるうえでグループ学習が有効だと回答しており、また5分の2の教師が個別的な総合学習を奨励している。

　総じて、指導法の採用比率は順序を付ければ、読解と算数の学習領域では個別学習が最も多く、次いで国語学習の場合の一斉指導、またその他の領域では、美術・工作が個別学習の最高位で、グループ学習がこれに次いでいる。ビーリングは、理科の学習領域ではその指導が各学校においてあまり行われていないためであろうと推測している。

　また、同時に行われた教室内での子どもの移動と机等の配置に関する調査結果によれば、回答した教師の3分の1が、「学習時間の大部分、子どもの間を指導して歩いている」と答え、3分の2の教師が、「教卓にいる時間と巡回指導している時間とが、それぞれ半分ずつである」と回答している。「子どもが自主的な総合学習を進めるうえで、教室外での活動に従事する割合が極めて高い」と回答した教師は、全体の4分の1であった。

平均して週に1回程度の割合で個別的または小集団的な教室外活動が行われているようである。もっとも、教師および子どもの教室内外の移動の割合が、学習の領域と活動の種類により相違するものであることはいうまでもない。たとえば、3分の2の教師が、最も多く巡回指導をするのは美術と工作の学習の場合で、算数、読解、一般学習（歴史・地理など）がこれに続き、次いで理科の順で、国語の学習時間における巡回は極めてまれであると回答している。このことは、教師と子どもの移動が学習領域および採用される学習形態と密接に結びついていることを示している。

次に、学習形態と密接に関連するグループ編成の方式については、3分の2の教師が、「同質的な学力水準を集団編成の方針としている」と述べている。また、およそ2分の1の教師が「仲の良い友達どうしの集団編成」を、3分の1の教師が「能力混合のグルーピングをする場合もある」と回答しているように、複数の方針を混合して適宜に小集団の編成を行っているようである。もっとも、同質的とか、学業成績が同程度といった場合の教師の評価基準は、教師により異なるわけであるが、調査結果によれば、回答を寄せた教師の80%が採用する基準は「子どもの学習到達水準」であり、次いで50%の教師が「読解、年齢、その他学習の記録とか標準テストの成績などを考慮」し、「IQによるグルーピング」はわずかに7%にすぎなかった。いずれの場合も、学習の領域と活動の種類により柔軟な編成がなされているものと考えられる。

以上の調査結果を総括して、ビーリングは、「大多数の教師が、子どもの自発的で自由な学習活動を可能とするインフォーマルな教室空間と編成を考えているようであるが、子どもが自主的に自分の学習活動を選択し、かつ実施する機会が十分に与えられているかどうかは疑わしい」と述べている。先のモーランの調査の場合と同様、学習領域に関連して採用される一斉授業、グループ学習、個別学習といった各指導法の組み合わせ方においても、教師による巡回指導の程度においても、またグループ編成の方針においても、ある程度の傾向を把握することは可能であるとしても、やは

り多様としかいいようのない実態が示されている。

　実際、1969年と74年の2度にわたる滞英中に見学した具体的実践についても、自発性を尊重し、個性の伸張と能力に応じた教育を目指す方向においては共通項を引き出せるのであるが、その実践はまことに多様で、学校ごとに、否、教師ごとにといったほうが適切であると思われるほどに、教師の教育の自由を基礎に、個性ある独自の実践が展開されている観がある。

5. 批判と課題

　ところで、インフォーマルな実践に対しての批判が近年ますます高まりつつある。昨今、巷間いわれる基礎学力水準の低下は、1970年代に入って急速に進展した中等教育の総合制化と、したがってまた初等教育のカリキュラムの平準化の機能を果たしてきた11歳時試験の廃止傾向に伴う、より柔軟なカリキュラム編成と総合学習方式のいっそうの普及に基づくものではないか、といった批判がそれである。

　総合学習を中心とする授業革新の試みと基礎学力水準の低下との関連を正当化するような調査も、発表されるに至った。ランカスター大学のベネット調査もその一つである。ランカスターとカンバーランドに勤務する初等学校の教師871名と子どもたちを対象とした調査結果からは、総合学習校（総合学習を採用している学校をさす）の優秀児は伝統的学習校の同程度の優秀児と比べて、読解の領域で最高9カ月間も、また総合学習を採用するクラスの場合は、4カ月ないし5カ月間の遅れが見られたという。書き方の領域では、3カ月ないし4カ月間の差が明らかであったともいう。しかも、基礎的読み書き以外のカリキュラム領域、たとえば創作文の領域では、総合学習校に目立つほどの進歩のあとも見られなかった、という否定的な結果が発表された。また、総合学習について同様の非難の声があがっているアメリカでも、スタンフォード大学の教育研究センターが実施した調査研究の結果が発表されているが、この場合も、3R'sの基礎的技能に

ついてはインフォーマル・アプローチにより指導された子どものほうが劣っているというベネット調査とほぼ同様に否定的なものであった。

　このアメリカの調査事例を紹介したエグゼター大学のラッグ（E.C.Wragg）は、教師の多忙さに比べ、あまり効果があがっていないとすれば、それは「複雑な授業管理、同時的に進行する多様な活動と個別的・小集団的指導をするうえで必要とされる教師の指導技術など、教師に要求されるエネルギー、時間、高度の専門性に加えて、学習目的が不明確であることによって生じる子どもの混乱が相乗している」からであると述べている。イギリスのジャーナリスト、ホプキンズ（A.Hopkins）も、その著『学校教育論争』（*The School Debate*）の中で、「子どもの学習到達度を決定するのは、フォーマルかインフォーマルかという学習方法によるよりも家庭環境による場合が多く、とりわけ教師の技能と経験によって大きく左右される場合が多い」という。

　総合学習の効果的な運用には、事前の周到な準備と計画、授業管理の技術、個々の子どもの学習の綿密な記録などの高度の専門性とともに、子どもとの好ましい人間関係が教師に要求される。ラッグが「模倣するにふさわしい事例」と題して紹介する小学校女教師マーガレット・ステファンズが展開する総合学習の優れた実践には、子どもの要求に対する応接のしかた、子どもとの個別的な接触と親しい人間関係、子どもの学習活動の詳細な観察と鋭い注意力、指導・助言の巧みさと的確な説明、子どもの自主性・自立性伸張についての行き届いた配慮、一人ひとりの子どもの学習進度の詳細な記録などの面における卓越した技術が認められた。彼女が1日に子どもたちと接触する回数は、実に延べ1,200回から1,500回にも達し、「事前の準備と綿密な学習記録は完璧に近い」というのであれば、この彼女の実践は理想であれ、そのレベルをすべての教師に要求するのは極めて難しい。

　しかしながら、ラッグは、彼女の授業管理と指導技術の分析をとおして、総合学習校におけるあるべき教師像――それは、まさに年季の入った職人

のそれに近いものであろうが——を描き出そうとする。なぜなら、模倣するにふさわしい教師とその実践だと考えられるからである。教師教育の問題こそ、総合学習と基礎的学習とのバランスの問題とともに、今後のインフォーマル・アプローチの消長にかかわる重要な課題であると言うことができよう。

　今日、イギリスでは、基礎学力水準の向上をねらいとする教育課程の全国的基準導入の政府提案がなされ、教師の教育課程編成についての自由と学校教育の独自性に対する挑戦といった受け止め方をする向きもあり、学校教育の質をめぐる新たな争点の一つとなりつつある。1930年代、極めて少数の初等学校で試みられた「自由な遊び時間」(free play)と呼ばれる個別的総合学習の原理と実践が、その後、多数の教師の実践と創意工夫を経て、今日みられる多様な学習形態を包摂した総合学習ないしインフォーマル・エデュケーションに発展し、諸外国の学校改革にまでその影響を及ぼすに至った。プラウデン委員会が今後の新しい初等教育の基本的方向を示すものとして推奨して以来10余年を経た現在、イギリスのインフォーマル・エデュケーションは新たな試練の時期を迎えていると言ってよいようである。

(出所)「総合学習の多様な実践—イギリス—」『教育課程の革新』(海外教育問題研究会編、現代海外教育シリーズ・2、1979年、ぎょうせい、pp.43-58) 所収

2節　総合学習の展開と課題

─本節の背景とねらい─

　1920、30年代以降、イギリスの初等学校教員間に徐々に普及し、イギリス全土に定着するに至った総合学習方式「トッピク学習」ないし「テーマ学習」は、子どもの自主性を尊重する理想的な個別学習方式として中央教育審議会(イングランド)報告書「児童と初等学校」(1967)にて推奨されるに及んで、全世界から注目された。

> 本節は、わが国の新学習指導要領により創設される「総合的な学習の時間」の具体的・実践的な展開に役立つ資料提供を目的に、教科書研究センターが組織した共同研究「トピック学習研究委員会」の報告（3委員・3論文）のうち、委員の一人である筆者の論稿の一部である（第1節の論稿と重複する部分については、これを省略した）。ほか2委員の報告には1990年代の総合学習、関連教科書の分析結果が収録されている。

1. はじめに

かつてイギリスは、わが国における「学習指導要領」（文部省告示）に基づく教育課程編成と授業展開というこれまでの実態に比べ、教師の主体的な教育課程編成と自由な教育実践の伝統と慣行を誇りとする、いわば日本の対極に位置づけられる国とされてきた。

ところが、1970年代中頃より、教育内容の全国的共通化を指向するカリキュラム・ガイドラインなど教育課程編成の手引書の政府による作成・配布をはじめ、1988年教育改革法の制定・施行に至る一連の基準化の動きの中で、その伝統と慣行が徐々に揺らぎ始めたのである。

基準設定をめぐる論議の焦点は、教育の自由、とりわけ教師の享受してきた教育内容自主決定への国家の関与であった。教師の「秘密の園」（Lawton：1980）とまで評された、個々の教師による教育内容・方法の主体的選択・実践の慣行に対する挑戦とも受け取られ、これまで培われてきたイギリスの教育風土になじまないものとする教師側の反論が、各誌・紙の教育欄を飾った。反論の中でも、とりわけ声高に叫ばれたのは、「一人ひとりのニーズに対応し、自主的・個別的な学習を大切にしてきた、インフォーマル・エデュケーションの伝統が失われるのではないか」という不安であった。

以来10年が経過した。当時の教師側の反論と不安は杞憂に過ぎなかったのであろうか。「秘密の園」に象徴された教師による教育課程の自主編成と自由な教育実践の慣行は、果たして失われてしまったのであろうか。

本節では、「1988年教育改革法」施行以前における「トピック学習」（「テー

マ学習」）ないし「インフォーマル・エデュケーション」の特定地域における実態を、主に初等教育諸学校の教師を対象とした調査の紹介を通じて、実際の授業展開の当時の様子を概観する。併せて、「総合学習」に対して指摘された批判・問題点についても言及する。

2. イギリス初等教育の特質と「インフォーマル・エデュケーション」
(1)「プラウデン報告」と『教室の危機』

戦後イギリスの教育制度を規定してきたのは「1944年教育法」である。同法は公立・公営諸学校における教育課程・教育内容に関しては、「宗教教育を行うべきこと」、特定宗派に偏った宗教教育を避けるため「地方教育当局の作成する各宗派協定の教授要綱（agreed syllabus）に基づく指導」の2項を規定するにとどめられた。したがって、イギリス各地の諸学校では、子どもの自主性を尊重し、子どもの能力・適性・成長に応ずるため、学校所在の地域社会の特性に対応する学校独自の教育課程が編成され、個々の教師による自由な教育実践の展開が見られたのである。教師の主体性と教育実践の多様性は、まさしくイギリス教育の特質として指摘され、広く紹介されることになる。

こうした、子どもの自主性尊重と個別学習方式の普及をさらに促進したのは、1966年10月、時の教育科学大臣・A・クロスランドに中央教育審議会（イングランド）が提出した初等教育に関する答申「児童と初等学校」（*Children and their Primary Schools.* 1967年1月刊、2分冊からなる審議会報告書。審議会会長・プラウデン女史の名を冠してプラウデン報告書と通称されている：著者注）の刊行であった。同審議会は、1960年代初期のイギリス初等教育についての諸側面・諸問題を克明に調査・検討して、総数197に及ぶ勧告を行っている。なかでも、子どもの成長と能力に即した教育内容とその個別的指導方法の開発と推奨は、同審議会の最重要勧告の一つであり、1970年アメリカのジャーナリスト、チャールズ・E・シルバーマンの著作『教室の危機』にて、「イギリスの実験」（同書第3部「新しい学校の

構想─何をいかに変えるか─」第6章「イギリスの新しい実験」）として紹介されるに及んで、子どもの自主性尊重・子ども中心の個別学習の理念と方法は全世界から注目されるに至る。

ちなみに、イギリスから伝えられたインフォーマル・エデュケーションは、アメリカではオープン教育と呼ばれ、子ども中心の柔軟な優れた個別学習方法として導入、実践された。次いで、オープン校舎・教室、オープン教育のための学習材・メディアの開発が急速に進められたのである。1970年代後半、アメリカを経て導入されたわが国のオープン教育は、時あたかも「ゆとりと充実」をスローガンとする教育課程改訂の潮流にのって、子どもの個性と自主性の尊重、一人ひとりの学習要求に対応する学習方法の試みとして注目され、実践に移されていった。

(2) 総合学習「トピック学習」── その多様な実践 ──

本節主題のトピック学習（テーマ学習）に即してイギリスで「総合カリキュラム」ないし「総合学習日」と呼ばれている「総合学習方式」（以下、「総合学習」と略記）について見てみると、プラウデン審議会が初等教育調査を実施した1964年当時の時点で、イングランド全域の初等学校総数のおよそ3分の1程度が、総合学習校であると報告されているのみで、カリキュラムの総合化の程度や教科枠を取り払った総合学習の実際の運用などについては明確になっていない。

一口に総合学習校といっても、学校ごとにカリキュラム編成も学習方式も異なるのは当然のことであり、まして個々の教師の裁量でカリキュラムが編成され、指導・学習方式が採用されるイギリス学校教育の実際を勘案すれば、総合学習化の程度も千差万別であり、その運用の実態を捉えることがいかに難しいかは容易に理解できるところである。

イギリスの初等学校を、1960年から70年代初めにかけて訪問したわが国の教育研究者や教育関係者の多くが、インフォーマル・エデュケーションの事例として紹介したのは、子どもの自由な教室内と学習活動を可能に

すべく設計された広い空間、多種多様な教材・教具・遊具を周囲に配した学習環境の中で、柔軟に展開される自主的な個別学習の活気に満ちた、騒々しいほどの授業の様子であった。当時のわが国の小学校では、午前・午後ともに40分間ごとに区切られた教科目授業時間割に従って、間口4間・奥行き5間の教室に、黒板を背に立つ教師と、正面に向かって整然と並べられた机に着いて、静粛に授業を受ける子どもの姿が普通の状景であった。

したがって、イギリス総合学習の実際の授業を見学した人も、また各誌・紙に紹介される事例を読んだ人々も共に、物理的にも、時間的にも、カリキュラムのうえでも、柔軟な個別学習の展開に目を見張ったのである。

3. 総合学習「トピック学習」展開の実態
  ——インフォーマル・エデュケーション実践の系譜——

元来、イギリスは、19世紀末から20世紀にかけて全世界的な広がりをみせた新教育運動の原点ともいうべき、レディ（Reddie, C）開設の「アボツホルムの新学校」(1889) やバドレーの「ビデールズ校」(1893) を育んだ教育風土を誇る国柄である。第一次世界大戦後、世界新教育連盟の結成にかかわり、子どもの自発性を尊重し、自由教育を実践したスコットランド生まれのニイル（Neil, A.S.）と彼の創設したサマーヒル校 (1924) は、自由学校の原型と見なされ、今日のフリー・スクール運動・学校教育改革運動にも今なお影響を及ぼしている。こうした学校教育改革の系譜に連なるイギリスのインフォーマル・エデュケーションは、1920年代、30年代ころより、各地において、進歩的な教師によって試みられ、長年の実践と創意工夫の蓄積のうえに徐々に普及してきたのである。そして、1960年代に至って、改めてその成果がプラウデン審議会により見直されたという経緯がある。それ故、本節が主題とする総合学習「トピック学習」の展開・運営のしかたにしても、インフォーマル・エデュケーションの概念も、またインテグレーションないし総合化の程度も極めて多様である。

したがって、上述したわが国の教育関係者による特定校の事例紹介と同

様に、シルバーマンが『教室の危機』に描く学習の様子は、教室の学習コーナーに群がる子どもたちが自由に、関心のおもむくままに個別的な活動を展開しているという、彼自身の観察に基づく事例の記述が多く、実際にどのように多様な実践がどう進められているかとなると、必ずしも明らかではない（前節参照）。

4. イギリスにおける総合学習についての批判と課題
(1) 健在であった「トピック学習」

　プラウデン審議会が、インフォーマル・エデュケーションこそ今後の新しい初等教育の基本的方向を示すものとして推奨して以来今日まで、30余年が経過した。

　この間、サッチャー保守党政権下で成立した「1988年教育改革法」の施行により、1989年より順次、段階別・教科別に必修10教科の全国共通教育課程（ナショナル・カリキュラム）が義務教育諸学校に導入された。併せて11年間の義務教育期間内に設けられた7歳、11歳、14歳、16歳の4つの教育段階（キー・ステージ）終了時に全国規模の学力テストを行い、学習到達度が評価されることとなった。教師による自由な教育実践を最大の特色としてきたイギリスの教育は、大きな転換期を迎えたのである。

　以来、1993年のデアリング・レヴューなどナショナル・カリキュラムの見直し・修正が行われ、各学校におけるカリキュラム全体に占めるナショナル・カリキュラムの位置もようやくにして定着しつつあるかの観がある。

　1997年5月、18年ぶりに政権を獲得したブレア労働党政府は、教育水準の向上を最優先政策に掲げ、矢継ぎ早に諸施策を実施に移してきた。政権発足直後設立の「教育水準向上対策本部」が策定した「全国読解力向上戦略」は、全国の初等学校・特殊学校で毎授業日に60分間を読解力学習に充てるもので、1998年9月新学年よりすでに実施されている。また、「全国計算力向上戦略」の実施も予定されていて、読解力戦略と同様の方法で、1999年9月から、45分〜60分間の計算力学習時間を授業日カリキュラ

ムに組み込むこととされている。カリキュラム・教育内容の共通化は一段と加速化されたといってよい。

　それでは、上述のような状況下にあって、ナショナル・カリキュラム導入当時にその喪失が危惧された「総合学習」（トピック学習）は、学校カリキュラムのうえで、どう位置づけられ、どのように扱われているのであろうか。基礎学力水準の向上をねらいとした、教科ごとの到着度評価の実施と学校ごとの成績の公表、という厳しい措置がとられている現在、我々の最大の関心は、人権教育、環境教育、人格教育、平和教育をはじめ、さまざまな課題やトピックを取り上げる「総合学習」など、教科横断的な、クロス・カリキュラーな学習領域と指導が学校教育の実際の場でどう扱われているかにある。

　本研究委員会報告の第2章、第3章の論稿は、まさにそれを主題とするものである。したがって、ここで深く立ち入ることは避けたい。

　ただ、1984年に初等学校数校を訪ねた小沢周三氏（東京外国語大学教授）は、10年後の1994年と95年に同一校を調査した結果を次のように報告している。このことを付記しておきたい。「これらの学校を再訪してみると、トピック学習は健在であった。トピックの題目も、84～85年当時とほぼ同様で、『私自身』『ものの中心』『車輪』『色彩』『昔の生活』『1960年代』『天候』『私の家族』などが用いられていた（後掲参考文献参照）」。

　これを読んで、私は安堵した。小沢氏が1984年に訪ねた初等学校2校は、ケンブリッジ市に所在し、その同じ年に私も訪問したことがあった。そこで見た、情熱あふれる教師の姿と、それに活気に満ちた教室の雰囲気を想い出して、安堵したのである。

　さて、いよいよ、1960年代末から70年代初期にかけての時点での、プラウデン報告をめぐる動きや、当時すでに論じられていた総合学習に対する批判や問題点について言及し、今日の展開状況を報告する第2章、第3章への橋渡しの役目を終えたいと思う。

(2) プラウデン報告直後の総合学習研究の盛行

　プラウデン審議会の推奨に呼応して、当時の教育科学省も地方教育当局も、インフォーマルな教育実践、総合学習の普及・定着に前向きに取り組む姿勢を示した。とりわけ、学校の教育内容・方法・実践の在り方に密接にかかわる勅任視学官の活動（ロートン＆ゴードン：1991/1992）や、地方レベルで学校教育により密着した教育の専門家である地方視学官のカリキュラムや教育方法に関する視察・助言活動を通じて、カリキュラム・アプローチは全国的に普及拡大の傾向を強めていった。

　1960年代末、イギリスに留学していた私は、地方視学官の計らいで相当数の総合学習実践校を見学する機会を得た。また、たびたび同行してくれた地方視学官の日常的な活動を身近に観察した。学校教師も、総合学習に関する適切で簡潔な助言を与える地方視学官も教育研究者も、皆が一体となって、インフォーマル・アプローチの理想的な在り方を求めて、熱く燃えていたのである。当時の教育関係誌・紙の掲載記事の多くがこのことを物語っている。地方視学官のヴァインズ氏（オックスフォードシャー教育当局）は、アメリカの教員養成カレッジのオープン教育担当講師就任の招請を受け、この翌年に渡米、着任した。アメリカでもオープン教育ないしインフォーマル教育に対する期待がおおいに高まっていた時期でもあった。

おわりに

　ある記憶が鮮明に蘇ってきた。それは「トピック学習」を見学したときに受けた感動と驚きであった。35年も以前のイギリス初等学校でのことである。それ以来、収集した関連資料はかなりの数に達しているはずだが、永年の間に繰り返される保管場所や資料の移転・移動で、当時のタイムズ教育版や今は廃刊となった週刊誌『エデュケーション』の切り抜きやら手書きメモ、それに、大切に保管してきた全国教育研究財団（NFER）などの刊行物のゼロックスなどの多くが散逸していた。したがって、本章に引

用および参考に活用した文献は、拙稿収録の研究報告書や参考図書（ブック・フォーム）の体裁で手近にある関連資料（後掲参考・引用文献）に限定し、当時の記憶をたどっての記述に終始せざるをえなかった。記して拙稿の不備をお詫びしたい。

(出所)「イギリスにおけるトピック学習の展開」『新しいメディアに対応した教科書・教材に関する調査研究』（文部省委嘱調査研究、1999年、教科書研究センター）所収、pp.139 － 149.

（参考・引用文献）

Bassey, M. *Nine Hundred Primary School Teachers.* NFER. 1978
Bealing, D. "University of Leicester School of Education：The Organisation of Junior School Classrooms." *Educational Research*, Vol.14. No.3. NFER. 1972
Department of Education and Science. *Children and their Primary Schools: A Report of the Central Advisory Council (England).* HMSO. 1967
Department of Education and Science.*Primary Education in England.* HMSO. 1978
Department of Education and Science. *Aspects of Secondary Education in England.* HMSO. 1979
木村 浩「イギリスの幼年学校」持田栄一編著『未来をひらく幼児教育』第17巻、チャイルド本社、1974
木村 浩「総合学習の多様な実践（イギリス）」海外教育問題研究会編・現代海外教育シリーズ・2『教育課程の革新』、ぎょうせい、1979
木村 浩「能力混合教育をめぐる動向(イギリス)」海外教育問題研究編・現代海外教育シリーズ・4『能力・適性に応じた教育』、ぎょうせい、1981
木村 浩「イギリスの教育」『新教育学大事典』第1巻、第一法規、1990
木村 浩「教育条件と教育課程（イギリス）」文部省科研報告書（代表 桑原敏明）『諸外国における義務教育の教育内容の改定動向に関する比較研究』、日本比較教育学会、1991
木村 浩「イギリスの教育」『学校教育大事典』第1巻、ぎょうせい、1993
木村 浩「児童と初等学校（プラウデン報告）―解説と関連勧告の紹介―」国立教育研究所・特別研究『学校と地域社会との連携に関する国際比較研究・中間資料集（特）』国立教育研究所、1995
Vicar Lee and David Zeldin (eds.) *Planning in the Curriculum.* The Open University. 1982
Lawton, D. *Politics of the School Curriculum.* Routledge & Kegan Paul. 1980
ロートン、D./ゴードン、P.著（木村 浩監訳、川並・中井・中村・藤原・柳田訳）「勅任視学官」『文部省科研報告書/イギリス・カリキュラム改革研究参考文献資料集（Ⅰ）』『同・（Ⅱ）』茨城大学教育部 1991/1992

J. Stuart Maclure. *Educational Documents-England and Wales : 1816 to the present day*. Methuen. 1979

Moran, P. R. "Rolle College : The Integrated Day." *Educational Research*, Vol.14. No.1. NFER. 1971. pp.65-69.

小沢周三「ナショナル・カリキュラムと教師の姿勢」佐藤三郎編『世界の教育改革—21世紀への架橋』東信堂、1999、P.110.

George Pickering. *The Challenge to Education*. Penguin Books. 1969

W. Kenneth Richmond. *Education in Britain since 1944*. Methuen. 1978

Rick Rogers. *Crowther to Warnock (Second Edition)*. Heinemann. 1984

Schools Council. *Primary practice— a sequel to "The practical curriculum"*. Schools Council Working Paper 75. Methuen 1983

シルバーマン , C. E.（山本正訳）『教室の危機（上巻）』サイマル出版会、1973、P.223

第3章　教育課程と職業体験学習

---解説---

　わが国では、自らの「生き方」を考え、自らの進路を選択・決定するための指導・支援は、初等教育段階からの教育活動全体をとおして、継続的・計画的に行われるべきであると認識され、かつ強調されてきた。1998年（平成10年）の改訂学習指導要領でも、各学校段階における進路指導の充実・強化が指示され、「総合的な学習の時間」を活用した「生き方」や「進路選択」についての学習が示唆されている。

　イギリスでは、「クラウザー報告」（正式名称「15歳—18歳」、義務教育修了後の青少年教育に関する中央教育審議会報告書、1959）は、義務年限延長、中等教育試験制度の改革、継続教育の機会の拡充などを勧告した。以来、1965年には義務教育修了後進学しない生徒のための新試験CSEの創設、1972年義務年限1年延長が実現した。これに伴い、産業界・地域社会と連携した「進路指導」「職業体験学習」が推奨され、1973年には「教育（職業体験）法」の制定をみる。こうして、1970年代以降のイギリス経済の停滞・若年失業者への対応施策を背景に、学校カリキュラムに組み込まれた職業体験学習・職業準備教育は、地方当局・民間企業との緊密な連携と組織的な支援のもとに着実に進められ今日に至った。

　2003年現在の時点で、初等学校の60％、中等学校の90％が地域産業との協力関係を開拓・維持し、義務教育の最終学年では、ほぼすべての生徒が職業実習・実務訓練を受けている。学校と地域産業との連携による職業準備教育・進路指導の面で、イギリスは諸外国をリードする先進国である、と言われる。

　以下、第1節では、「教育（職業体験）法」制定（1973年）直後の1970年代後半当時の「学校と地域産業との連携協力」の様子を、初期の事例として

総合制中等学校2校について見ることにする。次いで第2節では、体験学習機会の提供と斡旋に積極的にかかわり、地域活動を展開する公私の機関についての事例を紹介し、第3節では、特定校における体験学習の展開事例を取り上げる。

1節　学校と地域産業との協力関係——初期の事例——

- 本節の背景とねらい

　1977年7月に発表されたイギリスの政策文書「教育緑書」は、学校教育と産業界との緊密な連携を勧告した。本節は、政府の勧告に対応する学校レベルの取り組みを、タイムズ教育版関連記事のほか諸文献からの引用事例をもとに、イギリスにおける職業教育を含めた学校教育の新しい方向を探ろうとしたものである。

1.　はじめに

　学校教育と産業界との協力関係の必要性は、かなり以前から主張されていた。それが1977年5月に出された『ホーランド報告』および同年7月の「教育緑書」（グリーンペーパー）の勧告するところとなり、イギリスの最近の職業教育は、もっぱら教育と産業との結合の問題を中心に論じられている観がある。本節では、政府、産業界の呼びかけに対応する学校レベルでの具体的な試みを、タイム誌教育版の記事をもとに紹介することにしたい。

2.　産業界と緊密な協力関係

〈ウルバーハンプトンの総合校の場合〉

　ウルバーハンプトン所在の生徒数1,600人の総合制中等学校ハイフィールド校は、ターマック社との間に、各種のプロジェクトをとおして、緊密な協力関係を維持している。

　プロジェクトの一つは、GCE（中等教育修了資格試験）の理科、工学のA

レベル(上級レベル)を履修する第6年級生を対象として、ターマックの技術センターが開催する学習会である。生徒たちは、学習会への参加により、理工学関係の最新の情報を得ると同時に、職業生活についての知見を広めることもできるわけである。第1回の学習会のあと、理科の教師は提出された生徒のレポートを賞賛し、生徒は学校では得られない刺激を喜び、また、ターマックの技術センター所長は、生徒の水準の高さに感嘆して、総合制学校についての偏見を改めるほどであった、という。

この学習会とは別に、ターマック社からの講師派遣も行われており、前年度は、「イギリス産業社会」についてはOレベル(普通レベル)の生徒が、「経済」に関してはAレベル生とが、それぞれ同社派遣講師から指導を受けた。

このほか、ターマック社からの財政的な援助としては、コンピュータの学習のため、20万〜30万ポンドもするコンピュータの寄贈とか、ターマック奨学金制度の創設と、それによる第6年級生の国際理科セミナー参加費の給付などがある。また、キャリア教育の一環として行われる生徒の会社訪問、会社職員に対する生徒のインタヴュー、職場生活に関する報告書の作成・提出なども行われ、産業と職業生活を理解するうえでのよい機会となっている。

以上は、ターマック社からハイフィールド校への援助といった方向での協力関係であるが、逆に、学校側からの協力としては、コンピュータ科の主任教員がソフトウエアの合同プロジェクトを会社側に提案したり、あるいは、Aレベルコース履修の生徒がターマック社の実験室で使用されている機械装置の部品を開発して、会社に提示したことなどがあげられる。今後の課題として、校長は、ターマック社の若年労働者を対象としたWEA(労働者教育連盟)タイプのコースの学校側からの提供の可能性を検討したい、と述べている。

このようなウルバーハンプトンの試みは、今後の産業界と学校との相互関係の新しい在り方を示すものといえよう。

3. 外部に開かれた学校
〈ロンドン・トテナムの新設総合校の場合〉

ロンドン北部のトテナムに所在する総合制中等学校ノーザンバーランド・パーク校は、1978年度に最初の第6年級生を受け入れた、創立後間もない、いわば新設校である。

この学校は、これまで維持してきた第5年級以下の教育・学習条件を低下させることなく、しかも、第6年級生には可能な限り多様な教育を提供する意図から、外部の教育機関と連携して、教授負担を分散する方式をとっている。すなわち、Aレベルコースの生徒は学習の一部を近隣の総合校で、技術コースの生徒はテクニカル・カレッジで、職業教育コースは、「ロンドン市および同業組合」（以下C&Gと略す）の職業基礎コースを、また実習体験は近くの会社・工場を利用するという方法である。

初年度の第6年級生徒数70人のうち、Aレベルコース履修生徒はわずかに30人であったから、近隣の総合校と協定を結び、生徒が相互の開講科目を履修し合えるようにしたのである。一方、実務コースの就職希望生徒はC&Gの職業基礎コース、たとえば秘書、技術、商業、工業、食品工業、建築などのコースの履修と並行して、学校が提供する英語、数学などのOレベルコースを選択・履修することとされている。他校の生徒が取得するCSE、あるいはOレベル教育証書よりも、実務科目の場合であれば、C&Gコースの修了証のほうが、産業界では、はるかに通用性が認められており、職業生活への円滑な移行にも連なるものと言われている。これらのC&G実務コースには、一週間に1日を会社・工場・商店などで過ごす実際の体験学習が含まれており、この種のコース履修によって得るものは計り知れない。

また、テクニカル・カレッジのコースと連携する技術コースの場合は、学校では主に自動車工学を指導し、カレッジでは電気工学部門の学習をするのであるが、同時に履修する英語、数学などの一般学習科目には、第6年級生の全学習時間の4分の1が充てられている。

第6年級主任教員のハドック氏によれば、一学期間の学習を終了した現在、生徒たちの学習意欲は、かなりの高まりをみせているという。外部に開かれた新しい在り方を示す試みといえよう。

4. 新しい学校教育の方向を示す
教育界からの提案事例

　ポーツレンド・コミュニティ・カレッジの校長グローバー氏は、第6年級のこれまでの在り方と教職の孤立化傾向を批判し、『教育緑書』に示された諸勧告を出発点とした新しいアプローチを模索すべきであるとして、以下のような提案を行っているのが注目される。

(1) 第6年級に進級する以外の進路を生徒たちに考えさせる学校の指導を非難しないこと。
(2) カリキュラムの編成に当たっては、父母、地域産業、継続教育、地方教育当局の代表を加えること。
(3) 地域産業に精神的、物質的援助を求め継続教育機関と合同して、職業指導およびカウンセリング部門の財政的補強を図ること。職業体験の機会を確保するうえで、雇い主に積極的な責任をもってもらうこと。
(4) 地域の要求に対応するため、学校による教育資源の活用を奨励すること。教育当局の配分する学校予算の使途については、各学校の自由に任せること。
(5) 産業界にとっては関係の薄いCSEコースに代わる、たとえばC&Gタイプの基礎コースの運用も、学校とカレッジが共同して考えること。

　政府、産業界からの呼びかけに対する教育界の反応もさまざまだが、教育界の大勢が産業界との協力関係を確立・発展さす方向にそって、職業教育を含めた、新しい学校教育の在り方を考え始めようとしていることは、確かなようである。

(出所)「職業教育の新しい試み―海外教育シリーズ・英国―」『内外教育』(1979年3月30日号、時事通信社) 所収

2節　体験学習と支援組織

―本節の背景とねらい―

　わが国の改訂学習指導要領（平成10年）では、「ゆとり」と「勤労にかかわる体験学習」の必要性が強調されている。イギリスでは、学校と産業界との中間に位置して体験学習の組織化をすすめる連絡調整機関の活動が注目を集めている。本節は、各種機関・組織による多様な試みのなかから、公的機関として科学技術地域機構（シェフィールド地域センター）と、民間のトライデント・プロジェクトを選び、その具体的諸活動の分析を通じて、職業体験学習支援機関の役割について論じたものである。

1.　はじめに

　ここ数年来、学校教育と産業界と提携協力関係緊密化の要請の高まりに呼応して、中等学校生徒を主たる対象に、職業体験の機会提供のための連絡調整機関の活動がようやく活発化しようとしている。この動きは、1972年の義務教育の上限1年延長の措置によって生じたゆとりの一部を、職業準備教育を中心とするキャリア教育に充て、これに職業体験学習を組み込む可能性が一段と強まったことと深く関連する。

　ところで、学校と産業との中間に位置して体験学習の組織化を進めている機関の活動は、中等学校第5学年生（義務教育最終学年生）を対象に、短期の体験機会の提供と職場訪問の斡旋という形態をとる場合が最も多い。しかし他方では、教師に対する産業理解講座・職業体験プロジェクトの企画と実施、企業からの学校への講師派遣や教材の貸与、学校カリキュラムの編成に際しての地域産業代表の参加、職業基礎コースの拡充とその学習の一部としての企業での実習、といった面での活動の展開もみられる。

　本節では、各種機関による多様な試みの中から、公的機関としての科学技術地域機構（Science and Technology Regional Organisation）の活動と、民間のトライデント・プロジェクトを選び、教育科学省機関誌『トレンド』の記事をも

とに、その具体的な活動事例を紹介することにしたい。

2. シェフィールド地域センターの活動

シェフィールド地域センター（Region Centre for Science and Technology）は、1970年に科学技術教育およびキャリア教育担当教師に対する協力・援助と教育界・産業界相互の情報交換を支援することを当初の目的として設立された。

設立当初の主な活動は関連カリキュラムの開発プロジェクトの推進におかれ、地域産業界との接触は、企業の余剰設備を学校側の要求により貸与してもらう際の交渉に当たるという程度のものであった。したがって、たとえば1973年に教育科学省・教員養成地域機構（ATO）合同主催の「工業社会における科学」とか、産業・教育の合同会議「現代理科教育の効果」を開催した際にも、教育界からはおよそ60名の出席を得たにもかかわらず、産業界からの出席は極めて少なかった。1975年に至り、ようやく教育と産業との提携強化、学校・企業との広域ネットワーク形成の要求が高まり、センターの活動方針は大きく転換する。したがってまたセンターの調整官の職務内容も、その65％が学校・企業との連絡調整に振り向けられることとなる。

それまでは年数回にとどまっていた調整官による企業および関係諸機関の訪問は飛躍的に増加し、1978年の1年間の会社訪問はおよそ100回、学校訪問45回、面接した関係者は200人に及んだ。調整官はこれらの面接をとおして、それぞれの企業ごとに労働体験学習の機会として提供可能な業種・内容についての詳細な情報を得るとともに、学校教育に関する企業側のコメントも求めた。コメントの多くは、教師・生徒の産業界についての無理解を慨嘆するものであったが、これを学校側に伝え、次のような校長・教師・生徒・教育実習生を対象とする産業理解のための各種プロジェクトを組織したのである。

(1) 学校教師のための職場訪問計画

これまでシェフィールド地域では、教師を対象とする学習講座として、イギリス産業同盟（CBI）の主催する「産業入門」があったが、教師側の時間的制

約から年間を通じての参加は少なく、開講の効果は疑問視されていた。そこで、センターでは学校・企業双方の同意を得て、関係教科担当教師から成る小グループが、企業内でまる一日を過ごす職場訪問プロジェクトを企画・実施した。このプロジェクトにより、教師たちは企業の構成・性格・生産物・業務内容等に関する具体的な知識を得たばかりでなく、従業員の職場生活をつぶさに観察することができたわけである。

　1976／77年度のプロジェクト参加者は、工作、理科、国語、キャリア教育担当教師54人であったが、教師たちは1日の観察終了後に、企業側の代表と職業生活や学校教育の諸問題について自由に討議する機会が与えられた。以来、教師の一日訪問計画は地方教育当局、個々の学校からの要求に基づいて毎年センターが企画・実施している。

(2) 教育実習生のための職業体験計画

　1976年にセンターは、シェフィールド・ポリテクニック（総合高等専門学校）の教育学部の実習生を対象にした4日間の職業体験を実施した。それ以来、期間・参加人数に変更はあったものの、毎年この計画は継続して実施されてきた。同教育学部では、これまでの経験から教育実習生の職業体験の意義と成果を高く評価し、教育学士課程の一部に数日間の職業体験学習を加えることにした。そして、カリキュラム編成上の必要から職業体験の実際を詳細に知る目的で、教育学部の教官数人が3週間にわたり、自ら企業内で労働体験をした、という。

　また、シェフィールド・ポリテクニックの教育学士課程に職業体験が正式に組み込まれたが、学位課程修了条件の一つとなるということで、同ポリテクニックでは多数の学生を対象とするセンターの組織的な調整機能の拡大が要請されるなど、各種の試みの成否が関係者から注目されている。

(3) 校長・企業連絡協議会の開催

　数年前、センターは地方教育当局の依頼により、中等学校長を対象に企業説明会を企画・開催した。説明会には、数社の営業・財務・人事等担当の部長ク

ラスが出席し、それぞれの会社についての説明が行われ、また学校教育に対する要望もなされた。それ以来、センターの企画により、各地方教育当局ないし学校単位に教育長、地方視学官も出席する協議会が、会社ないし学校を会場として定期的に開かれ、産業理解の教育・職業体験学習が、カリキュラムの中でどう位置づけられ、どう指導されるべきかが検討されている。

　こうした学校と企業の責任者が、関連する諸問題について協議検討する機会が与えられることにより、両者の相互理解と好ましい協力関係が徐々に醸成されるであろうことは間違いない。

(4) 学校・教師の指導活動の支援

　設立当初から、センターは個々の学校・教師から寄せられる多様な要請にきめ細かく対応してきた。現在、一学期間に平均70件の要請があるが、その多くは教科指導との関連で行われるプロジェクト・ワークの企画・実施に関するものである。

　たとえば、通常の理科の授業についていけない生徒のために、理科授業に取り入れる炭鉱、下水道設備、農場等の見学についての連絡・調整の依頼とか、授業の特殊なテーマに関する専門技師の派遣要請などである。このほか、卒業学年生を対象とする職業生活一般に関する講話をセンターの調整官が行うとか、あるいは労働組合、会社幹部と学校教員が相互に語り合う会を開催するなど、学校側の多様な要請に積極的に対応している。

　シェフィールド・センターは、設立以来今年（1981年）で10年目を迎えた。常勤の連絡調整官、秘書各1名という人員配置でありながら、教科研究団体、科学技術機関、政府・地方当局の関係機関、雇用主団体、労働組合、学校とも好ましい協力関係を形成・維持してきている。教育と産業との相互理解と提携強化を図る地域の中枢として、今後の機能拡大と活躍が関係者から期待されている。

3. トライデント財団の活動

トライデント財団（the Trident Trust）は、地方教育当局との緊密な協力関係のもとに、プロジェクト参加校に対して職業体験学習の機会を組織的に紹介・斡旋することを目的に、提携企業団体からの拠出金により維持されている民間の連絡調整機関である。

現在、トライデント財団の地域プロジェクトは、ロンドン、リーズ、ヨーク、シェフィールドなどイングランド全域の21地区に配属された常勤の連絡調整員が、当該地区の商工会、勅任視学官、地方当局の労働部局、教育当局のソーシャル・サービス、ユース・サービス担当官と提携し、あらゆる種類の公的機関や私企業と接触して、生徒・学生を対象とする職業体験機会の開拓・連絡調整・斡旋に努めている。

(1) プロジェクト調整員の業務

通常、地方教育当局の事務所の一室に置かれたプロジェクト・オフィスには、常勤の連絡調整員と秘書各1名が勤務している。彼らが最初に手がけるのは、当該地域の官庁・私企業の人事担当者から、職業体験の機会提供可能な業務を聴き、その教育効果を検討したうえで、個々の業務についての解説を付記した概要票のファイルを作成することである。できあがったファイルには、次々と新しく開拓された業務が付け加えられたり、または削除されたりする。そして、プロジェクト参加校のキャリア担当教員に配布される。体験学習を希望する生徒は、学校のキャリア・ルームで自分の希望と条件に合った業務を選択し、担当教員と面接する。生徒が必要事項を記入した申し込みカードには、さらに担当教員による生徒に関する情報が記入され、プロジェクト・オフィスに返送される。オフィスでは、調整員がこのカードをもとに本人・雇用主と面接し、諸注意を含め、より細かいことが話し合われる。後日、父母の同意書などの書類が作成され、数日間から3週間にわたる職業体験学習が開始されるわけである。

定められた体験期間が終了すると、生徒・雇用主は感想を混じえた報告票を

作成し、調整員に提出する。調整員は報告票を検討したうえで、その結果や今後の改善・希望事項などを学校と雇い主の双方に伝え、連絡調整業務が完結する。

　以上は調整員の業務を中心とした手順を説明したわけであるが、調整業務がたいへんな困難を伴うものであるが容易に想像される。

　ピーターバラ市のトライデント・プロジェクトの場合、調整員はこの2年間に、250社、500種の業務マニアルを作成し、提供した労働体験機会は実に2,500を超したという。ちなみに、トライデント財団21地域プロジェクトの総数は、1978年度の1年間で、企業数2,500、参加校350、機会を得た生徒数1万1,700人であった。地域によって学校側の機会提供の要請に十分にこたえられず、年間をとおして週に1日か半日程度の体験学習しか受けられないという事例も少なくない。財団の次長ジョン・ケリー氏は、今後の方針として、労働体験対象を第5年生に限定し、期間を3週間にすることを考えている。職業体験学習の効果を考慮してのことである。

(2) キャリア・プログラムに組み込まれたトライデント・プロジェクト

　職業体験が、学校のキャリア・プログラムに正式に組み込まれている事例がある。ハンプシャーのクルックホーン校とロザハムのクリフトン校がそれである。生徒は、定められた体験期間中に必ず教師の組織的職場訪問を受け、終了後には自己の体験に関する報告書を学校に提出することになっている。生徒たちは職業体験の機会に、学校でのキャリア教育によって得た情報を確かめ、学校で学習したものがどのように職業生活に生かされるのか、職場の要求する知識・技能・資格は何かを体験をとおして理解する。

　キャリア教育の一環として実施される職業体験学習について、実施校の教師は、「体験学習を終了した生徒たちは、社会的にも成長し、自信をもって行動するようになった。学業不振の生徒でも、職場では優秀と認められ、隠れた能力・資質を改めて発見する場合がしばしばある。学校での学習に不適当と思われていた生徒が、体験により刺激を受け、その学習に意欲的に取り組むように

なった」と語り、体験の学習・訓練面に及ぼす多面的な効果を評価している。親は「異質集団の中での３週間にわたる生活をとおして得る体験は、まことに貴重なものであったと思う。困難な状況に自分で対処することを身につけたようだ」と、学習によるわが子の成長を喜び、また生徒を受け入れた企業の中には、生徒たちの能力を高く評価し、学校教育に対するこれまでの認識を改めたと、体験機会の提供を歓迎する声も聞かれたという。

4. おわりに

以上、２つの機関の地域における具体的な活動を紹介した。両機関とも連絡調整員と秘書１名ずつのの人員配置でありながら、それなりに教育界・産業界の掛け橋としての機能を最大限に果たそうと努力している。学校教育と産業との組織的な協力関係形成の必要性が、直接的にはイギリス経済の不況とそれに伴う青少年の失業問題に対処する喫緊の課題として叫ばれるに至ったにせよ、教育と職業とが本来不可分の関係にあるという視点からすれば、職業体験をとおしての職業理解の学習は、学校教育の基本領域にその重要性にふさわしく正当に位置づけられるべきである。そしてまた、職業体験学習をより効果的に進めるための方法上の開発が、今後とも継続的になされるべきであろう。

この意味で、イギリスにおける職業体験学習の試みは、わが国が当面する教育上の諸問題解決のための糸口を探し出すうえからも、極めて示唆的であるといわねばならない。

(出所)「職業体験学習―連絡調整機関の活動を中心に―」『職業・労働教育』（海外教育問題研究会編、現代海外教育シリーズ・3、1981年、ぎょうせい）所収、pp.58 – 66.

3節　体験学習の展開――特定校の事例研究――

┌─ 本節の背景とねらい ─────────────────
│　イングランド中部の地方都市ストーマーケット市所在の総合制中等学校を

> 事例として取り上げ、同校で実施された職業体験プロジェクトの検討を通じて、学校と地域社会との連携・協力関係を明らかにしようとした論稿。28年間にわたり事例校に勤務し、体験学習を推進したM校長と筆者との現地での数度の対談と、その後の書簡交信を含む実情調査をベースとする。

1. 職業体験学習をめぐる動き ——はじめに代えて——

　イギリスでは、学校教育への職業体験学習ないし職業準備教育導入の必要性は、戦後のかなり早い時期から認識されていた。それが、具体的な政策課題として広く論議され始めたのは、1960年代末になってからのことである。1960年代後半以降、労働党政権による中等教育の総合制化が推進され、普通教育と職業教育の統合が、それぞれの地方教育当局や各学校における具体的な目標として掲げられるに至るまでには長期間を要しなかった。1970年代に入ってから、急速に深刻化したイギリス経済の停滞、失業率の増大といった事態は、これまでの学校教育・青少年教育の在り方、とりわけ優れた若年労働力の養成・供給といった問題に目を向けさせるに十分であった。経済不況からの脱出と国際競争力の回復が、歴代政府の最重要課題として掲げられるにつれ、青少年層を主たる対象とする職業教育ないし職業準備教育の重要性と教育政策上のその位置づけは格段に高まったのである。

　かくして、1973年には、「教育（職業体験）法」— Education (Work Experience) Act 1973 —が制定・施行されるに至る。同法は、地方教育当局が管下諸学校で実施するプログラムを認可することにより、義務教育最終学年在学者が学校以外の施設で、職業体験学習を受ける機会の創設と拡充を推奨したのである。

　これに加えて、1976年10月キャラハン首相（当時）がオックスフォード大学で行った演説と、それを受けて全国8カ所で開かれた教育討論会では、経済不況からの脱却・大量若年失業者の解消などの国策に対応する教育の役割・貢献が強調され、学校と産業界との相互理解・連携強化を図るための方途が検討された。翌1977年7月、教育科学省（当時）は、教育討論会での論議に具体的な勧告と施策を加えて、『学校教育』(Education in Schools) という小

冊子にまとめ、刊行・配布した。「教育緑書」と通称される同書には、職業体験学習・職業教育を正規の学校カリキュラムに組み入れること、地域の事業経営者を学校理事会の正式メンバー（地域産業界代表）として新たに加えること、国・地方・民間レベルでの相互の連携強化のための支援組織を創設すること、教師と生徒の事業所見学・実習参加の機会を設けること、校長と事業主との定期的な懇談会を開催し連絡を密にすること、などの具体的な方法が提示されている。

　以上のように、1970年代に制定をみた職業体験法や刊行された政府文書の指示する方向にそって、学校と地域事業所との関係は、職業体験学習・職業準備教育の共同企画、協力実施を通じて、1980年代に一段と緊密度を増すこととなる。結果として、学校教育についての国民各層の関心をさらに高揚させる契機となったのである。

2.　職業体験学習と地域社会
(1)　手づくりの協力態勢づくり ——事例校・SMH校の場合——

　学校は、生徒が成人生活、職業生活へ移行するための準備の場である。特に中等学校教育においては産業界についての基礎的理解を深めるとともに、キャリア教育ないし進路指導、および就職準備教育を充実させるべきである。このように提言する政府の指導のもと、全国・地方・公私各種団体・学校の各段階で産業理解、職業指導、職業体験学習にかかわる多様な施策が立案され、実施された。なかでも、既述した、各校の職業体験学習を全国的な組織で支援したトライデント財団（the Trident Trust）の活動はここに明記さるべきものであろう。

　拙稿「職業体験学習の事例—トライデント財団の活動」（『職業・労働教育』現代海外教育シリーズ3）でも、トライデント財団に代表される、組織的で大規模な連絡調整機関による具体的な活動について記述したので、本節では、まさにその対極に位置づけられる、地方小都市の総合校での教師と地域住民の協力により支えられ実施された、いわば、手づくりの職業体験学習を検討するこ

とにしたい。なぜなら、学校と地域社会との連携・協力の関係は、このような事例研究を通じて、より一層具体的に示しうると考えるからである。

イングランド・サフォーク県教育当局（ファースト・ミドル・ハイスクール制度を採用している）管下のストーマーケット校（Stowmarket High School、以下、SMH校）は、13歳～18歳の男女1,100人（教員77人）が在学する総合制中等学校である。サフォークの県都イプスウイチ市はロンドンの北西およそ100キロ、同校の所在するストーマーケット市はイプスウイチ市の西25キロほどでケンブリッジ市寄りに位置する。同校の生徒は、ほぼ1万人が居住する中心市街地（商業・工業地区）のほか市郊外の田園地域からも通学している。

1966年秋、当時グラマー・スクールであった同校の数学教師に迎えられたロバート・モンゴメリー博士（Dr. Robert Montgomery 以下、M氏）は、翌年校長に昇進し、1971年総合校への再編・転換の時期を校長として体験し、1993年6月SMH校を定年退職するまでの27年間を同校の変遷とともに過ごした人物である。ケンブリッジ大学で数学を専攻、ロンドン大学で教育学を修め博士号を取得した同氏は、SMH校の責任者として、また教育研究者として1960年代末から70年代はじめにかけての総合制再編の当時を、次のように述懐する。なお、以下の記述の大部分は、同校の学校理事会の傍聴とその後の理事数名との懇談を含む3回に及ぶ筆者のSMH校訪問時のメモと、質問に答えてM氏から数度にわたり送られてきた長文の私信に基づくものである。

　　グラマー単独の時代に比べ、再編に伴う学校と地域社会との関係は、次の点において格段に重要性を増した。発足した新設総合校・校長としての私に、地域住民が期待したのは、第一に、合併前までセカンダリー・モダン・スクールに在学していた生徒に対する十分なる配慮であり、第二は、合併によりそれまでに築き上げられてきたグラマー・スクールの伝統と権威を損なうことなく、むしろこれを継承拡大するすることであった。また、私の期待としては、地域住民子弟の大多数を受け入れ、卒業生の大半を地元企業に就職させてきた両校の卒業生・父母・関係者は無論のこと、すべて

の地域住民に総合制中等教育の理念を広く理解してもらい、有形無形の地域社会の支持をとりつけることであった。

　M氏は、地域住民の申し出に応えて住宅を学区内に定め、請われるままにロータリー・クラブの会員となり、各種の事業所・企業主等との幅広い交流を続けた。学校が開催する各種の行事——スポーツ・デイ、スピーチ・デイ、オークションなど——にも卒業生、父母に限らず、多くの地域住民を招き、教師・生徒との交流の機会を設ける努力を怠らなかった。学校と地域社会との好ましい関係の維持、地域社会との連携の重要性を認識し、期待していたからにほかならない。M氏のこうした姿勢と努力は、総合制再編期に限られることなく、定年退職するまで続けられ、今なお無形の遺産としてSMH校の教職員に引き継がれている。

○ 初期の職業体験学習と実施をめぐる校内論議

　「地域社会との連携の重要性は、早くも総合制再編の初期の段階からSMH校のみならず、広く関係各校間で認識されていた」とM氏は言う。しかし、学校と地域社会との連携・協力関係がより強く求められる契機となったのは、1972年の義務教育年限一年延長の措置と翌73年の教育法（職業体験法）の施行に伴う、義務教育最終学年在学生の学校外施設での職業体験学習の実施であった。中等学校第4、5学年生が地元企業等で職業体験する機会を、正規のカリキュラムに組み込む学校が増加し始めるのも、この頃以降のことである。

　SMH校は、同校が所在する地域社会の規模においても、教職員の協力によって培ってきた多様な人的関係においても、職業体験学習を取り込む絶好の条件を備えていた。市街地区には、従業員1,000人を超す大企業工場施設のほか、商店、スーパー、各種の事務所・事業所があり、市街地区を取り巻く田園地帯には、工場、農場、養鶏場や、そこで生活する住民の生活必需品の需要にも十分に応えうる種々の施設が整っていた。事業主・従業員の多くがSMH校（あるいは前身のグラマー・スクール）の卒業生か、在学生の父母であり、互いに知

り合うに適当な規模の生活環境の中で、校長や教師は、学校教育に対する彼等の日頃の助言や援助に感謝してきた。職業体験学習を実施するには、規模、施設、職種、人的組織の面でも、十分な支援が期待できたのである。

したがって、SMH校では、周辺諸校に先駆けて1971年には、第5、6年生の中には学外試験（GCE、CSEほか職業資格試験）終了後の1、2週間に、地理の野外調査、コミュニティ・サービス活動、技術見習い・実習、初等学校での教員助手、校外施設見学などに参加する生徒も見られたのである。無論、教育当局の支援や職業体験の法的保証もない時期であったから、すべては同校教職員の熱意と地域住民の善意に支えられてのことであった。

これ以後、同校における職業体験学習は、1972年の義務教育年限延長、73年の職業体験法制定・実施を経て、1975年には220人の体験学習機会を設定するまでに拡大された。しかし、この年度を頂点に、徐々に後退せざるをえなくなる。学校と地域社会との絆は、1971年の第1回体験学習実施以来、年ごとに強化の方向をたどっていた。それにもかかわらず、2つの問題に直面したのである。

第一は、教職員の過重な負担であった。200人前後の職業体験機会の設定（受け入れ側との交渉、父母・生徒の事前指導など）の事前準備、体験期間中の訪問指導と記録、さらに事後の指導のすべてが、担当教科の授業の合間をぬって、教頭ほか担当教員3、4人の肩にかかっていた。校務分掌上、これ以上の担当教員の分掌増員はとうてい無理と思われた。

第二は、地域の事業施設での生徒受け入れ数が限界に達していたことである。SMH校の成功にならい、近隣校ストーアップランド校（Stowupland High School）が数年前より職業体験学習を導入し始めており、これが地域事業所の受け入れ数不足に拍車をかけることとなった。

この頃からである。SMH校では、職業体験のもつ教育的意義と効果について全教職員あげての論議が繰り返しなされた。産業理解、職業準備教育の域を越えた、基本的な生活習慣の涵養や社会的行動規範の遵守など、人間形成にかかわるより広い教育的観点から職業体験学習を見直すべきという論が多数派

を占めた。議論の末、「職業体験は強制ではない。しかし、その教育的効果に着目して、進学・就職にかかわらず、第5学年生全員が参加する」こととした。

次いで、度重なる議論を経て、二種の実施方法を採用した。その1は、事業所の受け入れ人数と指導体制に配慮し、夏学期の5月と6月の2回に分けて、各2週間実施する。その2は、年間を通して3週間の職業体験と、その後に続く6週間の校内学習を、交互に繰り返す。受け入れ側に配慮し、職業体験時期をグループごとにずらす、というものであった。その1の方法により実施された職業体験学習を、ちなみに、1980年度の場合で見てみると、「5月：39人―2週間」「6月：71人―2週間（GCEなど外部試験受験後に）」であり、6月体験グループは、第6年級修了後のキャリアを意識して、司法事務所、建築事務所、研究所などでの体験者が半数を占めた。両グループともに、体験期間中に担当教師の訪問指導を2度にわたり受けている。

その2の方法を選んだ体験グループは、GCEなど外部試験を受験しないか、もしくは受験しても少数科目である就職志望者が多数を占めた。この年度以後の履修者数は、年度による違いはあるが、25、26人から、多くても40人前後。これを3グループに編成し、全体のほぼ3分の1ずつが、交互に、地域事業所での職業体験に参加する。職業体験後の6週間は、主に工作室（craft room）でキャリア教員（進路指導教員）・技術科主任教員ほか補助教員による実技指導と講義を受ける。M氏は、「このグループの成否の鍵は、実に2名の専任担当教員の情熱と手腕にかかっていた」と当時を回想する。生徒の中には、体験期間中に習得した技能に自信を得て、卒業後の就職先を職業体験受け入れ先に決めた者も少なくなかったという。

○ 体験学習の実施で緊密度を増したSMH校と地域社会との協力関係

SMH校が体験学習導入の条件に恵まれていたことは、すでに記述したところである。しかしながら、この条件を生かし、地域社会とのより緊密な連携関係を築き上げたのは、体験学習の実施を通じて、地域住民との個別的な接触・交渉に力を尽くしたM氏をはじめ学校教職員の協働の賜物であったと言って

よい。

　本項では、体験学習の実施に関して、同校の担当教職員が何を念頭におき、どのように行動したかを検討したい。

　さて、その2の体験グループの場合には、3週間ごとの体験学習が年間4回、3グループの総計は12回である。体験時期をずらして、1グループずつが常に校外で学習し、しかも生徒一人当たり3、4種の職業体験をさせるとなると、担当教員が受け入れ側事業主と折衝する回数は限りなく増加する。生徒の希望職種の聴取、面接、事前指導のほか、体験期間中の訪問指導と事業主との面接、記録整理、体験終了後の事後指導などの仕事が、キャリア教員、技術科教員、補助教員1、2名に容赦なくかかってくる。しかも、それぞれが自分の担当科目の授業責任を負うとなると、担当教員の献身的な努力にも当然限界がある。全教職員の理解と支持と積極的な労力奉仕が不可欠となる。

　上で述べたように、全教職員が参加して十分な論議を積み重ね、体験学習の方法・時期と専任担当者を決め、学校が一体となって実施に踏み切ったSMH校では、担当教員の職場訪問指導の時間を組み込む時間割編成に、校長も教頭も関係全職員も懸命になって取り組むのが年中行事化した、という。事業主との電話や訪問面談による事前・事後連絡の多くは、放課後の時間が当てられた。体験期間中の担当教員による事業所訪問は、職場関係者と面談する絶好の、しかも貴重な機会と考えられている。体験学習生徒に関する評価・報告などの情報入手ばかりでなく、今後の受け入れ条件や学校側の事前指導についての希望や助言を直接に聞くなど、学校との緊密な関係を維持し、支援・協力を確認する場でもある。

　M氏が、電話以外に、ことのほか直接面談を推奨し、訪問時間の確保に力を尽くし、その効用を説くのはこの故である。職場関係者に学校でのキャリア講話を依頼し、来講の都合照会をするのも、職場での面談時である場合が多い、とも聞く。もっとも、こうした緊密な関係の形成は、田園地帯の小都市であるが故に可能であると言うべきであろう。ちなみに、1980年度のその2の体験学習グループは37人で、一人当たり体験職場は4、職場総数は延べ145を数

えた。その内訳は、下記のとおりである。カッコ内の数字は、この年度の延べ体験生徒数を示している。
内訳：スーパー・小売り商店（57）、製造工場（18）、飲食店（14）、養鶏場（12）、建築業（12）、農場（11）、自動車整備工場（10）、その他（病院・食品加工など）（18）

　受け入れ先が市街地とその周辺に所在し、加えて、1事業所に複数の勤労体験生徒という分布と担当教員による2度の職場訪問という状況を勘案すれば、学校と地元事業所との親密な交流・協力関係は推測するに十分である。
　個人的な人間関係こそが、ストーマーケットのような地方小都市での学校と地域社会との連携・強化にとって大切なことなのである。同一校に永年勤続するのが通例であるイギリス教育界の慣行や、インフォーマルな場で、たいていの事柄が話し合われ決められていくこの国の習わしが、その是非は別として、個人的な人間関係を一層に重要なものにしている。
　学校と地域社会との連携・協力関係の維持・強化にとって、何が基本的に大切なのか、学校教職員が日頃心がけるべきことは何か、をSMH校の事例は示唆しているのである。

3. 事例校の体験学習への取り組みと独自なプロジェクト
(1) 事例校の実践を取り巻く国・地方当局の動き
① SMH校の体験学習は、1980年代、90年代の関連諸施策の実施による直接、間接の影響を受けながらも、基本的には学校としての独自性と主体的対応の姿勢を維持して今日に至っている、ということができよう。
　確かに、学校レベルの職業体験学習に影響を及ぼしたとされる、注目すべき施策として以下のものが挙げられる。
　1982年「技術・職業教育先導計画」(the Technical and Vocational Education Initiative, TVEI) の発表と推進、1983年17歳教育証書試験CEEに代わる「職業準備教育証書試験」(Certificate of Pre-Vocational Education, CPVE) および

従前の「青少年職業体験計画」(the Youth Opportunities Programme, YOP) を引き継いだ「青少年職業訓練計画」(the Youth Training Scheme, YTS) の導入、1985年教育科学省白書「よりよき学校」(Better Schools) や「1988年教育改革法」(Education Reform Act 1988) にて示された勧告ないし指示に基づく成人生活・職業生活に向けての準備教育の強調など、がそれである。1991年には、学校カリキュラム枠内での職業体験の位置づけの指針を示した全国教育課程審議会作成の手引書「職業体験と学校カリキュラム」(Work Experience and the School Curriculum) の刊行・配布をうけて、学校における職業体験学習への取り組みは、すべての関係機関との連携・協力をもって推進する態勢づくりが急速に一般化した。

無論、早い時期に学校単独で体験学習を導入・実施したSMH校も、他校同様に種々の公的調整・推進機関の支援を得て体験学習を実施している状況に変わりはない。しかしながら、後述するように、同校独自の伝統あるプロジェクトの存在が指摘される。周辺他校とはいささか異なる、先導校としての矜持というか、力の入れ方、意気込みの相違とでもいうべきであろうか。

② サフォーク地方当局においても、「技術・職業教育先導計画」の採用をはじめ、上述のような諸施策の実施、関係省庁の勧告・指導により、職業準備教育、職業体験学習推進のための学校と地域社会、地元産業界、各種事業所との連携・協力の支援組織がつくられた。地方における公的支援組織の中核に位置するのは地方当局である。サフォーク県では、地方教育当局 (Suffolk Local Education Authority, LEA) からのアプローチに対していち早く呼応したのは、県都イプスイッチ市商工会であり、次いで県商工会であった。県・市商工会はそれぞれ傘下の事業所に協力を要請し、その承諾をもって、両商工会団体は県行政当局（教育当局LEA）企画の「産学連携組織」(Linking Business with Education) の協賛団体となり、1994年以後各種の支援プロジェクトを開発・展開することになる。

同様にして、翌年には、県教育当局と県訓練事業協議会が設立・協力団体と

なり、「(財) サフォーク・パートナーシップ」(The Suffolk Partnership Ltd.) を発足させた。同財団は、中学・高校11校と会員企業24社がパートナーとなり、職業体験学習ほか3、4の学校教育支援プロジェクトを進めている。

(2) 事例校における職業体験学習への取り組みの現状

上述のように、サフォーク当局管内の組織的な活動の広がりに伴い、SMH校も学校会員の一員として「教育・産業パートナーシップ」組織 (Education Business Partnership)、「サフォーク・コンパクト」(Suffolk Compact) にも参加し、一定の成果を収めている、という。1995／96年度、学校がカリキュラムに組み入れている関連学習プロジェクトには、以下のようなものがある。

① 第9、10、11学年(main school 14 — 16歳)と第6年級(sixth form 17 – 19歳)生徒を対象とする職業体験 (Work Experience)

　ほぼ、全生徒が参加する。

② GNVQ (General National Vocational Qualification 一般全国職業資格) の基礎資格 Foundation GNVQ および中級資格 Intermediate GNVQ を取得するための職業教育・訓練機会プログラム (校外の事業所、サフォーク当局管下のウエスト・サフォーク・カレッジ West Suffolk College での学習も含む)

　校内での教育・訓練に加え、継続教育カレッジでの授業・実習にも出席する。概して、参加生徒は少ない。

③ サフォーク・コンパクト Suffolk Compact (地方当局と地元事業所との「産学連携組織 (Linking Business with Education)」が開発・推進するプログラム)[※]

　参加生徒の多くは、第8ー11学年生で、第6年級参加者は極めて少ない。

※ 詳細については、拙稿「サフォーク地方教育当局（イングランド）における学校と企業との連携——勤労体験学習組織「サフォーク・コンパクト」の解説と紹介」本特別研究『中間資料集(II)』国立教育研究所、平成9年3月を参照願いたい。

④「産業に触れる (Insight into Industry)」第9学年 (14歳) 全生徒を対象とする2日間の体験学習プログラム

SMH校独自の企画で、2日間の校内学習。例年、ブリティッシュ・テレコム、ロイド銀行、郵便局、市役所など地域20事業所からの実習機器・材料の提供を受けるほか、職員を講師として招請する。全生徒は、初日は4人、2日目は10人の少人数のチームを編成し、各々に外部講師1名を配属して、各種職業についての講義、ロール・プレイ、実習などをチーム・ワークとして実施する。生徒にとっては、ハンバーガー新商品の広告チラシの図案作成、気流測定装置の研究開発、ウェッジウッド陶器商品の包装などにいたるまでの多様な職種についての体験学習を通じて、職業理解、共同作業、相互伝達、自己責任、進路選択の大切さを学ぶ良い機会となり、校内体験学習の効果についての教職員の評価はすこぶる高い。

⑤「ストーマーケットからヨーロッパへ（Stowmarket into Europe）」

　このプロジェクトは、④の「産業に触れる」同様、同校独自のプロジェクトである。SMH校と事業所との緊密な協力関係のもとに企画・実施された校内体験学習の好事例として、特に、次項にて取り上げ、詳しく述べてみたい。

(3) 事例プロジェクト「ストーマーケットからヨーロッパへ」

　「ストーマーケットからヨーロッパへ（Stowmarket into Europe）」は、第10学年（15歳）全生徒を対象とする1日（午前・午後）の体験学習プロジェクトである。SMH校教職員と地元企業との共同企画で、産業理解・語学研修を主目的に、毎年実施されている。ヨーロッパ諸国への物資輸出を想定した模擬実習で、生徒は17人ごとに1チームを編成し、チーム設立の模擬「輸送会社」に所属する。各社は商品輸送を主目的としていて、それぞれ特定物資の特定国への輸送企画と製品の梱包、大型トラックでの商品（96年度の取扱商品は、塗料・ペンキであった）を搬送する際の輸送・梱包契約書の作成などが指示され、定められた時刻までに契約書そのほかの書類の提出が義務づけられる。7年の実績があるだけに、この学校・事業所共同企画プログラムでは、事前の作成契約書の見本配布・用具の搬入のほか、実に細かい配慮と指示がなされており、

SMH 校と地元事業所との綿密な事前準備、親密な共同作業の展開をうかがわせるに十分である。

　なお、全生徒、全チームに指示された詳細な事項のうち、その若干を参考資料として挙げてみると、以下のとおりである。

○ この体験学習プロジェクトの具体的目標
①チーム・ワークと商談技能の向上、②現代外国語の学習と実践的応用、③産業界の専門職員を商談相手とするコミュニケーション・スキルの習得、④それぞれの具体的場面に応じた想像性・創造力の発揮
○ この体験学習プログラムの模擬「運送会社」の学習内容
① 専務取締役の選出（この役職は、各部門が正確に時間どおりに活動しているかを確認し、必要な情報を収集する重要なポストである。模擬「報告書」提出時刻を厳守するためにも適切な人を選出すること）
② 会社名の決定
③ 担当部長の選出・所属従業員の決定（カッコ内数字は、およその従業員数である。選出にあたり、次の事項を考慮すること。契約書作成には、特に語学力・数理能力が要求される。問題が生じた場合は、専務取締役の決定に従うこと。輸送・配達部門（6）、梱包部門（5）、デザイン・広告部門（5）、これに、専務取締役1名を加え、社員総数17名である）
④ 学習の際の諸注意事項
　〈輸送・配達〉
　　提出書（プロジェクト報告書）には、以下の事項を含めること。「最も経済的な輸送ルートと経費」「机上作業の確認」「EC ハイウェイ規則の調査確認」など。
　〈梱包〉
　　輸送方法・販売効果・安全を考慮し、最も適切な荷づくりを設計する。
　〈広告〉
　　会社の独自性を図案化するのに責任をもつこと。

《指導者の助言》SMH校の外国語教員、一般教職員、テーラー・バーナード社員、ICI社員、サフォーク当局事務所職員など

《諸道具類（運動場に搬入済み）》大型トラック用トレーラー、移動式荷台、ペンキ容器(プロジェクト提携企業のICI社は、塗料・ペンキ製造企業：筆者注)

《校内キャリア室（進路指導室）備品の活用》備品一覧表、自動車道路地図、ブリキ缶、梱包材料など

※コンピュータの利用は、2教室で午後2時まで可能。共同室でコピー機器の使用可能。ファックス・語学機器は、キャリア室で利用可能、など。

○ この体験学習プロジェクト終了時の報告書提出

　提出書類は、17名の役割分担・共同作業経過を示す報告書と、「××運送会社」と顧客との間で取り交わされた契約書の写しである。作業経過報告書には、特別の書式規定はないが、「××運送会社」契約書には、次の事項とその費用を含むものとされた。

　契約輸送商品は「ペンキ」で、大型貨物自動車1台分。運送経費として計上されるべき項目と費用は、次のとおり。

a. 燃料費、人件費、フェリー料金、その他輸送中にかかる費用

b. 輸送契約のペンキの総量と金額。梱包部門の積み荷台（パレット）に関する詳細。積荷の高さは3パレットまでとする。

c. 運転手用に、運送ルートを印した自動車地図と目新しい道路標識や用語などの記載された冊子を用意する。

d. 商品の特徴、安全、宣伝を考慮して、2.5リッター塗料容器用のデザインと模型を設計する。デザインには、安全使用のために各国語による使用上の注意を書き添える。

e. 商品の広告用ポスターと、市場での商品の独創性・独自性を文字で表現したデザインを提出する。

f. あなたの所属する「××運送会社」を商業情報誌に掲載する広告用のデザインを添付する。

　以上である。わずか1日の校内体験学習であるとはいえ、学校・事業所の

共同企画、共同運営の実施にあたり、学習目標の設定と綿密な事前準備作業、それに当日の学習に、担当関係者がいかに多くの時間と労力と経費を投入しているか。また、学習が極めて総合的であり、内容がかなり実践的であることが容易に理解される。産学連携・協力の職業体験学習の一事例として、SMH校独自のプロジェクトを挙げたゆえんである。

4. 統計資料にみる学校と地域社会の連携・協力関係
(1) 職業体験学習に関連する統計資料の検討

さて、事例研究として取り上げたSMH校と、そこで展開されてきた職業体験学習と産学連携の2点に焦点を絞って論を進めてきた。この項では、同校と地域社会との関係を、職業体験学習関連の統計資料の分析検討を通じて明らかにし、結びとしたい。

1995／96年度中にSMH校で企画・実施された職業体験学習プロジェクトの概略を、協力事業所数、体験学習を受けた生徒数、および校内で開かれた職業体験・キャリア教育に関する事業所派遣講師による講話・講義を、それぞれの実施回数等の統計で示すと、次のとおりである。

○ SMH校職業体験学習に協力する地域の公私の機関・施設・団体など（以下、事業所）に関する統計（後掲の参考文献・収集資料より作成）

a. 協力事業所総数：225
b. 職業体験学習の機会を施設内に設けてくれた事業所数：197
c. 職業体験（通例、職業体験（Work Experience）は校外の各事業所で2～3週間にわたり行われる）以外の校内キャリア教育とか校内体験プロジェクトに協力する事業所数：40（学校の招請に応じてキャリア教育講師派遣（Careers Talk）する事業所：22、講師派遣と併せて校内のプロジェクトの共同企画・共同実施にあたるブリティッシュ・テレコム、ロイド銀行、イースタン電力など20事業所がこれに含まれる）
d. 事業所内で実施される通常の職業体験とは別に、事業所内で特定期間、集

団体験プロジェクトを企画・実施する事業所数：4（イプスイッチ博物館、イースト・アングリア生活史博物館など）
e. 校内外で実施される体験学習への財政援助・実習材料費支給・実習用具貸出などをする事業所数：27（職業体験生一人当たり47ポンドを援助する商工会、一校当たり1450ポンド援助のパートナーズ（Partners-Teaching for Business）のほか、サフォーク当局事務所、シーメン商会からの実習材料現物支給など）
f. 見学会を企画・実施する事業所：19（旅行案内センター、リーガル映画劇場、サフォーク・レジャー・センターなど）
g. GNVQ（一般全国職業資格）取得のための体験学習支援を申し出ている事業所：18（ウエスト・サフォーク継続教育カレッジ、バークレイ銀行、ストーマーケット図書館、アングリア旅行センターなど）
h. 最も重要な統計数値が最後になったが、それは、225を数える協力事業所のなかで、1995／96年度にSMH校を直接訪問した事業所数、訪問回数、日数、滞在時間はどうかということである。種々の体験学習支援活動の中でも、校内プロジェクトの企画・実施やキャリア教育講話などで学校を訪問した回数、日数、時間についての数値を付け加えることにより、産学連携の質を、計量可能な量的側面から補完することができると考えるからである。

サフォーク地方教育当局の地域「産学パートナーシップ」担当職員から入手した統計報告によれば、
1）キャリア講話のための学校訪問：22事業所、講話1時間
2）校内プロジェクトの共同企画・実施のための学校訪問：21事業所、訪問日1～8日

内訳詳細は、以下のとおりである。

学校キャンパス内滞在日数：
1日間（午前・午後）＝3事業所、対象は9・10・12学年生
2日間＝11事業所、対象はウエスト・サフォーク病院の第9・10学年を含む、第9・10・12学年生
3日間＝2事業所、対象はトラスト銀行プロジェクトを含む第9・10学年生

4日間＝2事業所、対象はブリティッシュ・テレコムの第9・12学年生ほか1社

7日間＝1事業所、対象はサフォーク当局中央事務所の第9・10・12学年生

8日間＝1事業所、対象はICIペンキの第9・10・12学年生（なお、前述した校内体験学習の模擬「運送会社」の事例は、ICIペンキが学校と協力実施した校内1日体験学習である）

○ 統計資料の分析結果と協力関係の評価

　SMH校における体験学習の実施を通じてみられる協力関係は、上掲の統計数値の分析・検討に基づく総括により、一層明らかとなる。筆者は、まず、地方小都市における中等学校1校に、225もの事業所からの多様な形での支援・協力が寄せられているという事実に驚かされる。1971年最初の職業体験実施以来、長年にわたり培われてきた地域社会、地元事業所との緊密な連携のもたらしめるところと言うべきであろう。

　学校内外の体験学習のうち、キャリア教育のための講話は、この年度には22事業所からの講師派遣により行われた。22回の講話は、毎回ほぼ1時間とされている。毎月2、3回の事業所派遣の外部講師によるキャリア講話が、キャリア教育担当教員との共同企画で実施されていることになる。

　加えて、この年度に実施された校内体験プロジェクト21種目と事業所内体験プロジェクト4種目は、上述の模擬「運送会社」の事例のごとく、事前準備作業・当日の運営・事後の提出報告書の評価など、かなりの時間と労力の投入が必要である。ほかに、事業所による独自の見学会開催や体験学習を対象とする金銭的・物的な支援がある。事業所の学校訪問と校内滞在日数は、準備作業や打ち合わせのための訪問・滞在時間を除いても、1995／96年度の総計は、56日22時間であった。

　年間授業日33週として、1週5日のうち平均1.7日間の事業所関係者の校内滞在という計算になる。実に、週の3分の1は、事業所職員と学校教職員とが協働して、学校内教育・校内体験学習にあたっていると言えるのである。

個々の生徒が各事業所で受ける個別の体験学習や、それぞれの事業所で行う集団体験学習会の開催などを勘案するならば、学校と地元事業所とが極めて密接な協力関係にあることが理解される。

以上、事例研究として、SMH校と地域社会との関係を、職業体験学習実施の側面から地元事業所との関係に絞って考察してきた。事例校の場合は、最初の体験学習実施の1971年当初より、恵まれた条件下に置かれていたことは間違いない。しかし、その条件を一層に整ったものとすべく、学校と地域社会との連携強化を常に念頭に置いて、27年間にわたり力を尽くしたM氏の存在を忘れることはできない。

1993年9月、M氏の後任となった女性校長は、3年の勤務ののち職を辞した。96年以降、O氏が校長職にある。上述のように、学校と地域社会との好ましい協力関係は、M氏を中心とする教職員集団の長年にわたる努力によって築き上げられ、以来今日に至るまで損なわれることなく継承されてきている。

学校と地域社会の連携が課題とされ、地域の教育力の回復が叫ばれる現在のわが国にとって、イギリス地方都市での中等学校の実践が、何らかの示唆を与えてくれるかもしれない。O氏に引き継がれたM氏の遺産のさらなる展開に、今後も注目していきたい。

(出所)「イギリスにおける学校と地域社会との連携 ——イングランド・サフォーク地方当局の職業体験学習事例の検討を通じて——」『学校と地域社会との連携に関する国際比較研究』(特別研究・中間報告書、1998年、国立教育研究所) 所収、pp.143 – 156.

(参考・引用文献)

DES. *Schools and Working Life : Some Initiatives*. HMSO 1981
Douglas Hamblin. *Guidance : 16-19*. Basil Blackwell 1983
木村浩「イギリス・労働体験学習の事例—連絡調整機関の活動を中心に—」海外問題研究会編・現代海外教育シリーズ3『職業・労働教育』ぎょうせい、 1981
木村浩「イギリスの進路指導・制度と発展の概要」「進路指導関係諸団体の組織と活動(イギリス)」『新進路指導事典』第一法規、1982
木村浩「イギリスの教科外活動と校外青少年教育」『国立教育研究所紀要第105集』国立教

育研究所、1983
木村浩「教育政策形成過程における審議会と勅任視学官の役割―イギリスにおける教育と教育行政―政策形成の視点から―」『日本教育行政学会年報14』 日本教育行政学会、1989
木村浩「イギリスの教育」『新教育学大事典』第1巻、第一法規、1990
木村浩「イギリスの教育」『学校教育大事典』第1巻、ぎょうせい、1993
木村浩「サフォーク地方当局（イングランド）における学校と企業との連携」『学校と地域社会との連携に関する国際比較研究―中間資料集（II）』国立教育研究所 1997
R. モントゴメリー（SMH校元校長）からの筆者宛の私信。1996年10月、1997年6月、1997年8月、1997年12月に受理
National Curriculum Council. *Work Experience and the School Curriculum*. NCC 1991
Partners-Teaching for Business. *NEWS LETTER* 1996. Partners. 1996
Stowmarket High School. *STOWMARKET INTO EUROPE*. 1996
Stowmarket High School. *STOWMARKET INTO INDUSTRY*. 1996
Suffolk County Council Education Committee. *STOWMARKET HIGH SCHOOL : Guide for Parents and Pupils*. 1996
Suffolk County Council-Education Department. *Stowmarket High School-Audit of School Business Links 1995/96*. Area Education Partnership. 1996
Suffolk Partnership. *Suffolk Compact-Student Guide. (Pre16)*. Suffolk County Council. 1996
A. G. Watts et al., *Work Experience and School*. Heinemann. 1983
柳田雅明「勤労体験と学校カリキュラム（1991年）の解説と抄訳」『学校と地域社会との連携に関する国際比較研究―中間資料集（II）』国立教育研究所、1997
安原義仁「イギリス・学校と産業界の提携強化を目指して」海外問題研究会編・現代海外教育シリーズ3『職業・労働教育』ぎょうせい、1981

第4章　教育課程と能力別指導

―解説―

　1998年（平成10年）改訂の学習指導要領は、教育課程編成の指針として、「生きる力」を育むための「ゆとり」ある学習活動の展開を掲げ、完全学校5日制、選択履修幅の拡大、教育内容の3割削減、授業時数1割減、総合的な学習の時間の新設などを提示した。「生きる力」の育成、「問題解決能力」「個性」の伸長等をねらいとする教育現場での実践は、2002年から小学校・中学校で、2003年からは高等学校ですでに進められている。告示以来、移行措置期間を含め2003年末現在で足掛け6年になる。この間、改訂学習指導要領が示す方向とかかわって、基礎学力・学力水準の低下が危ぶまれ、学力問題が再び論議され今日に至っている。

　イギリスでも、基礎学力・学力水準低下をめぐる問題は、かなり以前から論議され、総合教育、能力別学級編成、目的別教育課程編成、生活指導・進路指導などとの関連で、学校教育の理念やクラス編成・指導方法の在り方が、今なお問われ続けている。

　第1節では、ロンドン市内所在の中等学校12校を対象とする調査により明らかにされた諸事項のうち、カリキュラム編成、能力別指導などについて1970年当時の様子を概観する。第2節では、能力別指導が一般的であるイギリスの中等学校で、自分の教育信念を貫いて「能力混合教育」を導入し、優れた成果を上げた校長と、彼の経営実践校を事例として取り上げ、検討する。第3節は、わが国の改訂学習指導要領が、1982年（昭和57年）度から高等学校に導入を示唆する教育課程の多様化と習熟度別指導に関連して、イギリスでの能力別指導、教育課程基準の設定と基礎学力問題につての論議を整理・検討する。

1節　能力別指導と教育効果

> **本節の背景とねらい**
>
> 　わが国では、高等学校教育の多様化と学力別指導の導入が1978（昭和53）年改訂の学習指導要領によって提示され、学校教育における平等主義か能力主義かをめぐり論議が沸騰していた。高等学校学習指導要領の解説書が発表されたのが1979年6月であったが、たまたま、その6月末に教育調査のためイギリスに出張する機会を得た。その折に、刊行されたばかりの調査報告書『1万5000時間』を入手し、わが国で論議されている能力別指導、教育内容の多様化問題など関心のある項目について、現地で教育関係者と直接に面談する幸運にも恵まれた。聞き取り調査による情報収集を含め、上掲書の概要を紹介する。

1.　はじめに

　1979（昭和54）年6月、文部省は昭和57年度から実施する高等学校の新学習指導要領の解説書を発表し、高校教育の多様化と弾力化を図る手段として、学力別学級編成の導入を示唆した。これにより、生徒の能力・適性に応じた多様な教育課程と学力別学級編成に向けての具体的な取り組みが各高校ごとに期待されることとなったが、その格好なモデルを、私たちはイギリスにおいて一般化している能力別学級編成方式と、第4学年以後の科目選択制度に見ることができる。おそらくは、個性的な学校経営と教育実践を地道に積み上げてきたイギリスの学校教育の姿が、教育課程審議会の委員の念頭にあったであろうことは、想像するに難くない。

　イギリスでは、能力別編成をめぐる論議が20年余りにわたって続けられてきている。その根底には、人間の能力についての見解の相違とか、教育機会の平等化と高い教育水準の維持のいずれが優先されるべきか、といった学校教育の基本理念にかかわる争論的な問題が存在しており、ともに中等教育レベルの生徒の能力・適性に応ずる教育の在り方を追求するう

2. 話題の『1万5000時間』

　筆者は、1979年6月末に、イギリス教育界の動きと能力混合指導の実際を見聞する機会に恵まれた。保守党政権発足後わずか1カ月余りを経た時点であったが、すでに所得税の減額措置とそれに代わる鉄道運賃値上げを含む消費税の引き上げ、教育費の削減方針が発表されるなど、政権交代による政策の転換が次々と打ち出されていた。とりわけ注目すべき政策転換の一つは、労働党政権により制定された「1976年教育法」の一部関係条項の修正ならびに廃案が新政権の最優先事項とされ、全国に存在する300校に近いグラマー・スクール温存のための立法措置の声明が出されたことであった。そして、すでにケントやグロスターでは、グラマー・スクールの新設や既設校のグラマー・スクールへの転換が検討され始めており、政策転換の影響は徐々に現れ始めている。

　しかしながら、滞英中に面談した教育関係者の多くは、この声明には一様に批判的であって、「現段階にまで到達した中等教育の総合制化の大勢が、今回の政策転換により後退することはまずありえない」といった観測が支配的であった。したがって、現政権下での若干の振幅は予想されるとしても、今後の基本的な方向は中等教育の機会均等理念を学校における教育実践の場でどう具体化していくかという課題に向かって進められるものと予想することができそうである。

　能力・適性に応じた教育の問題とかかわって、当時、イギリスの教育界で話題となっている刊行物の一つに、『1万5000時間』と題する280ページほどの書物がある。1979年6月初め、オープン・ブックス社から刊行され、たちまちベストセラーとなった。

　『1万5000時間』とは、イギリスの子どもが満5歳の初等学校入学から16歳に達して中等学校を去るまでの間に平均して学校で過ごす時間の総計である。著者のマイケル・ラッター氏ほか3名からなるプロジェクト・チー

ムは、1970年以来、ロンドン市内の12の中学校を調査対象に中等教育の諸問題を明らかにするため、生徒の出席率、行動、学業、学校組織、クラス編成、環境などの観点から多角的な分析を実施してきた。同書は、その報告書である。

3. 中等学校調査の概要

詳しい紹介は別稿に譲らざるをえないが、ここでは、調査の過程で明らかにされた総合制学校における教育内容の多様化とクラス編成の一般的な状況を概括的に紹介することにしたい。
(1) 混合能力編成をとる2校を除き、能力別編成（ストリーミング、バンディング、セッティング）が一般的である。ほとんどの学校が数学、現代外国語の指導でセッティング（科目別能力別指導）を採用している。
(2) 大部分の学校が、前期3カ年の課程に共通カリキュラムを採用している。
(3) 共通カリキュラムは、国語、数学、理科、現代外国語、歴史、地理、宗教、芸術、音楽、技術、体育の11科目から構成されている。
(4) ほとんどの学校が、スロー・ラーナーズのために特別指導学級を設けるか、または個別ないし小グループ編成で「読解指導」のための特別措置を講じている。
(5) 数学の補習指導はまったく行われていない。
(6) 共通カリキュラム修了後の第4・5学年生には、各々の希望する外部試験の種類（GCE・Oレベル、CSE）と科目ごとに定められた指導要項（シラバス）に沿った多様な教育が提供されている。
(7) したがって、第4・5学年生の教育内容は、受験を希望する外部試験の種類と選択する科目により異なるが、国語と数学は共通必修である。
(8) 第4・5学年の2カ年間に、7科目ないし8科目の選択履修が認められている。ただし、科目の選択にあたり、歴史か地理、あるいは社会科は必ず選択するなどの制約がある。

(9) 全国的な傾向であるが、ロンドンでも第5学年（義務教育最終学年）での欠席率は急上昇しており、外部試験をまったく受験せずに離学する生徒が増加している。
(10) 第6年級生は、その第1年次終了時点でCEE（Certificate of Extended Education）か、もしくは、GCE^(注)・Oレベル（大学入学資格試験）の受験生は皆無であった。彼ら第6年級生は、いわゆる新6年級生（New 6th former）で、特定のAレベル受験科目も履修せず、一般教育の幅を広げるための第6年級進学といった場合が多い。

　以上のように、調査対象校では、前期の3カ年間は、全生徒を対象とした共通カリキュラムによる学習が、それぞれ能力別編成により進められ、これに続く第4・5学年生の教育は、受験希望の外部の試験の種類と科目により極めて多様化されたものとなっている状況が明らかにされた。

4. 能力別指導の「負」の副作用

　同書の執筆者は、総合制学校内部における能力別編成と混合能力編成、それぞれの教育効果に関する調査結果（ハーグリーブズ『中等学校における社会的関係』1967年や、レーシー『社会制度としての学校』1970年、「抑圧された学習環境における非能力別編成」エグルストン編『現代教育社会学研究』所収、1974年）を引用して、両集団間における教育効果上の差異はあまり認められないとしており、むしろ、能力別指導が生徒の生活態度や行動に多分に悪影響を及ぼすものであることを指摘している。もちろん、両編成方式の功罪は、今後のより客観的な研究成果の蓄積と多角的な分析（単なる外部試験の成績だけによるのではなく）を待たねば断言しうる事柄ではない。

（注）英国の中等教育修了資格試験だが、大学はその成績により入学者を選抜するため、大学入試と同義語になっている。試験は2段階となっており、16歳で受けるOレベル（普通レベル）と、18歳で受けるAレベル（上級レベル）がある。受験生は志望する大学が要求している科目とレベルに基づき受験する。

(出所)　「イクオーリティかクオーリティか」『内外教育』(現代海外教育シリーズ・能力・適性、1979年9月4日、時事通信社) 所収

2節　能力混合教育の実践事例とその成果

──本節の背景とねらい──
　現代の教育理念は、個人の能力・適性に応じた教育を施し、それを十分に発揮できる機会を均等に保障することである、とされる。したがって、学習者中心の教育体制を目指す教育革新が期待される。本節では、教育における能力主義か、機会均等主義かをめぐるイギリスにおける長年にわたる論議を念頭において、イギリス中部の総合制中等学校を訪ね、そこで行われている能力混合教育の具体的実践の様子を、聞き取り調査と入手資料の分析をもとに把握し、能力別学級編成・能力別指導の功罪を明らかにしようとした。

1.　はじめに

　イギリスでは、能力別学級編成をめぐる論議が20数年間にわたって続けられてきている。その論議の根底には、人間の能力についての見解の相違とか、「個性を大切にし、能力・適性に応ずる教育とは何か」「教育機会の平等化と教育水準の維持・向上のいずれが優先されるべきか」などという教育の基本理念にかかわる問題が伏在し、単に学級編成方式と教育効果に関する調査結果からだけでは容易に結論の出しにくい複雑な状況下にある。

　折りしも、イギリスの中央教育行政機関である教育科学省は、1978年7月、学級編成と教育効果に関する調査結果をまとめ、中等教育の総合制化の理念にふさわしい試みとして、少数ながらも各地で実践されてきた能力混合教育に対する批判的見解を発表した。これによって、イギリスの学級編成方式をめぐる論議は、さらに一段と加熱化する様相を呈している観がある。

　ここで紹介する事例は、知的教科の学習と能力別学級編成指導

(streaming)を基本とするこれまでの学校教育の在り方に対して、「子どもの全面発達の場こそ学校でなければならない」と主張する一人の校長の確固たる信念とすぐれた指導のもとに、営々と実践に励んできた教師集団によってもたらされた能力混合教育（mixed ability teaching）の成果である。上述の教育科学省調査結果から見る限り、全学年をとおして能力混合教育を実践している学校は、調査対象 800 校のうちの僅か 2% にすぎないが、その実践には、学校教育の目的や能力・適性に応じた教育の在り方を考えるうえで、極めて重要な示唆を含んでいる。

なお、本節は、1979 年 6 月のマルボロー校訪問の際のメモを中心に、1973 年 6 月 23 日の『ザ・タイムズ』教育版掲載の同校紹介記事を参考としてまとめたものである。

2. マルボロー校の初期の実践 ——能力混合教育を導入——

オックスフォード市の北 8 マイルに、チャーチルの生家マルボロー家のブレナム宮殿で有名な、人口 4,000 人ほどの田舎町ウドスタックがある。マルボロー総合制中等学校は、この町に所在する唯一の中等学校である。

ロンドン大学教育部長のテイラー教授とも親交の深いオーヘイガン氏が、大都市ロンドン、バーミンガムでの長年にわたる能力別指導の体験を経て、この学校の校長に赴任したのは 14 年前のことであった。当時、オックスフォード県ではいまだ中等教育の総合制は実現されておらず、同校は、11 歳選別試験の結果オックスフォード市のグラマー・スクールに進学できない、主にプレスト・スティール・モーターズ会社の労働者と周辺農家の子弟の大部分を収容するセカンダリー・モダン・スクールであった。

オックスフォードの県教育当局および同校の理事会から校長就任の要請を受けたとき、彼は承諾の条件として、将来この学校を地域産業と密着した総合制学校に発展させるつもりであること、地域学校としてのカリキュラム編成を行い、新たに農業科（rural studies）を加え、これを重視すること、そして、当時の中等学校としてはまことに大胆な構想ではあったが、

全学年・全科目にわたり能力混合教育を実施すること、を申し出たのである。

数年後、オーヘイガン校長の予想どおり、オックスフォード県は総合制を採用した。そして同校は、周辺の4小学校からの多様な能力・適性をもつ生徒をすべて受け入れる総合制中等学校として再出発するのであるが、それに先立ち彼がまず最初に取り組んだのは、能力混合教育を導入するための周到な準備であった。彼の提起した学校経営方針と具体的な実施要領は、十分に時間をかけて公式・非公式の教職員会議で検討され、両編成方式の利害得失をめぐる論議は長期間にわたり続けられた。

これまでの能力別学級編成による安易な指導法に慣れた教師が、一様に歩調をそろえるに至るまでには、彼の20余年に及ぶ教育経験と信念に基づくたゆまぬ指導と忍耐が必要であった。彼は、総合制学校の教育理念・目的をはじめ、地域環境、能力・適性に応ずる指導方法、学習条件、教師の職務と教育責任など、学校教育に関するあらゆる問題について、教師たちが自主的に討議し、理解し合える素地をつくり出すことに専念した。

就任した翌年、1人の教師が、続いて5人が学校を去ったが、それでも就任3年目からは、第1・2学年を対象とした能力混合教育が実験的に実施された。さらに数年後には、最後まで頑強に反対した数学科の教師たちも、緩やかな能力別指導方式であるバンディング方式での実験を経て、能力混合の指導法を採用するに至ったのである。

イギリスでは法令上、地方教育当局と地域代表から成る学校独自の理事会が、経営の方針、教育課程、教育組織など基本的な事項を決定することとされている。しかし実質的には、上記の基本事項を含め、学校の経営は校長の責任において進められている。したがって、校長が自己の教育信念を具体的な学校経営なり教育実践の場において実現しようとするには、生涯をその学校にかけるほどの覚悟が要求される。

オーヘイガン校長が当初の数年間を、教職員との話し合いと教師一人ひとりの指導に全力投球しえたのは、まさにこうした覚悟と、10年、20年を

区切りとする将来を見通した学校経営の構想が可能であったからである。

3. 教育課程編成の方針

1979年6月末現在のマルボロー校の概要は、およそ次のようなものであった。
(1) 全校31学級編成、生徒総数702人。各学年とも5学級能力混合編成。第6学年級の第1・2年次は3学級編成。第1〜5学年の平均学級規模25.6人。
(2) 教員38人、職員6人。
(3) 通学区域：ウドスタックおよび周辺の7小学校から毎年130人前後の入学がある。生徒はアルファベット順に5学級に配分される。
(4) 義務教育年限後の留年率：第6学年級に在学する生徒は同年齢の25％。現在60人が同校のGCE[1]上級レベルのコースを履修している。
(5) 教育課程は、第1〜3学年が共通カリキュラム。国語（週4時間）、数学（6）、地理（4）、歴史（4）、フランス語（4）、宗教（2）、音楽（2）、理科（4）、デザイン（6）、体育（4）の合計10科目40時間（一時限は35分）。国語、歴史、地理は学級担任の担当科目とされている。
(6) 科目選択は第4学年以後に始まる。第3学年終了時に、親・生徒・教師の三者面談の席で、将来の進路・適性を検討し、慎重に選択科目の決定が行われる。第4・5学年の共通必修は、国語（6）、数学（6）、体育（4）、宗教（4）の4科目20時間である。このほか、下記の選択科目群の中から5科目（各4時間、計20時間）を選び、合計9科目40時間となる。＜フランス語、ドイツ語、歴史、地理、地学、生物、物理、化学、一般理科、宗教、家庭、音楽、デザイン、農業＞

なお、科目選択に当たっては、全員が農業か理科一科目を選択すること、将来理科的ないし技術的な職業を希望する者は必ず物理を選択すること、全員が歴史か地理のいずれかを選択履修すること、大学あるいは継続教育機関への進学を希望する者は外国語を選択すること、といった

編成方針に従って、細かい指導が個別的になされている。
(7) 第6学年級第1・2年次では、第4・5学年の選択科目群に商業経済（4）、社会学（8）が加わる。共通必修は英語、歴史または地理の2科目である。

　以上のように、同校の教育課程はデザイン科を含む共通必修科目を指定するほか、科目選択に際しての細かい指導により、生徒一人ひとりのカリキュラムがバランスのとれたものとなるよう配慮されている。

4. 特色ある学校経営施策 ──極めて示唆に富む実験──

　オーヘイガン校長を中心とする教師集団が10余年にわたって作り上げてきた全学年一貫の能力混合指導体制は、次に述べるような特色あり、しかも調和的な施策により支えられているということができよう。
　その第一は、農業科（第4～6学年選択）、および金工・木工・造形美術を内容とするデザイン科（第1～3学年共通履修）の重視と、ユニークな指導法の採用である。選択科目でありながら大部分の生徒が履修する農業科は、アヒルの飼育やふ化、ミツバチの生態研究、周辺の耕作地土壌の分析、野菜栽培法の改良など、多彩なプロジェクトを内容とするもので、デザイン科の学習とともに、一般科目では不振な生徒にも自信を与えるよい機会ともなっている。また、学校と地域社会との緊密な協力関係は、主にこれらの科目を通して培われてきたといってよい。
　第二の特色は、あらゆる校内試験の撤廃である。生徒の評価は日常の授業や行動を継続的に観察・記録することによってなされるべきもので、適性・能力にかかわるトータルな評価が1、2時間の筆記試験などで成しうるものではないというのが、オーヘイガン校長の評価についての基本的な考え方である。
　したがって、個々の生徒の評価は教師の平常の観察による継続評価があるのみで、学校・家庭における生徒の成長・発達の様子は、6月と12月

の年2回、それぞれ3週間にわたって毎晩開かれる親と教師との個別面接の席で相互に伝えられる。年間通算6週間にわたり、午後4時から8時半までの間に、学校側の都合によってではなく親の都合のよい日時に合わせて、両者の面談が行われる。校長はコーヒーを勧めながら、最低5分間はどの親とも話を交わすという。

　こうした親と校長・教師との親しい対話が、やがて定められた機会以外での頻繁な接触を誘い、学校の教育が親や地域住民に理解・支持される土壌の形成に連なっているように思えるのである。当初、親の出席率は低かったようである。校長は生徒の家庭を訪問して出席を促し、時には面接に出席する親のためにベビー・シッターを探して歩いたともいう。このような彼のたゆまぬ努力が、親や教職員にも反映し、親の出席率はほぼ100%に近い今日の成果を生み出したのである。

　第三は、生活指導組織としてイギリスの中等学校によく見られるハウス・システム[2]も監督制度[3]も廃止してしまったということである。校長は、競争原理に基づくハウス・システムを否定し、学校全体が一つのハウス、一つのコミュニティであり、学校は地域社会から支持され、地域の文化センターとしての役割を担うべきであることを強調する。この学校には、今日のイギリスで焦眉の課題となっている中学生の非行も、ましてドロップ・アウトもみられない。教頭はその理由を、学級担任教師による必修科目担当制（週14時間）の実施、親との緊密な関係、そして能力混合教育を通して養われる生徒たちの学級帰属意識と相互援助の生活態度によるものである、と誇らしげに語ってくれたのである。

　第四の特色は、巷間いわれる能力混合教育と学力水準低下との関係は、この学校に関する限り否定せざるをえないという事実である。

　同校では、義務教育年限（16歳、第5学年）後の学習継続率は高く、同一学年生の25%が第6学年級で、55%が継続教育機関において後期中等教育レベルの学習を続けている。そして1978年度には、第5学年生の40%がGCE普通レベルを、60%がCSE試験を受験した。GCE普通レベ

ル受験生の中には最高10科目に合格した最優秀生も出ており、平均して一人当たり普通レベル5科目という全員合格を記録した。1976年の教育科学省統計によれば、グラマー・スクールを含む全国平均は普通レベル5科目の合格率が49%であったが、これと比べても、この学校の外部試験合格率は格段に高いものであると言ってよい。また、人口わずか4,000人の田舎町の中学校でGCE上級レベル・コースを履修する生徒数が60人という数字も注目に値する。

5. むすび

自己の教育信念に基づく学校経営を10数年にわたって展開し、教育理想の実現に恵念できるこの国の制度・慣行と、日本のそれとが大きく相違することはいうまでもない。また同じイギリスにおいても、マルボロー校の置かれた地域環境や学校規模の問題にも着目する必要もあろう。

しかしながら、中等教育の総合制化のねらいが、同一地域における共通教育をとおしての社会的調和と教育機会の平等化の実現にあるとするならば、総合制中等教育の目的は、一人のドロップ・アウトも出すことなく、生徒一人ひとりの能力と適性に応じた教育を、バランスのとれた教育内容と適切な指導法をもって保証するものでなければならないはずである。

いつも親と子どものために開け放されたままの玄関わきに位置する校長室のドアと、「地域社会で生きることを学ぶことは、フランス語のGCE上級レベルの学習と同等にたいせつなことだ」という言葉に象徴されるオーヘイガン校長の学校教育観とその実践は、多くの問題を抱えたわが国の教育にとっても極めて示唆的であり、今日の学校教育の基本目的は何かを改めて考えさせるものであるといえよう。

(注)

(1) イギリスの中等教育修了試験で、16歳（第5学年）で受験する普通レベルと18歳（第6学年級の2年次）で受験する上級レベルとがある。上級レベル2、3科目を含むGCE5科目合格が大学の入学資格となっている。なお、同じく16歳で受験す

るCSE試験がある。GCE普通レベルよりもやや程度の低い中等教育修了試験である。
(2) 全学年の生徒をいくつかの集団（house）に縦断的に編成する方式。スポーツなどの校内対抗試合や集団活動の際の基本単位となる。
(3) 校内あるいは各ハウス内部の生活秩序維持の目的で、最上級生に下級生の監督の権限を与える制度。通例、ハウスに配属された教師の推薦により、校長が監督生を任命する。

(出所)「能力混合教育の実践 ——マルボロー校の場合——」『能力・適性に応じた教育』（海外教育問題研究会編、現代海外教育シリーズ・4「能力・適性」、1981年、ぎょうせい）所収、pp.60 – 70.

3節　学校教育における平等主義と能力主義

> ┌本節の背景とねらい─
> 　世界の教育は、その量的拡大の時期を経て、質的変革を目指す方向へと動いている。わが国では、「生きる力」をはぐくむことを基本的なねらいとした新学習指導要領の具体化の作業や基礎・基本的内容の確実な定着を指向する各種の試みが進行中である。
> 　イギリスでも、教育課程の基準設定の提案や中等教育修了資格試験制度の改善をめぐる論議が高まり、公立・公営学校教育の「質」を見直そうとする動きが盛んである。「質」の問題を論議するうえで、欠くことのできないのが、学校教育における機会均等と能力別指導の問題である。1970年代末におけるイギリスでの論議を概観する。

1.　はじめに

　わが国と違って、教育課程編成の全国的基準をもたないイギリスでは、教育課程の全国的平準化の機能を現に果たしている中等教育修了資格試験制度の改革と、教育課程編成の基準設定の論議は、実はこの国の中等教育の「質」にかかわる極めて重要な問題であるということを指摘し、以下、その理由について、若干述べてみたい。

2.　能力主義的な分岐型

　近年における西欧諸国の教育制度改革に共通する動向の一つは、複線型

の中等学校制度から単線型のそれへの移行であるということができる。その移行の現段階における形態は、すべての生徒が単一の学校階梯(かいてい)を経て、より高度の教育を受ける機会が平等に開かれているシステム、いわゆる単線型の制度に到達しているとは言い難く、実態的には中間形態とでもいうべき分岐型のものにとどまっている場合が多い。

　イギリスの場合、1870年制定の教育法による近代的な国民教育制度が、その初等教育段階において発足をみて以来、上流富裕階級の子弟によって独占されてきた伝統的な中等教育を一般庶民にまで開放するための国民的な努力が積み重ねられてきた。すなわち、「1902年教育法」の成立に基づく公立グラマー・スクールの創設とその普及、「1918年教育法」による14歳までの義務就学年限の延長、第一次世界大戦後の「すべてのものに中等教育を」をスローガンとする労働党の公立中学校制度確立の運動などを経て、ようやくにしてすべての生徒に前期の中等教育機会を保障する法律、すなわちイギリスにおける教育基本法ともいうべき「1944年教育法」の成立をみたのである。そして第二次世界大戦後における中等教育制度の整備と、以後に続く量的拡大の時期を迎えることとなった。

　しかしながら、能力・適性に応じて、すべての者に無償の中等教育機会を保障しようとする、いわば中等教育の機会均等理念がその立法をもって一挙に実現されるはずのものではなかった。1947年に発足した新しい学校制度では、従来の複線型の学校体系の伝統的な性格を継承したグラマー・スクール（古典文法学校）、テクニカル・スクール（技術学校）、セカンダリー・モダン・スクール（近代中学校）の3種類に中等学校を区分し、生徒は小学校修了時の11歳で受験する知能検査と国語・数学の学力検査の成績により、3種類の学校のいずれかに振り分けられたのである。確かに、戦後の中等学校制度は、制度的にはすべての生徒に前期の中等教育の機会を均等に保障するものではあったが、学校種別ごとに提供される教育の「中身」は、明らかに異なるものであり、実態的には階層的で、しかも能力主義的に区別された分岐型のそれであった。

3. 極めて多様な教育課程

1960年代後半以降にみられる労働党政権による中等教育の総合制化政策は、11歳時における早期選抜試験制度を廃止し、前期中等教育を単線型の公立学校制度に再編することを指向するもので、70年代におけるその著しい進展は、社会的平等化を教育の場において実現した輝かしい成果であることは間違いない。けれども、能力・適性の異なる、同一地域に居住する、すべての生徒を単一の学校で教育する総合制学校での前半3ヵ年の教育課程は、比較的共通化したものであるが、クラス編成方式の多くは、能力別ないしは教科目ごとの到達度に応じた集団編成のそれが大勢を占めている。

また、後半2年間の教育課程は自由選択制の採用によって、必修基礎科目を除いて、生徒の一人ひとりが自分の興味関心に応じた個別的な編成を可能とする措置が採られている場合や、中等教育修了資格試験であるGCE受験を目的とするグラマー・スクールタイプのコース、それよりもやや程度の低いCSE受験コース、義務年限がくれば直ちに就職する生徒のためのコース、あるいは各種の職業的・実技的なコースのいずれかを選択させ、それぞれのコースごとにあらかじめ編成された教育課程を履修させる方式など、前期中等教育の後半の段階にみられる教育課程は地域、学校によって異なり、極めて多様なものとなっている。

4. 教育課程の基準設定の動き

上記のように、義務教育最終段階における教育課程の一般的な傾向は、生徒一人ひとりの関心や進路に応じた教育の提供という現代の要請に応える、極めて望ましい状況にあると言いうる半面、地域間、学校間、コース間に著しい教育内容上の相違と不統一とを生み出し、それが今日のイギリスにおいて世上いわれる基礎学力低下の一因ではないかといった批判を浴びることとなった。

現在論議の的となっている教育課程の基準設定の教育科学省による提案

は、選択科目数を縮小し、教育課程を一貫性のある調和のとれたものに改め、そして基礎学力水準の向上を図ることを、より直接的なねらいとするもののようである。このことは、分岐型による教育機会の区分の解消と、単一学校における教育の多様性の確保とを目指して発足し、そして今や同一年齢層の 80% を超す生徒が在学する段階にまで到達した総合制学校の、今後の成否にもかかわる重要な問題提起である。

上述の複線型学校制度に対応するコース選択制の場合には、進学ないし中等教育修了資格試験の受験を目的とするグラマー・タイプのコースを履修する生徒の多くが、中産階級に帰属する家庭の出身であるということ、義務就学である前期中等教育段階での複線型の学校教育による階層的再生産の傾向があるということなど、中等教育の実質的平等化の理想実現に到達するまでには、なお教育の「質」にかかわる問題が残っている。コース分化の初期の問題を含めた後期中等教育の教育課程の開発、複線型の性格を今なお残す GCE、CSE といった 2 つの中等教育修了資格試験制度の統合や、総合制教育の成否のカギを握る教師の養成・研修の問題など、いずれも緊急に解決されるべき課題として残されている。とりわけ、能力混合のクラス編成方式の問題は、総合制学校の教育の「質」の問題を考えるうえで、決して避けてとおることのできない重要な課題の一つであると言ってよい。

(出所)「教育機会の均等化と能力別指導」『内外教育』(〈世界の動き〉欄、1978 年 10 月 31 日号、時事通信社)所収

〈補説 1〉「1988 年教育改革法」の制定・施行により、今日では全国共通カリキュラム (National Curriculum) を基準とする教育指導が全地域の初等・中等諸学校で行われている。

〈補説 2〉第 2 節末 (注 1)(85 ページ) で解説している GCE 試験と CSE

試験は、1984年に統合構想（GCSE試験）が教育科学大臣により公表され、1988年に第1回GCSE試験が実施された。以後、今日に至る。GCE上級レベル試験は、以後の改変を伴いながらも、GCSE試験とともに現在まで存続している。

第5章　教育課程と教科書

解説

　わが国では、学校教育法20条および同法施行規則25条の規定により、文部科学大臣が公示する「学習指導要領」に従い、教育課程を編成するものとされている。したがって、法規命令ないし全国基準としての性格をもつ学習指導要領に準拠した教育課程編成や各教科の目標・内容・指導計画等の立案作成が各校にて行われ、これに対応した教科用図書（以下、教科書）が採択・使用される。また、学校教育法21条は、文部科学大臣による教科書の検定、教員の教科書使用義務を定めており、「教科の主たる教材」としての教科書にかかわる法令規定は多岐にわたる。なかでも「検定」は、学習指導要領に基づく「教科用図書検定基準」に従って、検定調査審議会が行う審査・答申により合否が決定される。

　このように、全国基準「学習指導要領」に基づく各学校での教育課程編成と検定済み「教科書」の採択、さらに授業展開と密接にかかわる「教科書」、という図式からもうかがえるように、わが国の学校教育に占める教科書の地位は極めて高い。教科書をめぐる論議や調査研究が長年にわたり続けられているのも、この故である。

　教科書問題についての政府、学校関係者、教科書出版業者、教育研究者や一般民間人などの関心の高まりに応えて、文部省(当時)は1975年に「教科書研究センター」を設立した。1980年、同センターは「教科書から見た教育課程の国際比較」を研究主題とする大規模な研究プロジェクトを企画・実施した。40余名からなる研究者集団による海外主要5カ国の比較研究の成果は、1984年に「教科書から見た教育課程の国際比較・総集編」(本章では割愛)にまとめられ、教科書研究の先駆けとなった。以来、「学校教

育における教科書の体様とその教育効果に関する調査研究」(2000年3月・科研報告、教科書研究センター)に至る20年間にわたり、イギリス担当の研究分担者として同センターが企画する研究にかかわり続けてきた。

　ところで、イギリスは、1988年教育改革法による教育課程編成の国家基準「ナショナル・カリキュラム」が発効するまで、教育内容について統制の緩い国として知られてきた。そして今なお、教科書の自由発行・自由採択制を基本とする国柄である。いわば、規制緩和以前の日本の、まさに対局に位置づけられる国であった。したがって、教育課程研究、教科書改善のための研究にとっては、恰好の研究対象国であったし、また今日でも、その変容過程についての追跡研究は、わが国にとって極めて示唆的であり、有益である。

　本章では、教育課程・教科書に関連する論稿の中から、3点を選び、自由発行・自由採択制度を特色とするイギリスにおける教科書・学習材の開発状況を、「1988年教育改革法」の施行とその後の動きを関連づけながら再読・検討できるよう配列・転載を試みた。第1節「教科書と教育改革法」、第2節「授業形態と学習材開発」、第3節「基礎学力水準の向上と教科書改善」である。

1節　教科書と1988年教育改革法

本節の背景とねらい

　本研究は、教科書の質的改善を目的に31名の研究者が、国内研究班、歴史研究班、外国研究班の3グループに分属して3カ年にわたり進めた総合研究。外国研究(国際比較研究)の対象国は、英・米・仏・西独・ソ連・スウェーデン・中国・韓国の8カ国。木村担当のイギリスでは、1988年教育改革法の制定と教育課程の国家基準「ナショナル・カリキュラム」導入をめぐって論議が沸騰していた。教科書を取り巻く法制度上の環境変化への対応と改善の動向に焦点をあてた論稿で、わが国における学習材としての教科書改善の方向を見定める参考資料となることをねらいとした。

　本研究の中間段階で発表した報告書は、当時わが国で進められていた臨時教育審議会・教育課程審議会で配布され、それぞれ関連する論議(教科

> 書制度改革、教育課程基準の見直し）の際の討議資料として活用された。

1. 概要
(1) 全国共通カリキュラム基準の設定

　自由発行・自由採択制を基本とするイギリス（イングランドとウェールズに限定、以下同様）の教科書制度は、教師による自由な教育実践の慣行とともに、イギリス教育の伝統的特色とされてきた。

　ところが今や、この国の教育は一大転換期を迎えるに至った。すなわち、「1988年教育改革法」（The Education Reform Act 1988）の制定がそれである。戦後最大の規模といわれるこの改革法の骨子は、①教育課程の全国基準の設定、②地方教育当局の権限縮小、③教育各分野への競争と効率原理の導入、であるといえる。1991年まで13期に分けての各条文の実施に伴い、国・地方・学校（教師）の三者協調を基本とする教育行政の在り方は、大きく変化することとなった。とりわけ、教育科学大臣による全国共通カリキュラムの基準設定権限が、改革法に明記されたことにより、それまで地方と学校・教師の決定に委ねられてきたカリキュラムは、その主要部分が共通化される。

　全国カリキュラムとは、中核教科（core subjects）とされる国語・数学・理科に、基礎教科（foundation subjects）の歴史・地理・技術・音楽・美術・体育・外国語（中等学校のみ）を加えた10教科。これが、公営学校に在学する義務教育段階のすべての児童・生徒の履修すべき必修教科とされ、地方・学校の裁量権は各教科への学習時間の配当にとどめられた。また、共通必修教科については、7歳、11歳、14歳、16歳の各段階での学習到達目標、学習プログラム、評価手順を定め、上記年齢ごとの全国共通テストが行われることになっている。

　到達目標・学習プログラムについては全国カリキュラム審議会（NCC）が、また評価手順については学校試験評価審議会（SEAC）が検討を進めている。全国カリキュラムに基づく学習指導は1989年9月より、初等・中等

学校の第1学年から学年進行に合わせて順次開始される。全国テストは、1991年にその第1回が7歳段階の中核教科について実施予定とされている。

概略以上のような全国カリキュラムの実施に伴い、今後どのような影響が教科書の著作・発行・採択に及ぶかは、不確定要素の多い現段階においては推測の域を出ない。また、到達目標・学習プログラムのもつ基準性が、どの程度に教師の教育実践を拘束することになるのかも、目下のところ明確ではない。したがって、本節は、これまでの情況をもとに記述することにした。あらかじめ、お断りしたい。

(2) 教科書の概念と教育方法

わが国でいう初等中等教育段階までの「教科書」とは、法令上の規定もあり、内容的には緊密に関連する学習参考書・印刷補助教材・一般の単行本などとは厳密に区別されて用いられている。ところが、イギリスで一般的に使用される textbook という言葉は、はなはだ曖昧な概念である。textbook とは「ある教科の全体もしくは部分の学習を助長する目的で、学習者のために特別に用意された書物」[1]「学校で使用するため教師が出版社のカタログから選定した書物、もしくは図書館（室）・書店の書物の中から選定された学校用の書物」[2]と定義される。

しがたって、わが国でいう「教科書」はイギリスでいう狭義の教科書(class text) を意味する。授業に直接関連する定義からしても、また日常の使用例から類推しても多くの本が教科書に該当する。これに学習資料書(resouce book) も加え、イギリスでは textbook と総称しているが、実態調査[3]は、トピック・ブックの授業での使用頻度が、最も高率であることを明らかにしている。

こうした概念の曖昧さは、法令上の規定を欠くという事由のほかに、一つにはイギリスで普及定着した個別的な教育方法にも起因する。1920、30年代頃より初等学校で徐々に始められた総合学習の方式は、現在では

トピック学習ないしテーマ学習として全国に普及している。この学習は、基本教科の系統学習の時間とは別に、特定の主題（topic、theme）を個別に選定し、1週間当たり2、3回で数週間から数カ月をかけて各教科の習得目標とする知識・技能を総合的に学習する。初等学校では特定テーマを主題とした「本づくり」が、また中等学校では論文・調査報告書作成が一般的である。トピック学習が授業に占める比率の高さを反映して、イギリスにおけるトピック・ブックの出版は極めて盛んである。

　第二の理由として、中等学校の地理・歴史・社会など総合的な教科では、教師の需要に対応して3種類の教材構成をとる教科書発行が少なくない。系統的、要約的な学習用の中核教材（core book）、その一部としての特定主題ごとに深みのある学習を進めるための数冊のトピック・ブックと、その各分冊に対応する豊富な統計資料等を盛り込んだ教科書（resource book）の3種の印刷教材の組み合わせである。その各々は、いずれもtextbookと呼ばれているのである。

　以上、イギリスにおける教科書概念が広義に用いられている実態を、教育方法との関連で述べた。このほか授業では、植物図鑑、統計年鑑、百科事典などの参考図書（reference book、library book）も重要な教材として使用されるが、これら4種を学校用図書（school book）と呼んでいる。

　本章では、わが国の教科書との対比を考慮して、class textとtopic bookの2種に限定、以下、これを「教科書」と表記することにする。

2. 教科書制度上の諸問題
(1) 教科書の位置づけ

　教育機器・教育メディアの急速な発達・普及をみた現代においても、教科書は依然として「最も普及している、最も強力な教育技術」[4]であり、「教育事業における必須の要素」[5]であることに変わりはない。

　学校教師によるカリキュラムの自主編成と、独自の教育実践が通例化しているイギリスで、しかも、多様な教材を用いて効果的な授業展開をす

ることを誇りとする風潮の強いイギリスの教師たちにとっては、教科書に対する期待はことさらに大きいものとなっている。調査[6]によれば、授業に関連して使用される教材の比率はトピック・ブック 92%、class text 90%、次いで国語、読解、ドラマの指導で用いる文学作品（単行本）73%という高い使用比率が示されている。教科書が中心的な教材として使用されていることは明らかである。

したがって、指導に際しての教科書の使用義務規定を欠いているにもかかわらず、教科書にたいする教師の需要は大きく（実際の購入は教育費縮減の傾向を反映して年々減少している）、毎年新たに発行される学校用図書の種類もおびただしい数にのぼっている。ちなみに、1983年の1カ年に新規出版された教科書は 2,317 種を数え[7]、この年、全国に供給された教科書は新旧併せて 35 万種に達した。

(2) 教科書作成上の問題

教科書に関する法律・規則等により、かなりの制約のもとに置かれている国々からみると、イギリスの教科書制度は優れた理想的な制度として評価されることが少なくない。誰でも自由に教科書を執筆・編集・発行できるわけであるし、わが国のように教科書発行者の事業能力についての政令規制も、検定・採択・使用に関する法律も存在しない。個々の学校・教師は自主的にカリキュラムを編成し、独自の授業プログラムとスタイルを考案して、適切と考える教科書を自由に採択、創造的な授業を展開する。そうした実践を基礎に、さらに新たなカリキュラムが次々と開発され、その度ごとにカリキュラムの展開を具体的、効果的に保証する教科書が作成される。

確かに、イギリスにおける教科書の作成と発行は、自由な教育実践活動の展開を前提とした創造的、革新的なカリキュラムの開発と連動した形で進められてきた。多様な機関・団体により組織された開発チームが、多額の研究開発費と長い年月をかけてカリキュラムの開発に取り組み、その成

果は優れた一連の教科書シリーズとして刊行され、全国的な規模で学校教育の内容・方法上の革新に重要な役割を演じた事実もよく知られている[8]。

しかしながら、自由発行制といえども、教科書の作成、発行にも何らかの制約があるという現実を見過ごしてはならない。

すなわち、学校・教師の要望に応える教科書作成を進めるためには、「教育実態の把握→学校教育の現実からの問題点の抽出と開発主題の決定→カリキュラム開発→教育実践での実験的試行・評価・修正を経て、再び学校教育現場への成果の還元」というサイクルの繰り返しが要求される[9]。それ故イギリスでは、教科書の企画・編集方針の決定に際しては、まず、学校教育の実践に直接的に影響する教育現実の分析的把握に加え、以下の3つの動向[10]に着目することが重要だとされている。

その3つの動向とは、①カリキュラム開発機構の動き、②新しい指導方法の採用と授業クラス編成方式の変化、③新教育機器・技術の導入である。これらは相互に関連し合いながら、教科書の企画・編集方針に決定的な影響を及ぼす。たとえば、戦前における歴史的事実としてよく知られているのは、理科教員連盟が刊行した一連の調査報告書である。なかでも、1932年の「一般理科の指導」(*The Teaching of General Science*, 1932) が、当時の理科教育と資格試験シラバスに与えた影響はまことに大きなものであった[11]。また、戦後におけるナッツフィールド財団やスクールズ・カンシルのカリキュラム開発活動が、教科書の企画・編集に及ぼした波及効果は今なお記憶に新しいところである。

企画・編集方針の決定に影響するのは、こうした全国レベルのカリキュラム開発機関の動きばかりではない。教科書で取り上げるべき学習内容の選定や主題の扱い方などの決定については、企画・編集者は教育科学省の示すカリキュラム編成の指針、勅任視学官の発行する関連文書や口頭で伝えられる教育内容・指導方法についての見解、政府の各種審議会や教科教員の団体の調査報告書、さらにそれぞれの地方教育当局が独自に決定・指示するカリキュラム編成の把握の枠組みと、その枠内で各学校が自主的に

編成するカリキュラムと教育実践の実態などを的確に把握しておかなければならない。

　なおまた、教科書が対象とする主たる地域の特性や教育要求、進路別生徒のニーズ、教師の採用する授業方式・クラス編成、新たに導入される教育機器とメディア、教育専門誌紙に掲載される新刊教科書に関する種々のコメント・評価にも絶えず注目する必要がある。出版社独自の調査も行われよう。こうして収集された資料の分析をもとに、企画・編集者間での意見の交換と協議・検討が重ねられ、初めて編集方針と具体的な執筆要綱が確定することになる[12]。

　このように自由発行制のもとで行われる教科書作成は、企画・編集方針の決定に至る過程だけでも、その調査・検討に長期間を要し、加えてたいへんな労力と費用が投入される。これに続く発行に至るまでの全過程に要する費用は莫大なものとならざるをえない。創造性ある教科書の作成とは、実は多分にリスクを伴う出版ビジネスとしての側面との均衡のうえに成り立つものである。この均衡を維持するため自ずと出版社は教科別、専門領域別、対象年齢別の特定の教科書――たとえば、特定学習領域の、それも初等学校中・高学年用のトピック・ブック――だけを専門的に手掛ける限定的な方向をとらざるをえなくなる。全国におよそ3,000を数える出版業者（教育関係業者およそ400）があるが、その多くは零細企業であり、学校用図書総発行部数の90％は90社により占められ、大手28社がその60％を独占しているのが実態[13]である。

(3) 教科書購買力の問題

　創造的で、革新的な質の高い教科書を作成するには、莫大な経費と労力と時間を必要とする。しかも、そうして作られた教科書が必ずしも売れる教科書であるという保証も何もない。現在のイギリスでは、優れた教科書としての評価を勝ちえたとしても、全般的な教育費の縮減政策が教科書購入の抑制を助長し続けているのである。

ここで、教育財政のしくみと教科書購入費との関係を見ておきたい。現行教育制度の基本を定めた1944年教育法は、すべての公営諸学校の授業料（同法6条）、教材費（同法8条）は無償と規定している。したがって、個々の学校が教材として採択・購入する教科書は無償貸与の学校備品として扱われ、地方当局の公費から支出される。地方当局の財源は固定資産税を中心とする地方税（rates）と、国から交付される交付金（rate support grants）により賄われる仕組みとなっている。

交付金は、地方当局間にみられる税収入の格差に基づく、諸事業の不均衡是正を目的に交付されるが、地方当局がどの事業を優先するかにより、教育予算にも当然格差が生ずることになる[14]。平均して教育経費の6割程度が、国の交付金補助によるものといわれる。学校予算は、各地方当局が教育予算を編成する際に定める児童・生徒一人当たりの教育経費（capitation allowance）を基礎とするその積算額で配分される。学校はさらにその枠内で教科書購入額を独自の判断で決定する。以上のようなシステムのもとでは、教育経費および教科書購入費の地方当局間・学校間格差が当然生ずることになる。

表5-1は、イングランドとウェールズの105の地方教育当局間にみられる児童・生徒一人当たりの教材費の平均格差と年次ごとの拡大を示したものである。

教科書・教材費に関する問題は、地方教育当局間の格差拡大ばかりではない。教科書・教材費は、学校経費の中でも常に最低に抑えられている。1985年度の平均学校予算[15]では、その67％が教職員等の人件費に割かれ、教科書・教材費は2.9％で、給食補助費4.7％を下回る比率であった。80年度の調査の3.3％と比べ、さらに低下していることを示している。これを教科書費だけに限ってみると、ウェールズでは0.6％、イングランド東北地域で0.7％、中北部地域で0.8％と、いずれも学校予算の1％以下となっており、地域間格差とともに、教育費縮減政策が教科書購買力をいかに低下させているかが理解される。

表 5-1　教材費の地方教育当局間格差 （単位：ポンド）

	1979年	1981年	1983年
〈初等学校〉			
最　低	7.90	10.00	12.70
最　高	27.00	38.10	46.00
格　差	19.10	28.10	33.00
〈中等学校〉			
最　低	16.50	19.00	15.80
最　高	50.20	74.60	85.60
格　差	33.70	55.60	69.80

(出典) E.P.C.
Expenditure on Teaching Materials: Schoolbooks, Equipment and Stationery 1978-83. 1984. より作成

　こうした事態に対処して、出版教材の水準の維持・向上を綱領に掲げ、業界の利益を代弁する機関である教育出版社協会（Educational Publishers Council、加盟業者およそ100社、以下EPCと略称）は、十数年来、学校用図書の購入に関する地域別・地方教育当局別の統計調査[16]を実施してきている。これによれば、学校用図書1冊当たりの価格上昇率は、常にイギリス製一般商品の小売価格の伸び率を下回っている。しかも、図書小売価格は、原材料など必要経費となる紙・印刷・製本費などの経費上昇よりもはるかに低率である、という。
　EPCは政府に対して、一括交付金補助とは別枠で教科書購入補助金の支給を求める運動を展開している。また、公営初等・中等学校の教育水準の維持向上に責任をもつ地方教育当局に対しては、財政政策の見直しと教科書購入特別予算措置を要求している。このようなEPCの運動は、教科書購買力の低下によってもたらされる教育出版ビジネスの停滞が、結果的に

は教育水準の全体的低下に連なるという危機感に根ざすものである[17]。

教科書購買力の低下に伴う学力水準の低下傾向を指摘する警告は、教育科学省勅任視学官の報告にも見られる。「現在の不安が続けば、将来さらに深刻な問題となるであろうことは、疑う余地がない。今こそ、積極的な対策が政策に盛り込まれる必要がある」[18]。

この文言は、教育書出版社を含め、教育関係者全体の現実の不安を象徴的に示したものであると言えよう。教科書購入費の削減が教科書に対する需要を抑制し、発行教科書の種類と部数を低下させ、ひいては教科書単価の高騰を招来することは明らかである。そして、再び教科書需要の減少をさらに促進する。このような悪循環が断ち切られない限り、出版される教科書の種類は一段と少なく抑えられ、残されたわずかな種類の教科書は、さらに高価なものとなる。創造的で優れた教科書の開発・発行は望むべくもなく、政府の期待する適切なバランスのとれたカリキュラムと、学力水準の維持向上は一段と困難になることは確かである。

(4) 教科書採択上の問題

教師のカリキュラム自主編成と自由な授業展開は、教科書の自由採択制を基盤に成立する。したがって、教科書選定の自由こそは、教師の享受する「教育内容決定の自由」、つまり教職の自律性の中核をなすものと考えられている。

ところで、イギリスの教師は通常、次のような方法により教科書の吟味・選定の機会を得ている。①EPCが年間十数回にわたり開催する展示会、②数社の出版社が合同で開催する地域展示会、③出版社から郵送されるカタログと見本（inspection copy）、④教育専門誌・紙に掲載される教科書情報、⑤出版社代理人（publishers' representative）による学校訪問、⑥教科教員団体・教員組合の年次大会の折りに開催される展示会、⑦教師センター・教材センターの常設展示室、⑧勅任視学官・地方視学官・同僚教師の助言と情報、⑨現職研修コースの教材研究、である。

それでは、教師はどの機会を利用して自分の教育実践に役立つ教科書を選定しているのであろうか。1980年に、シェフィールド大学のK.ヴィンセント氏は、ロザハムとシェフィールドの地方教育当局管内の初等・中等学校教師を対象に、「教師の教科書採択方法」についての実態調査[19]を実施している。

　この調査結果によると、教師が最も広く利用する選定の方法は、①出版社から学校宛に送付されるカタログの検討、②出版社代理人が学校訪問の際に提示する見本本と代理人の説明、であることが明らかになった。このカタログの郵送と出版代理人の学校訪問に要する費用は、年間300万ポンド前後（1981年）とも言われるが、全国のほとんどの学校がこの2つのサービス網によってカバーされ、新刊教科書の検討・選定の機会を得ている[20]。同実態調査は、教科書展示会もまた、教師が直接に教科書を手にして各種教科書を比較検討ができる機会として有効であるとしている。

　教科書採択の時期は、毎年2月から6月にかけての5カ月間で、発注の最盛期は5月と6月。初等学校では、校長が教師との協議を経て、また中等学校では、教科主任を中心に教科担当教師間での検討を経て採択決定がなされると言われる[21]。

　以上のような教科書選定の機会と採択決定の手続きについて、上掲の調査では、以下のような、教職の自律性を象徴する自由採択制の長所が十分に生かされていない実態が明らかにされている。

①展示会の開催、カタログ・見本本の郵送サービス等による教科書情報の提供にもかかわらず、展示会への出席、カタログ・見本本の検討は初等学校では校長に限られる場合が多く、校長による教科書採択権の独占的行使が顕著である。
②初等・中等学校ともに、教師は、展示会場で教科書を吟味する機会を十分に得ていない。
③一般の教師は、教科書情報を主に教育専門誌・紙かもしくは同僚教師から断片的に得ているにすぎない。

④中等学校では、実質的には、教科担任により個別的に選定されるが、展示会での教科書検討の機会は、初等学校教師に比べ、はるかに少ない。
⑤初等・中等学校教師ともに、選定の基準として教科書の体裁・図版・写真などよりも、取り上げている主題と内容を重視している。

　自由採択制のその最大の利点は、教師が独自に展開する授業と児童・生徒の個別的学習ニーズに応える教科書の自由な選定にあるはずである。しかしながら、ヴィンセント氏が指摘するように、教科書の採択者であり使用者でもある教師側の教科書選定の重要性についての認識は、必ずしも高いものとは言いがたい。このことは、教員養成コース在学中に教科書選定方法について学んだことのある教師が3分の1程度にすぎなかったという同実態調査結果とも符合する。最近における環境教育、多文化教育など指導領域の拡大や指導方法の変化に対応して、教師教育の場で教科書選定についての指導と研究の推進が課題とされるゆえんである。
　なお、教師を対象とする教科書・教材の選定に関する指導・助言の重要性については、英語教育についての政府特別調査委員会（Bullock委員会）、スクールズ・カンシル、全国書籍連盟などにより、すでに再三にわたり指摘[22]されているところである。

4. 教科書改善への取り組み
(1) 教科書研究・開発の経緯
　教育内容の見直しと革新、それはとりもなおさず教科書の改善を意味する。カリキュラムの革新を目指す組織的な動きが見られ始めるのは、スプートニク・ショックがイギリス教育界に波及して間もなくのことである。
　1961年、ナッフィールド財団は、グラマー・スクール教師の進める理科カリキュラムの研究開発に援助を開始したが、これを契機に、教育内容の革新を志向する国を挙げての動きは一段と加速された[23]。翌1962年には、早くも教育科学省内に勅任視学官らを中心とするカリキュラム

研究班が設けられ、64年には、この研究班と中等学校試験審議会を母体に新たにスクールズ・カンシル（Schools Council for Curriculum and Examination）が設立された。従来、教育の内容と方法に関する事項は、教師の「聖域」と考えられ、学校・教師による自由な教育実践を尊重するこの国に、そうした公的性格をもつ中央機関が政府のイニシアティヴにより設けられること自体、極めて画期的なことであった。

かくして、イギリスがカリキュラム開発の高揚期を迎えた1960年代後半以降、スクールズ・カンシルを中心とする研究開発機関ならびに大学等におけるカリキュラム開発活動の展開は、具体的な教科書開発・改善の動きとなって全国的な拡がりを見せ始める。

なかでも、急速な社会変化に対応する教育内容の革新を主たる目的としたスクールズ・カンシルが、1983年に解散するまでの19年間に組織した研究開発プロジェクトは、180余りに達した。このうち、教科領域のカリキュラム開発は、全体の4分の3に当たる135を数え、その多くは、大学、全国教育研究財団（NFER）、地方教師センターなどへの委託研究の形をとり、地方教育当局・教師団体・学校教師の積極的な協力を得て進められた。その開発領域は、初等・中等学校のほぼ全教科・全学年に及び、開発カリキュラムの数多くが国内はもとより海外の教育現場にも提供された。

本節主題との関連で注目すべきことは、研究開発期間は5年から10年、当時の金額にして10万ポンドを超える大型プロジェクトも決してまれではなく、研究報告書のほか、民間出版社への委託により具体的な教科書、教師用指導書、児童・生徒用ワーク・シート、時にはスライドやフィルム教材の開発を伴うものであった、という点である。プロジェクトの全過程は企画、開発、実験、教材普及の各段階から成り、それぞれの段階では多数の学校教師の参加が奨励された。これは教科書・教材の「教師による選択メニューの拡大」[24]を意図したスクールズ・カンシル・プロジェクト方式として評価され、教科書出版社や地方教育当局の研究開発チームの教科書開発・改善の取り組みに計り知れない影響を与えたのである[25]。

(2) 教科書改善の動向
○ 教科書改善に関する最近の研究概況

　最近における教科書改善における取り組みは、1960年代、70年代の教育内容の見直しとその革新に伴う教科書開発のあとを受けて、それまでの主題・内容記述の分析に加え、新たに教科書の体裁、用語、表現、挿絵、レイアウトといった分野にまでその研究開発の範囲を拡大してきている。

　全国教育研究財団（NFER）は、1980～82年の間に、イギリスで実施された教育研究開発プロジェクト1,834件の概要を集録した研究録[26]を刊行している。これは、全国的な研究動向を把握するうえで重要な文献とされている。同書には、「教科書の見出し―その位置とスタイルの効果」を初め、大学等の研究機関で組織された「生物教科書の用語に関する研究」「教科書に記載される『要約』の役割」「地理教科書にみる人種差別」「教科書掲載のイラストの研究」「教科書内容と試験シラバスの関係」「教科書の記述方法と学習技術」など、直接間接に教科書の改善にかかわる15件の研究プロジェクトが収録されている。

　総収録件数1,834に比べ、また、研究件数100を超えるコンピュータ教育、教師教育、理科教育、評価、指導法研究などの主要研究領域と比較すれば、まことに微々たる比率ではある。しかし、最近における教科書改善への取り組みが、教科書の扱う主題と内容の見直し、教科書記述の比較検討という従来までの取り組みの枠を超えて、さらに研究対象を拡大しつつあることを示している。

　以下、わが国にとっても示唆的と考えられる3研究事例を取り上げることにしたい。

　教科書の質的改善に直接関連する特異な研究（事例1）[27]で、キール大学心理学科のJames Hartley博士が進めている教科書の情報伝達機能と学習の機能に関する心理学的側面からの継続研究がある。1970年以来10余年に及ぶ「表記伝達の心理学的研究」は、教科書の内容とそのレイアウト、デザインが児童・生徒の理解とどう関係しているかを主題とするもの

で、研究成果の一部は同氏の報告書[28]にまとめられ、すでに刊行されている。

「教科書の『見出し』の効果」に関する研究は、①見出しの有無、②見出しの位置、③見出しのスタイル、これらと「学習事項の想起・再生」との関連を、「再生期間」「教科書の構成」の面で追究しようとするものである。ほかに、「教科書記述の構図」「教科書に記載される『要約』の役割」に関する研究が、「表記伝達の心理学的研究」の継続研究と並行して進められている。

（事例2）[29]は、「中等学校における人文・理科教科書と学習指導」を主題とする研究で、ノッティンガム大学教育学部のLunzer教授を中心とする研究グループが、スクールズ・カンシルの委託研究（1978～81年、研究費9万5000ポンド）として実施したものである。この研究では人文・理科教科書の開発と、それによる新しい指導技術の開発が目的とされ、次の3段階を経て進められた。①教科書使用と人文・理科指導マニュアルの開発、②3地方教育当局での指導マニュアルによる実験、③具体的な教科書開発と7地方教育当局管下50校での試行と教科書評価、である。これはまさしくカリキュラム開発、教科書作成過程そのものであり、実際にスクールズ・カンシルのプロジェクト方式として、地方教育当局と中等学校教師の全面的な協力を得て行われたのである。

「教科書掲載のイラストに関する研究」（事例3）[30]は、ブライトン・ポリテクニックの美術・デザイン学科のEvely Goldsmith博士により実施された。研究の目的は、過去25年にわたり同博士により行われたイラストの分析研究を基礎に、教科書の内容理解に役立つ効果的なイラストの在り方を解明しようとするものとされている。教科書の質的向上を図るうえで、教科書の挿絵、図解のもつ補助的効果に着目した研究は斬新であり、写真、図表などとともに教科書研究の重要な領域の一つであると言えよう。

○ 学校カリキュラム開発委員会（SCDC）の開発活動

　スクールズ・カンシルが教科書の開発・改善に果たした役割は上述のとおりであるが、その機能は1984年以降、学校カリキュラム開発委員会（School Curriculum Development Committee、以下、SCDC）に引き継がれた。1988年7月末の教育改革法の制定に伴い、SCDCは、全国カリキュラム審議会（National Curriculum Council）に改組再編され、全国カリキュラム開発担当機関としてその機能を拡大した。ここでは、SCDCの開発活動に限って言及することにしたい。

　1984年、本格的な活動を開始したSCDCの主要な役割は、①各種団体・個人の進めるカリキュラム開発に関する情報の収集と提供、②学校教育が必要とする主要カリキュラムの開発、③団体・個人のカリキュラム開発活動の援助・奨励、④開発成果の普及、である。発足当初の業務はスクールズ・カンシルの開発事業の継承とその完結に置かれたが、これらの中には、「産業プロジェクト」「歴史13〜16歳」「中等理科カリキュラム」「母国語教育プロジェクト」など、新たな教科書開発プロジェクトが含まれている[31]。

　1985年以降のカリキュラム開発および教科書の開発・改善に向けての努力は、二つの領域に大別できる。その一つは、財政的・時間的制約から民間出版社、地方教育当局ではなしえない大型開発プロジェクトの企画と開発活動の推進であり、ほかの一つは、地域的・特定分野における小規模開発活動の奨励と援助である。

　前者の場合、現在、以下の9プロジェクトが進行中である。① The Arts in School Project（初等中等学校のダンス・劇・文学（詩）・音楽・美術の各分野のカリキュラムと教材開発）、② Educating for Economic Awareness（成人・職業生活への準備教育プログラムと教材開発）、③ The Law in Education Project（中等学校第4、5学年生を対象とする法律関連学習のための教材開発）、④ Primary Initiative in Mathematics Education（技術教育推進のための初等学校数学教材、教師用指導書、現職教育教材の開発）、⑤ The School Curriculum Industry Partnership（産業社会につ

いて理解を深めるための統合カリキュラムの開発)、⑥ Secondary Science Curriculum Review (すべての中等学校生徒を対象とする理科教科書の開発と評価方法の開発)、ほかに、⑦ Guidelines for Review and Internal Development Schools、⑧ A National Oracy Project、⑨ The National Writing Project、がある。[32]

　これら主要プロジェクトは、数学・理科プロジェクトを除き、いずれも従来までの教科の枠にとらわれない広域カリキュラムと教科書・教師用指導書の開発が目指されており、イギリスにおけるカリキュラムと教科書開発の新たな方向を示すものとして注目される。

　後者の「地域的・特定分野における小規模開発活動の奨励と援助」は、SCDC Small Scale Project と呼ばれ、地方の学校教師、地方視学官、高等教育機関等の研究者で組織する研究グループに対しての開発援助である。1987年度は22の公募に対して5プロジェクトが承認された。1984年にこの援助制度が発足して以来、14件のプロジェクトが完了したが、その分野は、人文・言語・数学・理科・宗教教育・教師教育に及び、多様な教科書・教材開発が促進された。なお、これとは別に、地方の学校または個人を単位とするカリキュラムの研究開発に対し、より小額な研究開発費補助をする The Teacher's Fund 制度がある。学校所在周辺地域の実態に即した独創的なカリキュラム、教材開発が進められている[33]。

　教科書の開発・改善への取り組みは、全国・地方レベルともに教育費の削減政策によりペース・ダウンを余儀なくされてはいるものの、依然として公的機関のイニシアティヴと財政援助のもとに絶えることなく続けられているのである。

○ 教育出版社協会 (EPC) の調査研究「教科書と学校カリキュラム」[34]
　研究開発機関の以上のような動きを背景に、教科書問題については常に指導的役割を演じてきた EPC は、教科書改善を目指した総合的な研究プロジェクトを組織した。プロジェクト・チームは、Warwick 大学教育学部

のM. Marland名誉教授を代表者とする5名から成り、1982～86年の4カ年にわたるプロジェクトの進行には、、EPCの事務局長John Davies氏ほか2名が当たった。

研究プロジェクトの成果は、執筆担当者Florence Davies女史により「教科書と学校カリキュラム」としてまとめられたが、これは、イギリスにおける読書指導と教科書改善に関する最初の総合的著作物であるとされる。1987年6月に、本科研の外国調査部会は、各国の教科書研究動向の概略を把握するため質問紙による予備調査を実施した。これに対するイギリス関係者からの回答で指摘された研究著作物が、この「教科書と学校カリキュラム」であった。

しかしながら、同報告書の中心テーマは、あくまでリーディングであり、1970年代中頃以降にアメリカ、イギリス、オーストラリアなどで実施されたリーディングと教科書に関する主要な研究、評論、関連する政策文書、勧告等を収集・分析し、これをもとに、教科書、リーディング、カリキュラムにかかわる領域と事項について研究プロジェクト・チームとしての検討と見解を付け加えたものである。

全文433ページ。5部19章構成の同報告書の扱う領域は、極めて広範多岐にわたっている。このうち、教科書の質的改善にかかわる記述部分としては、第2部「自主的読書と教科領域の集中的読書のための教師による選択と評価」に収録された第4章、第5章（およそ60ページ）が該当する。この部分は、本科研外国調査部会の研究資料[35]として訳出されている。

さて、第2部第4、5章で取り上げられた教科書選定の基準、採択過程、読みやすさ（readability）と理解のしやすさ（comprehensability）、用語と文体の難易に関する問題は、いずれもアメリカの先行研究に負うところが大きい。特に、教科書評価にかかわる、①教科書の読みやすさの尺度（readability formulas）の理論的有効性（単語レベル、文章レベル）と、②教科書の評価基準としての理解と学習を効果的に補助する教科書の特質については、上掲の訳出部分の中心的な課題であるが、同プロジェクト・チー

ムは、先行研究に検討を加え、結論的には以下のようにまとめている。
(1) 読みやすさの尺度の利用は、難易度評価に過度に傾斜し、その結果、教科書が本来備えるべき学習者に対する刺戟的・挑戦的な性格を稀薄なものにするおそれがある。
(2) 教科書の役割は、教師に代わることではなくて、重要かつ有効な情報資料として、教師を補佐することである。
(3) 教科書評価に際して重要なことは、まず、教科書の内容と構造の特徴を明確に把握することである。
(4) 教科書の評価、採択の目安は、学校・教科・教師によって個別的であり多様であるのが実態である。したがって、初等学校・中等学校両段階の教師の共同作業をとおして、一般的・基本的な評価基準の開発が必要である。

　以上のように、同プロジェクト・チームの間では、厳密な評価基準の設定による教科書評価には消極的のようである。あくまで教科書の使用者であり、かつ採択者でもある教師、特に初等・中等両段階の教師の共同作業によって、基本的な評価基準が開発されるべきだとしているのである。
　ここでは、厳しい教科書評価基準に基づく州・学区採択制の下にあるアメリカの事情との相違が、明確に示されているように思えるのである。

4. 特色ある教科と教科書
(1) 多文化教育の登場
　本項では、特色ある指導領域として、イギリスでも比較的新しい分野である多文化教育を取り上げることにした。わが国では、教育の国際化が唱導されるに伴い、「国際理解教育」推進のための具体的方策の検討が焦眉の課題とされるに至った。これに対応するイギリスの「多文化教育」の展開と教科書開発の動向を概観することは、わが国における国際理解教育の推進に資するうえからも、意義のあることと考えられる。

イギリスにおける多文化教育の展開は、戦後、西インド・カリブ諸島、アジア・アフリカから受け入れた大量の移民と、その二世、三世（以下、マイノリティ）に対する政府の教育措置の転換を契機とするものであった。すなわち、1950年代・60年代にとられた措置は、イギリスの社会と文化へのマイノリティの同化を基本とするもので、第二言語としての英語教育を中心とするカリキュラムと教材開発が盛んに進められた。

ところが、マイノリティ人口の増大（1988年現在、約243万人）と種々の社会問題の発生が顕著となる1970年代に入ると、イギリスが多民族・多文化社会であるという一般の認識も拡大し、マイノリティの文化を理解・受容することの必要性が提唱されるようになる。そして、それまでの同化を基本とする教育政策は、文化的多元化政策へと大きく転換する。これを受けて、1970年代中頃から1980年代にかけて次々と発表された一連の政府・教育科学省の公式文書では、現代社会における人種的・文化的多様性の理解が重要な教育目標であると、繰り返し強調された[36]。

とりわけ、1985年に提出された政府委員会（スワン委員会）のマイノリティの教育調査に関する報告書「万人のための教育」[37]は、学校教育において配慮すべき事項として、以下の3項目を勧告している。

①学校教育は、マイノリティの特殊なニーズを考慮すべきである。
②すべての児童・生徒を対象に、多様な文化について学習する機会が与えられるように配慮すべきである。
③文化的・言語的・宗教的もしくは人種的にも異なる個人または集団に対する差別的な態度、言動に対処する方策を講じるべきである。

このうち第2項目は、学校教育における多文化教育の正当な位置づけを明示した文言として注目されるべきものであった。

また同年、教育改革の基本方向を明示した教育科学白書「よりよき学校」[38]は、6項目から成る学校教育目標を掲げているが、その第4、第5項目が掲げる目標は次のとおりである。

第4 児童・生徒が自己の個性的・道徳的資質を涵養し、宗教的価値を敬い、他の民族・宗教・生活様式を受容できるよう指導する。
第5 児童・生徒が自己の生活する世界と個人・集団・国家間における相互依存の関係を理解できるよう助力する。

　次項で事例として紹介する2種の教科書は、上の教育目標を具現した好例と言える。
　こうした1970年代以降の政府の積極的な多文化教育推進の動きに呼応して、地方教育当局、学校レベルでの具体的な取り組みが見られるようになる。いち早く多文化教育の実践を開始したのは、マイノリティの教育指導に直接携わる大都市所在の学校の教師たちであった。そして、彼らの先導的な実践は、教員組合、マイノリティ居住区域を抱える地方教育当局の支持を得て、地方教育当局の主催する多文化教育に関する現職教育コースの開講、関連教材購入費の特別予算措置、学校理事会・学校全教職員を含めての多文化教育指導要綱の作成と指導の展開へと連なっていったのである。現在のところ、こうした展開は、多数のマイノリティを抱える多文化教育先進地方当局に限られている場合が多いと言われるが[39]、学校教育における新しい学習領域として今後の拡大・普及がおおいに期待される分野である。
　それでは、多文化教育の実践はどのように行われているのであろうか。多文化教育を実践する各学校が独自に作成した指導要綱を収集・分析したSCDCのA.クラフト主任専門官は、次のように述べている。

　　各実践校とも、多文化教育は学校におけるあらゆる教育活動をとおして推進されるべき総合的な学習領域であるという一致した見解に立っている。そして、全教職員の協力と教職員一人ひとりの役割分担が、指導要綱に明記されているのを共通の特徴としている[40]。

教科書開発と深くかかわる授業の展開は、初等学校では宗教教育とトピック学習で行われており、またそれが、最も適切だと述べている。また、教科指導制が主流となる中等学校の授業では、それぞれの教科の枠内で担当教師による適切な学習主題の自主選択により、ほかの民族・文化に関する学習・討議の自由な設定が行われている、という[41]。

(2) 教科書出版社と SCDC の対応
○教科書出版社の対応

　多文化教育の新たな登場とその展開を予測した教育出版協会（EPC）は、かなり早い時期から教育界の需要に応える教科書の作成・発行に積極的な姿勢を示していた。以下、EPC の刊行物[42]に依拠しながら、その対応の経過を見てみたい。

　EPC は、すでに 1971 年以来、人種問題、多文化教育にかかわる各種の機関・団体との意見交換や懇談の機会を継続的に設定してきた。たとえば、海外開発省との公式会談、多文化教育教科書開発に関するセミナーの開催、ミドルセックス・ポリテクニクの組織した開発プロジェクト（Reading Materials for Minority Group）への EPC 助言者の出向、教科教員団体、勅任視学官との多文化教育カリキュラム開発と教科書作成に関する会合、などである。これらの機会を通じて、教師の需要に応える適切な教材の作成・発行の努力を地道に積み重ねてきたのである。

　その結果、就学前幼児用の絵本・物語に、マイノリティの子どもの顔や姿が登場しはじめ、従来までの白人系の子ども中心のイラストや物語は徐々に是正された。初等学校用教科書にも、マイノリティ出身国の宗教・文化・生活習慣が記述され、子ども用百科事典も書き改められて、それぞれの民族、文化に関する正確な情報が盛り込まれる傾向が助長された。資格試験シラバスの直接的影響下にある中等学校用教科書も、伝統的な西欧中心の内容と記述から、全世界的な観点からの記述へと移行する傾向を強く見せはじめている。特に、歴史・地理では、カリキュラム開発とかかわっ

て西欧諸国が「発見・開発した」、もしくは西欧諸国の影響下にある国・地域に限定されがちであった学習の範囲は拡大され、記述のしかたも、「発見された、開発された」国・地域からの視点も重視されてきている。

しかしながら、多文化教育用教科書を発行するに際して、出版社は今なお、重要な二つの問題を抱えている。一つは、執筆者の問題である。教科書の多くは、初等・中等学校教師により執筆されるのがこれまでの通例であるが、一人の執筆者への依頼は、扱う主題とマイノリティの文化的バランスの問題とともに、知識・体験・正確さにおいて問題を生ずるおそれがある。ほかの一つは、多文化教育用教材の販売市場が、ほかの既成教科の場合に比べて狭いという、いわば出版ビジネスとしての問題である。

前者については、マイノリティ出身教師かもしくは専門研究者グループによるシリーズの分冊ごとの執筆か共同執筆も考えられている。しかし、ビジネスにかかわる市場の問題は、地方教育当局、学校教師、資格試験団体、父母、地域住民などの意識・姿勢ともかかわる今後の課題として残されている。

○ SCDC の対応

多文化教育についての国レベルでの研究開発は、主にスクールズ・カンシルおよびその後身であるSCDCにより進められてきた。1981年に出されたスクールズ・カンシルの調査報告書「多民族社会の教育」[43]は、教育費縮減政策のしわ寄せがマイノリティ在籍率の比較的に低い学校での多文化教育不振に結びついている状況を指摘し、多文化教育に対する現職教員および教員養成機関の関心の高揚と、中央・地方当局による指導助言活動の強化を提言した。引き続きスクールズ・カンシルは、82年には、多文化教育関連資料・教材・情報等入手の手引書ともいえる「多文化教育資料集」[44]を関係者の利用に供すべく刊行した。

地方レベルとしては、この国最多のマイノリティ人口を抱える内ロンドン教育当局が、初等・中等学校用教科書を調査検討し、その調査結果をも

とに、1980年には、学校教師を対象とする「教材選定の手引書」[45]を作成するなどの活動も見られた。

1983年、スクールズ・カンシルの解散に伴い、新たな組織として発足したSCDCは、それまでのスクールズ・カンシルの手掛けた研究開発業務を実質的に引き継ぎ、精力的な活動を開始した。SCDCに引き継がれた「母国語プロジェクト」は、すでにベンガル語、ギリシャ語を完成させ、これまでに「イギリスにおける母国語としてのギリシャ語（ベンガル語）教育」シリーズが、教科書、教師用指導書、ワークシートのセットとして刊行されている[46]。

1986年には、SCDCは、クラフト氏を中心に「多文化教育の手引き」[47]「多文化教育のためのメモ」[48]を作成し、ロングマン社資料部から出版している。両書は、ともに初等・中等学校教師の指導手引書として刊行されたものである。特に後者では、上述したスワン報告「万人のための教育」の多文化教育に関する勧告を、実際の学校運営や教科指導の場でどう実現するかを、①全校の問題、②カリキュラムと指導の問題、の二つに分けて具体的な事例を挙げ、主題の取り上げ方と指導の要点についての詳細な解説がなされている。これは、日常の授業展開に早速に役立つ指導手引書として、また、教科書作成の際の企画・編集のガイドとして高い評価を得ているとも言われる[49]。

（3）多文化教育の教科書
○出版の概況と編集の特色

一般的に言って、出版社は、関係業界の需要を先取りする形で出版活動を進める傾向がある。EPCが多文化教育の動向を見極め、関係機関・団体との接触を開始したのは、1971年のことであった。以来、20年近い年月が経過した。この間、国民大衆の関心の高まりと、学校における実践の拡大に伴って、多文化教育用教科書の作成・発行が徐々に進められてきた。

しかしながら、学校教育の中では、比較的に新しい学習領域でもあり、

教科書需要についての不確定な要素も多分にあって、出版される教科書の種類は、必ずしも多いものとは言い難い。したがって、この種の教科書出版を手掛ける出版社は大手に限られ、それも、トピック学習用に、さらに他教科、他領域の学習との併用を考慮した編集がなされるのを特徴としていた。

ちなみに、筆者は昨年イギリスの主要教育出版社18社から教科書カタログを取り寄せてみた。このうち大手7社が関連教科書を発行しているが、ほぼ共通して世界の宗教、世界の祭礼（祭典）、世界の国々と地域、といったタイトルで読書指導、宗教教育、社会科（地理・歴史）教育にも広く活用できるよう編集されていた。

トピック学習用として、主題ごとに分冊（単行本）としてまとめたシリーズ構成をとっていることも共通する。たとえば、Ginn社の9～11歳用の「祭礼」(Celebration)シリーズでは、デワリ（ヒンズー教）、アヌカ（ユダヤ教）、カーニバル、中国の新年、クリスマスを主題とする6分冊から成り、それぞれの分冊では、祭典の意味、背景、伝統、民族文化などについて、トピック学習ができるよう配慮されている。

また、Oliver and Boyd社の11～14歳用「宗教指導者」(Leaders of Religion)シリーズは、モーゼ、モハメッド、キリスト、釈迦（87年度から新たに加えられた）をそれぞれテーマとした4分冊構成をとり、開祖の生涯、教義、宗教行事、慣習、文化などを地図・写真・挿絵を付して解説している（なお、同社のカタログには、多文化教育の項はなく、Religion & World Studiesに分類されている）。

このように、社会科教育、環境教育、宗教教育用として発行されたトピック・ブックであるが、内容的には多文化教育の教材としての利用をかなりの程度に意識して編集されており、この数年来、その種類を一段と増してきている。Macdonald社の初等学校上級学年用のCountriesシリーズとか、Oxford Univ. 出版のThe Whole World Story Bookシリーズは、その事例である。また、マクミラン社のトピック学習用教科書「カリブ・ア

フリカ史」「西インド諸島史」の取り上げ方は、16歳統一試験（GCSE）の歴史試験準備学習と合わせるようにしているが、多文化教育用教材としての活用も期待したものと言える。

多文化教育の教科書発行の状況は、各出版社の市場についての思惑もあり、必ずしも教育界にとって十全なものとは言い難い。このなかにあって、多文化教育教材の開発・発行に深くかかわっているマクミラン社の初等学校中高学年～中等学校前期の8～13、4歳の児童・生徒を対象とした「国内と国外で」4分冊シリーズは、多文化教育用教科書として巧みに編集されたトピック・ブックとしてイギリス国内の関係者に高く評価されている、と言われる[50]。

以下、特色ある教科書として数社が主題として取り上げている「祭礼」シリーズと、上述の「国内と国外で」シリーズの2種を検討することにしたい。

○「祭礼」シリーズ

「祭礼」シリーズは、初等学校中・高学年、中等学校初・中学年用の最もポピュラーな題材と考えられ、マクミラン社だけでなく、上述のようにGinn社では*Celebration*というタイトルで、Oxfordd Univ. 出版は*Festival*として発行している。

マクミラン社の「祭礼」（Festival）シリーズ[51]は、英連邦研究所[52]とマクミラン教育出版社とが共同開発した教材である。英連邦諸国の特定の祭礼・儀式を、宗教・文化・生活・歴史・伝統など多角的な観点から取り扱い、祭礼をとおして民族・文化について総合的に学習することを意図している。したがって、各冊とも32ページの小冊子ながら、各ページ上段に写真・挿絵・地図・図表・図解・新聞切抜き・音符(歌)などを配し、それぞれに解説が付けられている。各ページ下段半分には、主題に即した説明文が、8、9歳から12、13歳の子どもが十分に理解できるよう平易・明解な文体と比較的大きな活字で綴られている。

現在まで、次の4冊が出版されている。①「中国の新年」、②「トリニダード（西インド諸島）のカーニバル」、③「ブルナイの回教―断食と祭礼」、④「ヒンズー教の祭礼」。

各分冊の主題について扱う分野は、広範囲にわたっている。共通して最初に、「祭礼」を導入部として概観し、次いで、宗教、歴史、文化、生活習慣の違いに触れ、最後に、マイノリティが彼らの信仰と出身国の伝統文化を継承して生活しているイギリスでの様子を描いている。

事例として、「中国の新年」の内容を目次によって示すと、以下のとおりである。

大晦日、元旦、正月迎えの諸準備と買物、中国の神々、中国の歴史、海外の中国人、年長者と敬意、中国の宗教、中国の春季節、太陽暦、書道、正月料理、街頭での獅子舞と竜の舞い、動物と暦年（十干十二支）、お正月と現在の香港、イギリスに居住する中国人、世界各地の中国人の正月

このシリーズが、実際にどの教科で、どのような授業の流れの中で利用されているかは明らかではない。対象年齢からみて、おそらくはトピック学習の資料として使用される確率が最も高いのではないかと推測される。上掲のクラフトの「多文化教育の手引き」が示唆するように、宗教、地理、歴史、音楽でも、あるいは読書指導の読み物としても、関連教科領域で適宜活用されうるよう編集された教科書であることは確かである。

○「国内と国外で」（At Home and Abroad）シリーズ

マクミラン社はこれまでに、At Home and Abroad シリーズ[53]として、4冊（各冊48ページ）をトピック学習用に発行している。それらは、主人公2人の子どもの名前（エレンとアレン）を正式タイトルとして、副題として、①「ヒンズー教徒の子どものインド旅行」、②「シーク教徒の子どものインド旅行」、③「イスラム教徒の子どものパキスタン旅行」、④「2

人のバルバドス旅行」を付したものである。

　いずれの分冊も、イギリスに居住する2人の子どもが、父母の出身国を訪ね、その地の宗教・文化・生活・産業などの現状を見聞するという筋書きが設定されている。イギリス社会の文化・生活と、旅する国・地域のそれとの相違などを話題にストーリーが進展する。2人の子どもの間に交わされる会話も含まれており、マイノリティにもまたほかの子どもたちにも、それぞれの国の現状を正しく理解させることを意図している。「祭礼」シリーズのレイアウトと同様に、各ページの上段ないし下段半分に写真、地図、統計、挿絵などが配置され、ところどころに討議・検討事項が課題として設けられている。

　なお、同シリーズを使用する教師宛の著者からのメッセージによると、各分冊のねらいは、異文化社会を理解させることに力点が置かれているものの、併せて次のような諸概念の理解にもあると説明される。たとえば、「距離」「継承と社会変化」「原因と結果」「相互依存」「類似と相違」「時間と場所」「伝統と適応」「価値と信仰」「男女の役割分担」などである。

　具体的な内容については、4分冊目の「エレンとアレン―2人の子どものバルバドス旅行」の場合を見てみると、導入部分は、イギリスの病院に勤務するバルバドス人である母親が、イギリスに来た理由と子どもたちの紹介に続いて、彼らのイギリスでの日常生活が説明される。説明のしかたは、母親と姉さんが2人の子どもに聞かせる話として、さりげなくなされている。以下、バルバドスに着いた2人が叔父さんに伴われて島めぐりをする過程で、西インド諸島、バルバドス島の特徴、言語、歴史、産業、人々の住宅様式、社会変化、都市と田舎、学校見学と教育制度などが、明解な文体で解説される。掲載されている彩色の挿絵、地図、写真も目を楽しませてくれるし、取り交わされる会話にも細かい配慮が見られる。

　このシリーズに共通する特色は、多文化教育用教科書として編集されながらも、著者の説明にもあるように、子どもに「時間と場所」「類似と相違」「継承と変化」などの基本的概念を理解させるための討議・検討の課題が、

ストーリーの進展の過程で、要所要所に設定されていることであろう。一例を挙げると、2人の子どもの搭乗した航空機が大西洋を横断し、バルバドス島の空港に無事に着陸したという物語の直後には、世界の各地域と時差に関する課題が次のように設定されている。

〔討議の要点と課題〕
　地球上では地域により時刻が違います。たとえば、太陽がモスクワの街を照らし始めるのは、イギリスよりも3時間も早いのです。ですから、モスクワの子どもたちがそろそろ起床し始める頃でも、イギリスにいる私たちはまだ眠っています。ニューヨークの子どもが起き始めるのは、さらに5時間も遅いということになります。
〔問題1〕
　そこで、イギリスで正午（GMT）の時は、次の都市では何時でしょうか。世界の時差表を使って調べてみましょう。バンクーバ、メキシコシティ、サンチャゴ、ラゴス、カイロ、カラチ、ジャカルタ、北京、東京、シドニー、ウェリントン。
〔問題2〕
　これらの都市の子どもたちは、私たちが学校で給食を食べている時には、何をしているのでしょうか。それぞれの都市の場合について答えなさい。

事例として挙げた、この「国内と国外で」シリーズは、マイノリティの生活習慣や文化的背景を正しく理解することを目的に編集されている。併せて、時差や国際為替レートなどの問題にも関心を抱かせるよう編集上の工夫がなされているが、これは必ずしも教材の市場拡大だけをねらいとしたものではあるまい。国際化時代を迎え、国際理解教育が唱導されているわが国の教科書編集にとっても、参考となる一事例であると思われるのである。

(注)

(1) H. C. Barnard and J. A. Lawerys (Eds), *A Handbook of British Educational Terms*, Harrap Co., 1963.
(2) Andrew Pates, et al., *The Education Factbook,* Macmillan Reference Books, 1983.
(3) K.Vincent, CRUS —Occasional paper No.3. *A Survey of the Methods by Which Teachers Select Books*, Centre for Research on User Studies, University of Sheffield, 1980.
(4) P. G. Altbach, " 'The Oldest Technology' : The Textbooks in Comparative Perspective." *Compare,* Vol.17. No.1. 1987.（抄訳＝木村浩ほか「最古の技術—比較教育学的文脈における教科書」国立教育研究所研究集録第17号、昭和63年9月所収）
(5) ibid.
(6) K. Vincent ; op. cit.
(7) G. T. Kurian (Ed.) *World Encyclopedia of Education.* Vol.III. *Education in Britain. Facts on File Publications*, 1988.
(8) 木村浩「イギリスにおける教育研究と実践との関連」『教育研究の役割』国立教育研究所・教育研究役割研究委員会、1984、所収
(9) 同上
(10) E.P.C., *Publishing for Schools : A Short Guide to Educational Publishing,* E.P.C., 1982. p.41.
(11) ibid., p.42.
(12) 木村浩「教科書制度（イギリス）」『教育課程の国際比較（総論編）』教科書研究センター編、ぎょうせい、昭和59年6月
(13) E.P.C., *The Supply of Books to Schools and Colleges,* E.P.C., 1981. p.58.
(14) John Mann, *Education.* Government and Administration Series, Pitman, 1979. pp.97-100.
(15) E.P.C., *Schoolbook Spending Series 2. Wales,* E.P.C., 1986.
(16) 1） E.P.C., *Guide to Schoolbook Spending in the North East*-A report from The Educational Publishers Council, *Guide to Schoolbook Spending in Yorkshire and North Midland, Guide to Schoolbook Spending in the North East, Guide to Schoolbook Spending in the South West* 各年度版 1981-1984.
　2） E.P.C., *Public Library Spending in the United Kingdom*, National Book League, 1986.
　3) E.P.C., *Schoolbook Spending Series 2. Wales*, E.P.C., 1986.
(17) E.P.C., *The Supply of Books to Schools and Colleges*, E.P.C., 1981.
(18) DES., *Her Majesty's Inspectorate Report,* HMSO, 1981.
(19) Kate Vincent ; op.cit.
(20) E.P.C., *The Supplying Books to Schools and Colleges*, E.P.C., 1981. p.25.
(21) K. Vincent ; op.cit.
(22) 1) DES., *A Language for Life-Report of The Bullock Committee*, HMSO, 1975.
　2) Schools Council, *English in the 1980's. A Programme of Support for Teachers.* Schools Council Working Paper 62, Evans/Methuen Educational,

1979.
   3) National Book League, *Books for Schools*, Report of a Working Party convened by the National Book League to consider aspects of the Provision of books to Schools, N.B.L., 1979.
(23) B. MacDonald and R. Walker, *Changing the Curriculum*, Open Books, 1976. pp.1-2
(24) W. Prescott, *Supporting Curriculum Development, Educational Studies, A Second Level Course, Unit 24. Innovation at the National Level,* Open Univ. Press, 1976. p.22.
(25) 木村浩「イギリスにおける教育研究と実践との関連」『教育研究の役割』 国立教育研究所・教育研究役割研究委員会、1984、所収
(26) NFER. *Register of Educational Research in the United Kingdom*, Vol.5. 1980-1982. NFER-NELSON, 1983.
(27) ibid., p.213.
(28) J. Hartley. *Designing Instructional Text*, 1978.
   J. Hartley. *The Psychology of Written Communication*, 1980.
(29) NFER ; op.cit., pp.89-90.
(30) NFER; op.cit., pp.198.
(31) SCDC; *SCDC LINK, Newsletter* No.5. School Curriculum Development Committee, Autumn Term. 1985.
(32) SCDC ; *Annual Report 1986-87*. 1988. SCDC ; *SCDC LINK, Newsletter* No.5. School Curriculum Development Committee, Autumn Term. 1985.
(33) SCDC ; *Annual Report*. op. cit.
(34) EPC, *Books in the School Curriculum, The Steering Committee & The Books in the Curriculum Project* (by Florence Davies), Educational Publishers' Council and National Book League, 1986.
(35) 教科書の質的向上に関する総合的調査研究委員会（昭和63年度文部省科学研究費補助：代表・原田種雄）、研究資料「教科書と学校カリキュラム」イギリス教育出版社協会報告書（部分訳）、(財)教科書研究センター、昭和63年8月
(36) 木村浩「イギリスにおける多文化教育の展開」天野正治・中西晃『国際理解の教育』日本教育図書センター、1988、所収
(37) DES, *Education for All*, (The Swann Report) HMSO, 1985.
(38) DES, *Better Schools*, HMSO, 1985.
(39) J. Wellington (ed.), *Controversial Issues in the Curriculum*, Blackwell, 1986. pp. 80-81.
(40) Alma Craft, "Multicultural Teaching." in J. Wellington (ed.),*Controversial Issues on the Curriculum*. Blackwell. 1986. pp.76-77.
(41) ibid., p.79.
(42) E.P.C., *Publishing for a Multicultural Society. A Report from the Educational Publishers' Council*, E.P.C., 1983.
(43) A. Little and R. Willey, *Multi-Ethnic Education: The Way Forward*, Schools Council, 1981

(44) Longman Resources Unit., *Resources for Multi-cultural Education*, Schools Council, 1982.
(45) The Centre for Urban Educational Studies, *Assessing Children's Books for a Multi-Ethnic Society-Practical Guidelines for Primary and Secondary Schools*, I.L.E.A., 1980.
(46) SCDC Publications. *Teaching Greek as a Mother Tongue in Britain. Teaching Bengali as a Mother Tongue in Britain.* School Curriculum Development Committee, Resource List, 1988.
(47) A.Craft (ed.), *Multicultural Approach to Teaching*, SCDC, Longman, 1986.
(48) A. Craft and G. Klein. *Agenda for Multicultural Teaching*, SCDC, Longman, 1986.
(49) SCDC., *SCDC LINK, Newsletter* No.4. School Curriculum Development Committee, Summer Term.,1986.
(50) Dr. Montgomery、Stowmarket総合制中学（Suffork州）校長の1987年9月14日付け、筆者宛ての私信
(51) Oliver Bennett, *Festival !* Commonwealth Institute and Macmillan Education, 1986.
 なお、マクミラン教育出版社は、多文化教育用教材出版ではイギリス最大のシェアを誇っており、世界児童救済基金、英連邦研究所など公的機関との教材の共同開発出版を特色とする。「世界:人々と地域」「世界の生活様式」「世界の食物と料理」など、取り上げる主題・地域も広範に及んでいる。
(52) Commonwealth Instituteは、教育・芸術・展示会の開催などをとおして英連邦諸国についての理解促進を目的とする団体。1962年設立以来、数多くの教育プログラムを提供するかたわら、多文化教育の開発出版を手掛けてきている。本部はKensington High Street, Londonに所在。
(53) Steve Harrison, *At Home and Abroad*, Macmillan Education, 1986.

（出所）「イギリスにおける教科書改善の動向」『教科書の質的向上に関する総合的調査研究』（文部省科研・特定研究〈1〉研究成果報告書、1989年、教科書研究センター）所収、pp.192 - 210.

2節　教科書研究と学習材開発

─ 本節の背景とねらい ─

　臨時教育審議会は、第三次答申にて「学習材」としての教科書機能の重視を指摘した。これを踏まえ、本研究は「学習材」としての教科書機能についての理論的・実証的な基礎研究を進めようとした。本節は、比較研究

> の視点から、イギリスの諸学校での教育実践と密接に関連する学習材およびその開発の在り方の究明を主眼とした。

1. はじめに

　1980年、教科書研究センターは「教科書からみた教育課程の国際比較」を研究主題とする大規模な研究プロジェクトを企画・実施した。センター設立後4年目のことである。この折り、私はイギリス担当の研究分担者として同研究プロジェクトに参加した。以来15年にわたり、同センターは一連の国際比較研究プロジェクトを組織・推進したが、常に参加の機会を得て今日に至った。

　今回の研究プロジェクトのテーマは、「学習材」としての教科書の機能についてであるが、文献研究に加えて、1993年9月に現地に赴き、10日間ほど滞在して直接に関係者から貴重な意見や情報を入手する機会を得た。研究協力者として同行した新井浅浩、川野辺創、柳田雅明、沖清豪の各氏は、かねてよりイギリス教育研究に精力的に取り組んできており、かつまた関連する業績を蓄積しつつある新進気鋭の研究者である。現地調査に当たっては、各人の研究関心からプロジェクト・テーマにアプローチすべく、数度にわたる打ち合わせ会を開き、想定質問の作成、訪問機関・面談者の担当決定なども行い、現地調査に臨んだ。この折りの旅程・訪問機関・収集した情報などについては『「学習材としての教科書の機能に関する基礎的研究」に関する外国調査報告書』（平成6年3月）で報告したところである。

　今回の最終報告書収録の本節関係論文は、その分担部分のすべてを合わせても、「学習材」ないし「教科書」の開発の現状や新たな方向、研究面での課題、学校教育での「学習材」の機能を全体的に、かつ的確に把握しているものとは言い難い。しかしながら、1993年の現地調査での聞き取りや収集文献の分析・検討を中心に、今や転換期にあるイギリス教育の動向を、カリキュラムや指導方法との関連において考察し、これを最終報告書に加えることとした。

なお、イギリス研究グループとして今回の報告で特に力点を置いたのは、目下進行中のカリキュラム改革と多文化社会における教育実態の把握であり、これと密接に関連する教科書・学習材の開発についてである。以下の論稿が、本プロジェクト・テーマに沿って貢献するところが幾分なりともあるとすれば、それは5名のチーム・ワークによって得られた共同の成果である、と言ってよかろう。

2. 教育出版社協会・研究プロジェクト「書籍とカリキュラム」

1994年6月と9月末の2度にわたり、私はイギリス教育出版社協会常務理事ジョン・デイヴィス氏（John Davies, Director）から懇切丁寧な返書を受けとった。前年の同協会訪問から8カ月余りを経過した時点で、「教科書研究・開発について何らかの新しい動きはないか」という私の細々とした質問に対する回答である。同氏は、これまでと同様に教科書関連の総合的な研究文献として「書籍と学校カリキュラム」（Books in the School Curriculum）を挙げ、第一級の研究著作物としての地位は1986年刊行以来今なお不動である、と評価している。

同書は、全国書籍連盟（現・書籍財団）と教育出版社協会（以下 EPC）の2つの団体が企画・実施した「書籍とカリキュラム」（BOOKS IN THE CURRICULUM）研究プロジェクトの一環を構成するものとして注目された。続いて、同研究プロジェクト・チームは、「学習のための読書」(1986)、「教科用教科書―味方か敵か―」(1987)、「学校における書籍の整備・供給」(1987)、「読書と楽しみ」(1988) など、質問紙法による一連の調査結果を発表した。これらの調査は、学校教師や教育関係者を対象に実施したアンケート結果を集約したもので、結果的には「書籍と学校カリキュラム」ですでに明らかにされた研究成果を補完・実証することとなった。

以下、デイヴィス氏の示唆に従い、イギリスにおける教科書研究・開発の現況を上記の諸資料をもとに述べることにしたい。

(1) 報告書「書籍と学校カリキュラム」の構成と成果

　研究プロジェクト「書籍とカリキュラム」を組織した EPC と書籍財団は、チーム・リーダーにウォーリック大学教育学部 M. マーランド教授をあて、ほか 4 名を加えた研究チームを編成した。その研究推進役の事務局長を務めたのが、ほかならぬ EPC 常務理事の J. デイヴィス氏であった。

　同チームが最初に発表した「書籍と学校カリキュラム」は、チーム・メンバーのリバプール大学英語学担当のフローレンス・デイヴィス女史が執筆に当たり、全文 433 ページ、5 部 19 章から成る大部なものである。報告書の中心テーマは学校教育におけるリーディング（読書力・読解力）であるが、その扱う教科書関連領域は広範多岐にわたる。すなわち、1970 年代半ば以降に、アメリカ、イギリス、オーストラリアなどで公表されたリーディングと教科書とカリキュラムに関係する主要な研究・評論・政策文書等を収集分析して、これにプロジェクト・チームとしての見解をそれぞれの領域ごとに付け加えている。

　この報告書が、1986 年の発刊以来引き続き教科書研究・開発にかかわる最主要著作物とされている理由は、第一に、関連するあらゆる領域を総合的に取り扱っているということが挙げられる。第二には、この国の学校教育・学校カリキュラムにおけるリーディングの重要性に着目した優れた研究として、日常的な授業改善や教科書の質の向上に役立つ実用的な示唆を、教師を初め教育・教科書関係者などに与え続けているということがある。イギリスの学校教育の場で使用されるリーディングという言葉には、読解力、読書力、自発的な読書、読書による自己学習能力を含めており、時には、より拡大されて、読書によって得られた学識・見識などを意味する場合もある。

　したがって、同報告書が序文にて「書籍は学校教育のすべての段階のカリキュラムを通じて、中核となる教材である」と述べているのは、報告書の結論部分を最初に明示したものといえる。さらに続けて、学校カリキュラムと書籍との関係について、①学習のための自主的・集中的な読書とそ

のための情報供給源としての書籍、②個人的・文学的要求に応える、楽しみのための読書と書籍に分けられる、としている。ちなみに、5部構成の各部が扱う基本的・中心的な問題を箇条書きに略記すると、以下のようである。(1) 子どもの書籍選択と自主的読書、子どもの自主選択に影響する基準、(2) 子どもの自主的読書と教科（学習）領域での集中的な読書、教師による書籍選択、選択基準と評価、(3) 学校教育への書籍の供給と書籍の活用、(4) 子どもの自主的読書を助長する諸要件、(5) 子どもの集中的読書力を促進する諸要件と方策。

　これらを総括するならば、学校におけるすべての教育活動をとおして追求されるべき最優先目標は、読書力・読解力の伸張であり、それを援助するための書籍の編集であるということになる。とりわけ、(1) と (2) での自主的・集中的読書と書籍の選択基準についての分析・検討の記述で注目されるのが、書籍ないし教科書の選択基準としての、子どもの読書力に対応する文章の読みやすさ（readability）である。そして、読みやすい文章にさらに彩色イラスト・図表・写真などを配して理解度を高めようとする、いわば理解のしやすさ（comprehensibility）である。書籍選択に当たって内容の吟味は言うまでもないが、教師も子どもも共に読みやすさ、理解のしやすさ、を選択尺度としていると確言する。無論、これは収集文献の内容・調査結果の分析・検討を経て、EPCプロジェクト・チームが到達した結論であるが、その後の教科書の研究・開発に及ぼした影響は計り知れないものがある。

(2)「書籍と学校カリキュラム」の総括とそれ以後の調査・研究

　EPC「書籍とカリキュラム」研究プロジェクト・チームが発表した最初の総合的報告書「書籍と学校カリキュラム」は、上述のように自主的、集中的読書に関する国内外の研究文献の収集とその検討・分析を中心課題とするものであった。そして5部19章にわたる全考察の結果得られたのは、「リーディングは、知的な発達・個性の伸張にとって極めて決定的な役割

を演ずるものであるということ。子どもは読書意欲をそそるような環境の十分な整備を必要としていること。学校図書館、教室図書コーナーには良質な書籍を十分に整備する必要があること」[1]の3点に集約されうるものであって、学校カリキュラムにおけるリーディングの位置を明確に示したのである。併せて、教科書研究・開発の今後の方向を明示したことは既述の通りである。

この総合報告書に続いて発表された「教科用教科書—味方か敵か—」[2]では、学校カリキュラムを効果的に展開するうえで必要とされる各種の教材ないし学習材を挙げている。文学書、事典などの参考図書、地図、ワーク・シート、ワーク・カード、トピック・ブック、写真、統計表・図表などのパック（ボール紙かビニール製の書類入れに一組セットとなっている）のほか、ビデオ、オーディオ・テープ、スライド、フィルムなど多様である。しかし、ほとんどの教科で主要な教材とされるのは依然として教科書（subject textbooks）であるとする。それは、教科教育においては、一般に教科書が全クラスもしくは小グループで共通して使用されている実態があり、学習の段階、領域、シラバスに沿った組織的、系統的な学習が期待されているからにほかならない。

つまり教科書編集者は、常に多様な需要に応えて、最新の研究成果と情報を取り入れ、斬新なデザイン・印刷技術をもって学習効果を高める優れた編集を心掛ける必要がある。しかも、出版業界には市場原理に基づく競争があり、教科書単価は可能な限り低く押さえなければならない。EPCも、また同研究プロジェクト・チームも、教科書についての批判や意見を使用者である教師・学習者から絶えず求め、それを教科書改善に反映させようと努めるのもこの故である。

教科指導における主要な教材・学習材と位置づけられる教科書に限定して、「教科用教科書—味方か敵か—」報告書の調査結果の主要部分を要約・紹介すると、以下のようである。

(1) 古いタイプの教科書（知識を系統的に記述しただけのもので、戦前の教科教科書の形態を受け継いでいる）にかなりの批判が集中している。特にその教科書が当該教科の唯一の教材である場合、授業での教師の役割や子どもの学習経験が極めて限られたものになりやすい。
(2) 教科用教科書の執筆者の多くは、特にアカデミックな科目の場合にそうであるが、概して難解な言葉を頻繁に使用する傾向がある。こうした批判は英語教育の関係者間に強く、理解のしやすさ・読みやすさを教科書執筆の基本原則とするべきである。
(3) 教科用教科書は、一般にワーク・シートに比べ柔軟性に欠ける。教師が自分の担当クラスを対象に、単独で、もしくは同一校の教師数人が共同で作成したワーク・シートと比べ、その観が特に強い。
(4) 今は、教科用教科書が唯一の教材・学習材である時代ではない。ほかの複数の学習材との併用が望まれている。特に現在は、個々の子どもの個別的な学習指導と評価に教師の時間の多くが費やされる授業形態が、とりわけ初等学校で一般化している。したがって、自宅でする宿題の場合と同じく、授業においても個別的自己学習を可能となるように、教科書には学習材としてのより重要な役割が期待される。

総じて、「教科用教科書―味方か敵か―」では、質問に回答した大多数の教師が、教科書を授業における中心的な教材・学習材と見なしていることが報告されている。そして、上掲の「書籍と学校カリキュラム」で執筆者フローレンス・デイヴィス女史がまとめた観察結果を、以下のように引用して、稿を結んでいるのである。

　　研究者や教師の多くは、それぞれの教科指導における重要かつ基本的な知識・情報源として教科書を第一に位置づけている。なぜなら、教師・生徒にとって優れた教科書は、知識・情報を構造的・系統的に、しかも発展的に提供してくれるからである。[3]

EPC 研究プロジェクトの一連の研究成果は、EPC 組織をとおして全国の教育図書出版社に配布され、その後における教科書開発の新しい方向を示唆した。同時に、優れた教科書とその補助教材・学習材の作成が、授業での個別学習の普及・拡大に伴い一層重要性を増しつつあることをも明らかにしたのである。

(3) ナショナル・カリキュラムの設定と教科書内容の改訂

「1988 年教育改革法」の制定により、戦後 40 年余りにわたりイギリス教育最大の特色とされた、それぞれの学校独自のカリキュラム編成と個々の教師による自由な教育実践という慣行に終止符が打たれた。ナショナル・カリキュラムでは、10 教科・4 段階（キーステージ 1 － 4）の年齢区分ごとに到達目標・学習プログラムが全国共通基準として示され、すでに 1989 年度より、ナショナル・カリキュラムに基づく学習指導が、部分的な修正を伴いながらも実施されてきている。

教育内容の基準化は、無論、教科書編集の在り方にも多大な影響を及ぼすこととなった。既述のとおり、イギリスは教科書の自由発行・自由採択制を原則とする国である。しかしながら、今回の基準化により、教育図書出版社は基準に沿った改訂版の発行に追われることとなる。ナショナル・カリキュラム初年度は、それまで継続発行してきた教科書の表紙に、新たに、たとえば「歴史・キーステージ 3 用」と印刷して、内容上の改訂を最小限にとどめるか、もしくは無修正で発行した出版社も少なくない。

以上は、デイヴィス氏が、ナショナル・カリキュラム実施直後の教科書業界の様子を伝えてくれたその内容なのだが、彼は続けて、その後のナショナル・カリキュラムの内容変更、デアリング・レポート（カリキュラム改訂委員会報告書、1993 年 12 月）を経て今日に至るまで、各出版社が教科書編集・発行にあたり、ここ数年いかにナショナル・カリキュラムに左右されてきていることかについてもふれる。また目下ナショナル・カリキュラムのさらなる改訂[4]が、イングランド・ウエールズのみでなく、カリキュラム・

ガイドラインを同様に設定したスコットランドでも進行中である。イギリスにおける教科書の開発・著作・発行は極めて不安定な状況下に置かれている。今後の成り行きが注目される。

3.「学習材」としての教科書・学校用図書
(1) 教科書と学校用図書

既述のように、イギリスでは、わが国でいう「教科書」と教科書以外の学習用図書ないし書籍とを明確に区別して使用する慣行はなく、一般に「学校用図書」(school books、books for schools) という包括的な用語が使われている。

前項で取り上げた「教科用教科書」(subject textbooks) という場合には、中等教育レベルの専門教科用書籍で、たとえば語学、数学などの授業で通常使用される中等教育資格試験 (GCSE、GCE・Aレベル・ASレベル) 受験準備用書を指すのが普通である。かつての旧ロンドン教育当局所管の学習材開発センター (Centre for Learning Resources) 出版部長で、永年にわたり学校用図書の作成に関与してきたマイケル・ラガット氏は、「学校用図書」とは以下のすべてを総称する言葉で、授業との関連の有無にかかわらず自己学習を支えるすべての書籍・視聴覚教材を指すと、述べている。すなわち、教科書 (textbooks、pupils' text)、特定の主題ごとに単行本として編集・発行されるトピック・ブック (topic books)、各種の事典・年鑑・図鑑・文学全集・ノン・フィクション集などの、いわゆる学校図書館(室)収蔵書籍 (library books、reference books)、それに教科学習で使われる教科用教科書を補うために作成される、関連統計・資料・解説などからなる資料書 (resource books) などが、それである。

このような総称が通例化して使用されるイギリス教育界の状況は、①発行・検定・使用義務など法令上の規定により、特別の扱いと制約を受けるわが国の教科書と比べ、教科書とそれ以外の学校用図書とを明確に区別しない制度上・慣行上の違い、②わが国で今なお支配的な一斉授業に対して、

個別的ないし小集団学習が一般化しているイギリスの学校での授業展開のしかたとの相違をともに反映しているものと言える。

　個別に、自分のペースで学習を進める自己学習には、それを援助する「学習材」としての機能をも合わせもつ教科書の存在と、その開発ならびに学校用図書の総合的な活用はともに不可欠である。

(2)「学習材」として開発されてきたイギリスの教科書

　上に述べたように、内ロンドン地方教育当局（ILEA）には、当局が所管する学習材開発センターが存在し、管下の諸学校を対象に印刷教材・学習材のほかスライド、フィルム、ビデオの制作・複製・貸与、演劇用貸衣装などの開発・貸出を行ってきた。また、同センターとは別に「学習材サーヴィス」（Learning Material Service）と呼ばれる同当局所轄の公的機関が、ほぼ同様の機能を果たしてきた。私は1980年と84年の2度にわたり、これらの機関を訪ね、学習材の開発・制作・複製が専任職員と現職の学校教師との協働によって進められている様子をつぶさに見学した。そこでは、教師のための教材づくりと同時に、子どもの自発的学習を援助するための学習材の開発に力が注がれていた。後年、来日され、教科書研究センター、国立教育研究所、文部省、その他で講演したM.ラガット氏（前出）と再会し、学習者中心の学習材[5]とその研究・開発について種々解説していただいた。J.デイヴィス氏もまた最近の私信にて、イギリスにおける学習材について情報を寄せてきている。

　両氏の説明を総合すると、学習材開発活動は大きく三つのタイプに分類することができる。すなわち、第一のタイプは、教師個人か、もしくは同一校の教師数人のグループが自校の特定教科ないし特定クラス用に学習材を開発する、いわば学校レベルでの開発活動。第二は、周辺校の教師が近くのティーチャーズ・センター（教育センター）に集い、センターの専任所員を中心にグループで進める活動。そして第三が、旧スクールズ・カウンシルやその後身であるカリキュラム開発委員会、さらにその後のナショ

ナル・カリキュラム協議会や教育出版社・大学・教育カレッジなどで専門研究者が企画・実施する現職教師との共同のカリキュラム・学習材開発である。

　このうち第三のタイプは、全国レベルの開発事業である場合が多く、その成果が必ずしも特定地域や個々の学校の実態・ニーズに適応できるとは限らない。また第一のタイプは、学習材開発として最も望ましい形態とされながらも、教師個人の情熱と労力に大きく依存しており、財政的にも問題なしとはいえない。したがって、第二のタイプに期待がかけられているが、昨今の教育財政事情を反映して、センターの開発活動も停滞気味なのが全国的な実情である。しかしながら、優れた開発活動を進めているセンターも少なからず存在する。

(3) イギリスにおける典型的な授業形態と学習材開発

　既述のように、イギリスでは学習材としての教科書開発ないし教科書作成という考え方は、「学習材」に対応する learning materials、learning resources という用語の存在とともにかなり以前から、教科書編集の根底におかれていた。2度にわたる私の多様な質問状に対し快く回答してくれた J. デイヴィス氏は、「イギリスの教科書 (books for schools) は一貫して生徒のための学習材 (as learning materials for pupils) という立場から考えられ、作成され、評価されてきた」そして「教師用書も、その他の資料書や補助教材も、生徒用学習材に添って開発されてきた」と確言する[6]。

　ラガット氏やデイヴィス氏のような教育出版の専門家が、イギリスの教科書開発・編集の基本には、個別的自己学習を支援するための学習材の作成・提供という考え方が一貫してあると言いきれるのは、学校教育の実態と教室で支配的な授業形態とを熟知しているからにほかならない。教育についてのイギリス社会一般の合意といえるのは、徹底した個人主義である。わが国で支配的な一斉授業とは対極にある個別的な授業展開である。したがって、一人ひとりの能力と進度に合わせた個別の学習材による指導は当

然と考えられている。授業での教師の役割は、それぞれの子どもの学力に合った課題と学習材を指示し、個別的に学習を進めさせ、それぞれの学習の経過や結果について個別的に指導・助言することであると言われる。中等学校の授業においても、基本的には、能力に応じた個別的な学習ということに変わりはない。

このように、能力主義に基づく授業展開にとって、個別的学習を可能とする、より優れた学習材の開発と提供は必要不可欠なのである。

(4) 事例研究：教育開発センター（バーミンガム）の学習材開発プロジェクト

昨今、財政上の理由から専任職員の配置換えや予算の大幅削減、ついには閉鎖といった事態にまで立ち至った地方教育センターは少なくなく、その凋落ぶりが特に著しい。第二次世界大戦後、各地方教育当局は競ってセンターを設立した。センターは、現職教員の研修、スクールズ・カンシル地方支部の研究会、勅任・地方視学官による講習や教科書展示会の会場等々として幅広く利用されたが、とりわけ、センターの業務として重視されたのは、地方の実態に対応した教材・学習材の開発であった。センター専属の専門職員と学校教師集団との共同研究、学習材開発プロジェクトが積極的に推進され、その成果は印刷教材・学習材として全国各地で市販されることも少なくなかった。

1975年、公益法人として再発足したバーミンガム教育開発センターも、その規模を縮小しながらも、学習材の開発を今なお意欲的に進めているセンターの一つである。専任職員4人、若干の非常勤を加えて、現職教員を対象とするワーク・ショップ、学習材開発プロジェクト数本を継続的に企画・実施している。

ここに事例として取り上げる学習材開発プロジェクトは、キーステージ2の地理の「開発途上国についての地域学習」である。ナショナル・カリキュラムが示す到達目標1から5までの関連内容を含め、さらに教科の枠を越えて多文化教育・宗教教育・環境教育・英語教育用の学習材としての活用

も意図している。

　舞台はアフリカ西部の共和国・マリである。1991年秋から1993年春にかけての4段階の作業を終えて、「ラクダが自動車よりも優れている地域」と題するA5判2分冊、イラスト、図表、写真入り計72ページの冊子ができあがった。文中に登場する土地の人々4人の生活描写をとおして、変わりゆく地域の様子を、日常生活、農業・漁業と環境、交通・運搬手段、市場での売買など1ページに1つの小テーマという方式をとり、読みやすい文章で解説する。個別学習と内容の理解を援助するため、これら2分冊のほかに、キャビネ判のカラー写真24枚と市場の絵地図1枚を加え、1パックとしてビニール袋に納めている。

　開発作業は、マリで1年間資料収集に当たった人類学者夫妻からの共同開発プロジェクトの可能性打診に対して、まず、財政的な見通しを得たセンターが、これを受け入れたことから始まった。翌92年春「キーステージ2」を担当する16人の教師がプロジェクトに参加し、ワーク・ショップが催された。その後、センター専任のマックファーレン女史はたびたびプロジェクト参加教師のクラスを訪問した。この年の夏2回目のワーク・ショップが開かれ、参加教師から試行授業に基づくコメントがもたらされた。これを参考にマックファーレン女史と人類学者夫妻とは共同執筆を開始。92年秋、イラスト・写真選択・叙述を終了し、印刷・出版した。93年春、教材パックによる教師研修開始し、参加教師と共同で教師用ハンドブックを作成、という過程を経て開発プロジェクトは完結した。

4．おわりに

　上述の一つの「キーステージ2」地理のプロジェクトは、児童救済基金(SCF)、オックスファム、バーミンガム市当局などからの財政援助と数多くの教師・学校・子どもたちの協力があってこそ、開発された学習材である。センターがこれまでに開発した数多くの学習材の中から、マックファーレン女史が自信をもって選んでくれた開発成果の一つが、これである。評

価尺度の基準とされる読みやすさ・理解のしやすさ、さらに小見出しの付け方、イラスト・写真・図表などの本文中の配置はどうであろうか。無論、その評価は、これを手に学習する「キーステージ2」の子どもたちと教師である。

奥付と裏表紙には、「センターが児童救済基金などの協力を得て作成した」「これらの諸団体からの協力・援助がなかったなら、本プロジェクトの実現は不可能であったろう」と記されている。第二のタイプの学習材開発は、今後ますます必要とされよう。地方の公的機関が公費をもって、もっと自由に開発活動を進められる、そのような日の到来の早やからんことを願って止まない。

(注)

(1) EPC. *Reading for Learning : Aims and Strategies*. EPC. 1987. p.2.
(2) EPC. *The Subject Textbook : Friend or Foe?* EPC. 1987.
(3) ibid., P.6.
(4) 学校カリキュラム・評価機構(SCAA)は、1995年1月国会承認、1995年9月実施という予定で精力的に準備を進めている。なお、新カリキュラム 実施以後5年間は変更しないものとされている。
(5) イギリスでは、内ロンドン教育当局所管諸機関の名称としても、教育関係者間でも learning materials、1earning resources という用語は、かなり早くから、ごく当たり前に使われてきており、今日においても変わりはない。
(6) 1994年6月20日付、9月29日付書簡。EPC活動・教育図書関連情報を伝える月刊ニューズレター *EPC Brief*、*Books for Better Education* の最近号も同封で届けられた。

(参考文献)

Florence Davies et al., *Books in the School Curriculum*. EPC. 1986.
EPC. *Reading for Learning : Aims and Strategies*. EPC. 1987.
EPC. *The Subject Textbook : Friend or Foe?* EPC. 1987.
EPC. *Reading for Pleasure : The Case for Voluntary Reading*. 1988.
EPC. *Book Provision in Schools*. 1993.
木村浩「イギリスにおける教育研究と実践との関連」『教育研究の役割』国立教育研究所・教育研究役割研究委員会、1984
木村浩「諸外国の教科書改善の動向(イギリス)」『教科書の質的向上に関する総合的調査研究』教科書研究センター、1988
John and Sarah Snyder, Catherine McFarlane. "Where camels are better than cars :

a locality study in Mali." *West Africa for Key Stage 2 - Book 1, Book 2*, Development Education Centre. [Birmingham] 1992.

(出所)「授業形態と学習材開発」『「学習材」としての教科書の機能に関する基礎的研究』(文部省科研・研究成果報告書、1995年、教科書研究センター) 所収、pp.152-158.

3節　学校における教科書の位置づけ

> **本節の背景とねらい**
>
> 　平成9年度～11年度科学研究費補助金「基盤研究 (B)」研究報告書。教科書の体様と教育効果に関する3カ年調査研究に、第1部「諸外国における教科書の体様―イギリス―」の研究分担者として参加した。1988年教育改革法の施行により、ナショナル・カリキュラムの全国基準化に伴う教育内容の共通化と教育実践の自由な慣行との関係について、「教科書改善と効果的な授業展開」の観点から論じたもの。教科書改善の目的を問うもので、一連の教科書研究の最後の「締め」に相当する。

1. イギリス教育の特色と教職の自律性の終焉

　戦後40年余りにわたりイギリスの教育を規定してきたのは、「1944年教育法」であった。同法は、公立・公営諸学校の教育課程・教育内容に関してはわずかに「宗教教育を行うべきこと」、また、宗教教育は特定宗派に偏った宗教教育を避けるため、「『地方教育当局の作成する各宗派協定の教授要綱』に基づいてなされるべきこと」の2項目を定めるにとどめられた。このため、イギリスの各地の諸学校では、子どもの自主性を尊重し、子どもの能力・適性・成長に応ずるため、学校所在の地域社会の特性に対応する学校独自のカリキュラムが編成され、個々の教師による自由な教育実践が展開された。教師の主体性と教育実践の多様性は、イギリス教育の特質と教職の自律性を示すものとして広く注目されるところとなった。

　ところが、1960年代後半以降に見られる中等教育の総合化の急速な進

展や 11 歳試験の廃止と並行して、学力水準の低下傾向が指摘され始める。子ども中心主義教育に対する批判の高まりは、教育課程の共通化・基準化の提案と論議を経て、やがて「1988 年教育改革法」の制定へと連なるのである。

戦後最大とされるこの教育改革法の眼目は、教育課程の全国共通基準の設定、地方教育当局の権限縮小、教育各分野への競争・効率原理の導入であった。そして、改革法には、ナショナル・カリキュラムと通称される全国共通教育課程の基準設定の権限が教育科学大臣（現・教育技能大臣）にあることが明記されて、それまでの教師と地方教育当局の決定に委任されてきた学校カリキュラムは、その主要部分である中核教科（国・数・理）と基礎教科（歴・地・技・音・美・体・外国語〈中等学校のみ〉）が共通化されることとなった。

こうして、イギリス教育最大の特色ともいわれた学校独自のカリキュラム編成と個々の教師による自由な教育実践の慣行は、終わりを告げたのである。

2. 基礎学力水準の向上と教科書改善
(1) 教育施策とその効果

「初等学校における児童の学業成績は、全体的に向上した」「とりわけ、読解力と計算力についての指導が、以前にも増して組織的・集中的に進められ、教育の質的改善が継続的になされていることを示した」「中核科目（英・数・理）についての学力向上は、キー・ステージ1・2両段階[1]において特に著しい」[2]。

これらの文言は、1999 年 2 月に勅任主任視学官から教育雇用大臣（当時の閣内大臣の名称。現在はさらに、教育技能大臣に改められている）に提出された 1998 年度学校監査年次報告書の一部である。1995 年以来、新・視学制度による学校監査結果が年次報告の形で公表されている。今回の報告は、初等・中等諸学校の教育の水準にかかわる全国テストの成績、教授法、

授業改善、カリキュラム編成、学校の管理運営などの諸側面を教育段階別・教科別に評価したものであるが、上記引用のように、これまでの年次報告に比べ、かなりの程度に教育水準の向上、授業の改善がなされたものと評価している。

さて、本項の冒頭に学校監査年次報告から関連する文言を引用したのは、1997年5月発足の労働党新政権もまた、教育水準向上を優先政策とした保守党政権の教育改革路線の一部を引き継ぎ、精力的に諸施策を講じて成果を上げつつあることを確認したかったからである。無論、保守政権時代に権限縮小を強いられた地方当局の復権ないし新たな役割付与、国庫補助学籍制度の廃止、国庫補助学校の地方補助学校への転換など、労働党新政権の社会的公平と公正の実現を基本とする政策の新たな展開がおおいに期待されるところである。

ところで、基礎学力・教育水準の向上の具体的な施策として、ナショナル・カリキュラムで示された中核教科の重視、とりわけ初等教育段階での国語（読解力）と算数（計算力）の向上を目的とする重点施策が1998年9月より進められている[3]。

読解力錬成施策（National Literacy of Strategy）の名のもとに、児童の基礎学力の早期形成を目標に掲げ、すべての初等学校において毎授業日に「国語学習の時間」として60分間（たとえば、15分、30分などに分割して学習し、総計60分とすることが認められている）[4]が、全国共通カリキュラムとは別枠に設けられ、実施されている。また、1999年9月からは、さらに「算数学習の時間」60分が加えられた。

こうした基礎教科の重視、基礎学力水準の向上を喫緊の教育課題とする政府による諸施策の実施は、各学校におけるカリキュラム編成や授業形態、クラス編成、教科書の活用法など学校教育の具体的な諸側面にも少なからず影響を及ぼすことになる。

(2) 求められる効果的な授業展開と教科書

　学校独自のカリキュラム編成と自由な授業展開を誇りとさえしてきたイギリスの学校や教師たちが、1970年代以降の教育内容の基準化の動きを軸とするこれらの変革にどう対応したかは、さまざまな書物に記されている[5]。

　上述のように、1988年教育改革法に規定されたナショナル・カリキュラムは、中核・基礎の10教科、4段階（キー・ステージ1－4）の年齢区分ごとに到達目標・学習プログラムが示され、翌1989年度から部分的に実施に移された。以後、学習内容の縮減、学校裁量授業時間の拡大、「情報」科目の新設などの改訂を伴いながらも実施されてきている。

　これに加えて、基礎学力向上施策の一環として1988年9月に開始された読解力錬成学習、翌99年度からは計算力錬成学習施策が実施に移された。効果的な授業展開を求めて、これまで一般的であったクラス編成方式や指導方法の見直しが進められている[6]。また、『タイムズ』教育版[7]は、クラス・サイズと教育効果の関連、優れた授業方法、教師間の協働による教科横断的な学習の展開など、授業効果と基礎学力向上に密接にかかわる読み応えのある記事を掲載している。

　アメリカの著名な比較教育学者P.アルトバック教授の一文を引用し、締めくくりたい。「コンピュータ時代の現代でも、最も普及している、最も強力な教育技術は教科書である。その影響は衰えた気配はほとんどなく、引き続き、世界各国の教育の基本要素となっている」[8]。

　情報機器が一般的に普及した今日においても、カリキュラム改革・授業改善と連動して、教科書の質的向上は依然として図られなければならない。

（注）

(1) イギリスの義務教育11年間は、4段階に分けられ、キー・ステージ以下KS1は5～7歳（1・2学年）、KS2は7～11歳（3～6学年）、KS3は11～14歳（7～9学年）、KS4は14～16歳（10～11学年）とされている。ナショナル・カリキュラムにより、各教育段階の中核教科・基礎教科ごとに教育内容・学習到達レベルが定められていて、7歳・

11歳・14歳時に全国テストが行われる
(2) OFSTED-OFFICE FOR STANDARDS IN EDUCATION. *The Annual Report of Her Majesty's Chief Inspector of Schools. Standards and Quality in Education 1997/98.* The Stationery Office. 1999.2
(3) この施策については、学校教育における教科書の体様とその教育効果に関する調査研究『教科書の体様とその教育効果に関する外国調査報告書』(財団法人教科書研究センター、1997年7月)にてもふれている。
(4) *The Implementation of the National Literacy Strategy: A Summary for Primary Schools.* Department for Education and Employment. 1998
(5) たとえば、一例として、「イギリスにおけるトピック学習―1988年教育改革法制定以前のトピック学習の実践と課題―」『新しいメディアに対応した教科書・教材に関する調査研究』(財)教科書研究センター、1999年3月
(6) 1998年度学校監査年次報告は、国語・算数など基礎科目での一斉授業(the Whole Class Teaching)の効用を挙げ、グループ学習との適宜併用を初等学校の授業の質(Quality of Teaching)とかかわって言及している。
(7) TES. Oct.15. 22. Nov. 5. '99
(8) Professor Philip G. Altbach. "The Oldest Technology: Textbooks in Comparative Perspective." *COMPARE.* Vol.17. No.1. 1987. (P. アルトバック、木村浩ほか訳、「最古の技術―比較教育学的文脈における教科書―」『国立教育研究所研究集録第17号、1988年9月)

(出所)「学校における教科書の位置づけ」『学校教育における教科書の体様とその教育効果に関する調査研究』(2000年、教科書研究センター)所収、pp.133-135.

第6章　教育課程と中等教育修了資格試験

――解説――

　わが国では、第二次世界大戦後の中等教育機会の拡大を背景に、1960年代には大学進学のための受験競争が激化した。政府による入学機会拡大の取り組みにもかかわらず、「受験地獄」という言葉に集約される受験競争の弊害は教育全体に及び、大学入試制度の改革は教育諸問題の中でも真っ先に取り組むべき最優先課題であるとされた。1979年、欧米諸国の入学方式を範とした「共通一次試験」が国・公立大学受験者を対象に実施されたが、著名大学を頂点とする大学の序列化と、偏差値に基づく輪切りが批判を浴び、臨時教育審議会の提言により廃止された。これに代わって、1990年には、高等学校学習指導要領に沿った基礎学力の判定と選抜資料の提供を目的に、私立大学を含め国内全大学に利用範囲を拡大した「大学入試センター試験」が実施され、今日に至っている。

　わが国の「共通一次試験」の準備段階では、当時すでに60年を超える実績をもつイギリスの「中等教育修了資格試験」が、ドイツ、フランス、アメリカなどの入学資格試験制度とともに、研究・検討の対象とされた。

　本章では、イギリスの大学が入学資格試験として利用している「中等教育修了資格試験」についての論稿3点を選び、わが国の「入試センター試験」との比較を念頭に、検討の素材としたい。　なお、イギリスの中等教育修了資格試験の出題要綱（syllabus）は、ナショナル・カリキュラム（全国共通基準）実施後17年を経た現在においても、中等教育諸学校が編成する各教科目の教育課程を間接ながら規制する影響力を保持している。

1節　中等教育修了資格試験の史的展開

本節の背景とねらい

　イギリスでは、深刻な失業・経済的不況からの脱出と経済の建て直しを図る観点から、教育と試験制度の改革が緊急の課題とされ、学校教育の成果を測る評価方法の開発についての関心が高い。ロンドン大学教育研究所 (University of London Institute of Education) は、その論集 18 号 (Bedford Ways Paper No.18) に、中等教育試験制度全般にわたる見直しのための基礎資料として標記論稿をまとめ刊行した。イギリス中等教育カリキュラム改革研究上の基本文献と考え、「日本比較教育学会」「日英教育研究フォーラム」「現代イギリス教育研究会」会員を初め、多くの関心ある研究者の参考に供すべく邦訳した。

---

1. はじめに

　過去 150 年間にわたるイギリス中等教育試験制度の歴史を顧みるとき、そこには常に試験による教育内容の統制、関連する制度改革の議論、大学側からの中等学校に対する強い要求や、時には学校側の抵抗も見られた。

　とりわけ、深刻な失業と経済的不況の嵐の中に置かれている今日、イギリス社会経済の建て直しを求める観点からも、教育ならびに試験制度の改革が喫緊の課題であることは言を待たない。このため、学校教育の成果を測る多様な評価方法の開発についての関心が高まり、このほど新たに中等試験審議会（Secondary Examination Council、略称 SEC、審議会長 Sir Wilfred Cockcroft、1983 年に Schools Council =〈学校審議会〉より分離独立した政府機関。訳者註）の設立が示唆されるなど、現在は中等教育試験制度全般にわたる見直しの時期にあると言ってよい。

　私たちは、試験の制度・方法についての革新が一層推進され、生徒の学業評価の手段・方法は積極的に開発されるべきものであると信じて疑わない。

2. 初期の中等試験制度

　今日、学校で使用されている外部的に有効妥当とされる試験は、大学並びに一部の専門職団体により19世紀に採用された公的な形式を母体にして発展したものであった。したがって、学校試験制度の展開をより良く理解するためには、かかる初期の評価方式の発展過程をたどってみることが必要である。

　人々の社会的な役割や地位が、出生と門地により定められていた時代には、無論、試験はまったく必要とされなかった。しかし、19世紀初期に至ると、大学への入学、専門職や公務に就くことを望む人々を、公的に評価・査定することの必要性が痛感されるようになってきた。そして、19世紀初め頃までには、伝統的に保守的な大学――それは、オックスフォードとケンブリッジの2大学であったが――は、入学に際しての宗教審査 (religious admission tests) を廃止し、より実質的な方式を採用するに至った。また、両大学ともに学位コースの初めと終わりに、学生の学業審査の責任も負うようになった。

　1800年に「オックスフォード大学試験規則」(The Oxford Examination Statute 1800) が制定されるに伴い、筆記試験が学力の認定および優れた学習到達を客観的に表示する方法として受け入れられるようになった (Lawson, J. and Silver, H., *A Social History of Education in England*. Methuen. 1978.)。これとほぼ時を同じくして、職業専門職団体の所属会員たちは、専門職への入会を一定の能力水準に達したことを証明しうる人々に限ることにより、彼らの地位を強化し、権威の向上を図ろうとし始めたのである。

　この国最初の専門職認定試験は、1815年に薬剤師協会 (the Society of Apothecaries) に導入され、続いて1835年には、筆記試験が事務弁護士会 (the Society of Solicitors) ――法定弁護士ないし依頼人のために訴訟準備をする事務弁護士の専門職団体――(事務弁護士はイギリス独特の職名で、訴訟代理人と和訳する場合もある。アメリカでは市町村レベルの法務官を指す。

訳者註）に採用された。

　そしてまた、当時、国内外での公職（public service）の拡大に伴い、貴族・門地からのみの人員供給では不十分であることが明らかになってきた。Northcote Trevelyan の公務員制度改革（Reforms of the Civil Service）は詰まるところ、競争試験導入（1850年代）へと連なるものとなった。Sandhurst の Woolwich に所在する陸軍と海軍の士官学校も、すばやくこの先例に従ったのである。

　こうして、19世紀の中頃までには、筆記試験（written competitive examination）による選考・評価は、今日いうところの post-school level にまで急速に一般化して、大学・専門職・公務・軍関係職への入学・就職に利用されるようになった。

　このような展開は順次、潜在的な進学・就職試験受験者の在学する中等学校にも影響を及ぼすことになる。

　まず、父母の要望に応えて、グラマー・スクールの多くが、この種の入学試験準備教育を開始し、なかには、特別に文官受験クラス（Civil Service Class）を編成する学校さえ現れるに至った。こうして、グラマー・スクールはその全盛期を迎えたのだが、それは、大英帝国領土の拡大とともに産業国家・貿易国家としてのイギリスの成長と併行して、急速に必要とされた行政事務職への就職を希望する生徒たちにいささかも事欠くことがなかったが故である（実に多くの生徒たちが、この種の行政職への就職を望んでいたのである）。

　したがって、こうした状況の展開が強く影響したのは、男子少年の教育に限られていた。当時の女子教育については、通常、家庭教師による在宅教育を受ける中流以上の階層の女子に限定され、ごく少数の女子のみが私立女学校にて、読み・書きのほか何らかの家政学を学ぶという程度のものにすぎなかったのである。なかでも特に社会的に格式の高い名門私立学校（独立学校）は、結婚の準備として、優れて教養のある魅力的な女性が備えるべきとされた事柄（たとえば、音楽・絵画・刺しゅう・フランス語など）を

教授した。女性の知能を開発するための試みはほとんどと言ってよいほどになされなかった。そしてまた、それ故に、女性が競争的な外部試験 (public examinations) に参加することも、またその必要もほとんどなかったのである。

〈補注：1868年の Taunton Commission は、女子教育については全般的に関心が薄かったが、まれな事例として個人もしくはグループによる啓発された長期的な視野のもとになされた事例を報告している。たとえば、1848年には、家庭教師協会（The Governess Benevolent Institution）がロンドンに Queen's College を設立したが、この学校は Dorothea Beale（後に名門女子校である Cheltenham Ladies College の校長に就任）とか Frances Buss（後に North London Collegiate School for Girls の校長）のような優れた教育者を輩出した。〉

　試験制度とグラマー・スクールの拡大により、与えられる教育の質を評価・査定する方法と、到達した水準を証明する何らかの制度的措置の必要性が認識され始めた。この要請に応えて、'Locals' 試験制度（a system of 'Locals'）が発生するのである。
　この制度は権威ある学外者により、学校から独立した権限を与えられた査定者ないし試験官により実施されるもので、オックスフォードかケンブリッジの college fellow か、もしくは地方の聖職者（牧師・司祭）が委嘱された。しかしながら、'Locals' は経費もかかり、それに計画性にも欠け、査察を必要とする学校が大部分であったにもかかわらず、学校側は学外査定者を招請しない場合がしばしばあった。

「エクゼターの実験」とその後の展開
　1857年のことである。「エクゼターの実験」(Exeter Experiment) がエクゼター大学の協力のもとに行われ、地方中等学校の生徒を対象とした競争試験が組織された。この実験は 'Locals' のそれとは若干異なっていた。というのは、試験の焦点は、学校教育の効率性の査定よりも生徒個人の学業評価におかれていたからである。この後もこうした試みがエグゼター実

験を見習って行われた。そして、エクゼター大学以外の大学も、それぞれが専門的知識の源泉と見なされ、その協力が期待されたのである。

これに続いて、1858年オックスフォード大学とケンブリッジ大学が、生徒試験のための 'Locals' の新方式を導入し、1877年からは合格証明書 (certificate) を発行することになった。かくして、それぞれの大学の試験委員会の管理の下で、「学校試験の時代」が開始されたのである (Lawton D. *Politics of the School Curriculum*. Routlege and Kagan Paul. 1980. より)。

しかしながら、力点は学校を対象とする外部審査から個々の生徒の外部評価へと転換した。次第にほかの大学もまた、中等学校生徒の個人評価の手続きを定め、かつ実行するようになった。たとえば、ロンドン大学では、生徒の学業到達度を申告させるという学校側の要望に対して、'School Leaving Certificate'（修了証明）と大学入学のための基準を設定するための 'Matiriculation exam'（入学試験）方式を開発した。

非大学試験団体である the Royal Society of Arts、the City and Guilds of London、the College of Preceptors もまた、専門団体同様に資格試験を組織したが、D.ロートン氏によれば、既存の入学（会）試験の利用については制約が加えられたようである。

こうした一連の展開の結果、前世紀末までには、寄せ集めで未調整ながらも各種の試験が出揃ったのであった。そして、各種試験団体の要求に対応すべく、グラマー・スクールには厳しい教育課程（内容）が課せられることとなり、結果的に画一的な学校カリキュラムをもたらすことになったが、学校試験 (School Examination) についての責任を誰が負うかについての合意は、ほとんど得られなかったのである。

トートン委員会 (1868年)、ブライス委員会 (1895年) が、ともに試験について責任をもつ全国的な中央機関の創設を勧告したが、両委員会の示唆・勧告を具体化する動きはほとんど見られなかった。

しかしながら、今世紀初めに至るまでに、教育院 (Board of Education) (1899年) と地方教育当局 (1902年) が全国に設置され、地方試験の整理

統合と学校制度の整備の可能性は一段と強まった。一方、教師や地方教育当局の間には、中央管理に反発する動きが拡がりつつあった。かくして、教育院は直接的な管理ではなく、間接的な影響を及ぼすことを意図したのである。この当時、いまだ教師による試験制度支配（管理）を許容するほどに教師に対する国民の、あるいは国の信頼は十分に熟してはいなかったようである。たとえば、1903 年、The College of Preceptors（現職教員研修機関）は教育院に対し自己機関の管理する試験の承認を求めたが、拒否されている。

しかし、社会的地位が高度な大学は——彼らは専門職団体の犠牲のうえに、その支配管理力を増大し続けていたのだが——中央集権化に反対する勢力、とりわけ地方教育当局からは好感を寄せられていた。

結局、1917 年に至り、両勢力の妥協の産物として、中等学校試験審議会（Secondary Schools Examinations Council、SSEC）が設けられることになる。同審議会は 21 名の関係各界の代表から構成され、その内訳は、地方教育当局 6 人、教師 5 人、それに大学から 10 人であった。もっとも、大学代表数は年次により相違した（1946 年時には、大学代表は皆無であった）。しかし、大学の影響力は依然として強く残り、大学は試験問題の作成・採点の全責任を留保した大学の試験委員会を通じて、その影響力を拡大・行使したのである。

1911 年、教育院の諮問委員会（Consultative Committee of the Board of Education）は試験制度を検討し、公的な筆記試験の得失について討議を重ねた。同委員会は、現行試験は「必要であるばかりでなく、中等学校によっては望ましいもの」と結論した（1911 年中等諸学校における試験についての諮問委員会報告）。しかしながら、同委員会は、再編成した視学官が試験団体と密接に協議すべきことと主張したのである。同委員会は、学校視察の結果が試験官（examiners）により考慮されるべきこと、また逆に、試験官の検査結果が視察官（inspectorates）にも利用されるべきことを望んだのであった。こうした両者の協力により、「学校教育 schools' work の全般的な卓越度と、個々の生徒の学習習得度の双方をテストする」ことが可能と考えられたのである。しかし、学校の公共的責任の初期の形態と見なしうるこうした示唆（考え方）は、短命に終息した。これから間もなくして、1917年には、SSEC は新しい School Certificate と Higher School Certificate 試験の協調プランを作成・発表したのである。

3．科目群試験・学校証明試験制度の発足

School Certificate と Higher School Certificate これら2種の新しい試験は、大学の試験委員会（University Examination Board）により管理運営されることとされた。「中等学校試験の実施団体として適当なのは大学であるという認識が、一段と学校教育における審美的・実用的・非認識的な領域よりも、知的・学問的学業を重視する方向を推進させることとなった」とブラッドフット女史は論述する（P. Bradfoot. *Assessment, School and Society*. Methuen. 1979.）。女史は、「長い間ほとんど排他的、独占的にエリートに握られてきた教育制度の最頂点（pinnacles. 大学のこと。訳者注）に新しく生じた社会的選別機構の構造決定の仕事が課せられたとしても、少しも驚くには当たらない」。また、「それら機構・構造が、エリート自身の利益を考えて決められたとしても不思議ではない」と続ける。

16歳のグラマー・スクール生徒のための School Certificate Exam. は、生徒の学力試験であるよりもむしろ学校自体の評価と考えられ、したがって、中等学校カリキュラムの統制・管理と、良質でバランスのとれた学校教育の奨励を意味した。

受験生は3学科群（I: 人文、J: 言語、K: 数学と理科）から各1科目を含む5科目に合格することが期待された。美術・音楽・実科科目はうとんじられ、第4科目群に追いやられた。そして、その第4科目群からはわずかに1科目の選択受験が認められるにすぎなかった。

School Certificate は学校の査定と考えられ、そしてまた全学級生徒が受験したから、試験が相当に難しいと思われた生徒も受験せざるをえな

かったのである。クラス全員の受験という条件が廃止されたのは、1929年に至ってからのことであった。

こうした科目群試験制度は、常に批判の的となった。たとえば、Association of Headmistresses の会員たちは、女生徒たちに理数科合格が要求されることは、彼女たちをより不利な立場に追いやるものと考えた。

1938年以降、この規則は緩和されて、受験生は言語かもしくは理科・数学のどちらかの受験でよいことに改められた。

さて、Higher School Certificate の場合は、School Certificate と違って、学校査定でなく2カ年学習後の18歳受験生の個別試験であった。受験科目は主要2科目・補助2科目であった（注：School Certificate は新試験制度に編入されていたが、大学入学試験とは切り離されていた）。

かくして、およそ一世紀のうちに、学問的により傾斜した生徒（academical students）のための公的・外部試験制度は急速な発展を遂げたのである。そして、中等教育試験制度は、いわば「品質管理」（quality-control）の一形態となったのである。それは競争を助長し、選別し、そして学業に報いることを目的とした。試験制度と大学との長期間にわたる連携によって、大多数の学校試験がそのアカデミックな教科目を強調するという基本的なトーンをつくりあげ、より一層、学問的に有能な生徒に対して外部試験への適応性を保証したのであった。

4. 非学問的生徒層（The 'non-academic' strand）への対応

それでは、学校人口の残りの生徒、すなわち試験の対象外におかれた生徒には何が与えられたのであろうか。「たきぎを切り、水をくんだ者（下級労働者）」にはいかなる教育が与えられ、またどう評価されるのであろうか。主要先進工業国家の社会生活に参入する大多数の青年に対して、どんな準備教育が施されたのであろうか。

1870年以前、制限的な大衆初歩教育は、私的、宗教的な機関の労力と善意に依存していた。カリキュラムは狭い3R'sで、しかも貧民大衆階級

に対する学校教育の主要目的は、道徳訓練と社会的従属観念の注入であり、それらは筆記・外部試験が評価対象とするものではなかった。1830～70年の間、大衆教育に対する関心は急速に高まったが、一つには諸外国における教育向上に促され、また一つには、社会的不安（social unrest）の恐怖から逃れえるためのものであった。1833年、最初の国庫金がナショナル協会とブリティッシュ協会を経て分配され、1839年枢密院教育委員会（The Committee of the Privy Council on Education）が創設されるに及んで、国家の教育に対する役割と責任は増大した。以来、国と任意団体とによる協調を軸に、貧民に対する初等教育制度が確立される途が開き始める。1861年、政府の初等学校補助は、改正教育令（Newcastle Commission's Revised Code of 1861）により改善され、同法令上の視学官の学校査察に基づいて、学校管理者への補助金額は生徒の成績を基礎に算出されることとされた。

　改正教育令（Revised Code of 1861）は結果的に3R'sを強調することとなり、教師は自己の給与を、また学校は補助金額の増加を期して、子どもの学業を視学官の期待する水準に近づけるべく、日々汲々とした授業が展開されることとなった。

　この19世紀の学校評価は、公金の有効な消費という国民的関心を反映した措置であり、結果的には水準向上を現出したが、それは教育評価の性格とは基本的には異なるものであった。したがって、この時期のグラマー・スクールにて発展を見た中等学校外部試験とは、おおいにその趣きを異にする。すなわち、筆記よりは口頭で、学外試験官による修正もなく、また合格証明書も授与されないものであったし、試験の合格も、その後における何らかの資格取得に結びつくものとはならなかった。子どもの評価は、単に教師・学校の財政的価値を評価するための、いわばものさしにすぎなかったのである。

　当時、小学校を修了した大多数の者には、それ以後の教育を受ける機会はほとんど与えられず、したがってまた、公的な試験（formal exam.）を

受けることも稀有なケースに限られていた。

やがて、学校教育制度の枠外で、技術的・実用的科目を対象とした公的な試験が発生し始める。

これは、自己教育（Self-Education）運動として、各地では職工学校（Mechanics Institutes）の設立を通じて拡大され、夜間学校に学ぶ労働者を鼓舞することとなる。これが、1878年にはロンドン市同業組合協会（City and Guilds of London Institute、以下、C & Gs）の試験を、また1883年には、ロンドン工芸技術専門学校（London Polytechnic）の試験制度創設へと連なっていった。とりわけC & Gsは、労働者子弟に学校教育の目標を提示し、学習を奨励する試験制度の運営を主たる目標とした。

「1902年教育法」により、地方教育当局は、技術中等教育に教育財源を配分する権限を与えられた。そして1920年代には、技能試験ONC（Ordinary National Certificate）、HNC（Higher National Certificate）、HND（Higher National Diploma）などが機械技術者協会（Institute of Mechanical Engineers）により設けられ、1920年代における重要なランドマークとなった。子どもたちの中には、小学校の補習科コース（higher-grade）に留年する者もいた。彼らはそこで職業技術に傾斜したコースを履修したが、全員のための無償の中等教育制度の確立は、「1944年教育法」の制定まで待たねばならなかった。しかも、それに加えて学校証書試験（School Certificate Exam.）はグラマー・スクールの生徒（全員とは限らなかったが）にのみふさわしい試験であると広く見なされていたのである。

1920年、ハドウ報告（Hadow Report）はグラマー・スクール以外の中等学校数の増大に対処して、新試験を開発・運営する新試験委員会（New Exam Boards）の設置を勧告したが、これが実現したのは1965年中等教育証書試験（CSE）の創設によってであった。実に、勧告から37年後のことである。

1938年のスペンス報告（Spens Report）では、上級学校証書試験（Higher Sch.Certificate Exam.）の合格が評価の基準と考えられるに至ったことに

対する批判が盛り込まれていた。同報告書はさらに、16歳で企業・実業界に就職する男子・女子の教育的ニーズに対応する中等学校の職業コースの開発・発展に教育院（Board of Education）が何らかの助成措置を講じなかったことを批判している。

1939年第二次世界大戦の勃発により、万人のための無償の中等学校制度は実現せず、スペンス委員会が行った多くの批判・勧告は、戦時中のノーウッド報告（Norwood Report）にて再び繰り返されることとなった。1943年のノーウッド報告は、単一科目受験と内部試験、それに総合的な成長と評価を伝えるスクール・レポート（通知表。これは、学校の内部評価を基礎として行われるべきであるとして、生徒一人ひとりのそれまでのキャリアを記載する、いわゆる内申で、今日言われるところのプロフィール〈Profiles〉のそれに類似するもの。訳者注）の作成と配布を主張した。

また、ノーウッド報告は、1930年代における心理学理論に基づく見解を無批判に受け入れており、同一年齢層の生徒を能力に基づいて三種に区分し、それぞれグラマー、テクニカル、モダンといった異なった学校で、異なるカリキュラムに従って指導するのが有効だ、という考えを支持したのである。この考えは「1944年教育法」にも取り入れられ、同法は万人に対する、初等学校修了後に続く無償の中等教育機会を、年齢・適性・能力に応じて提供すべきことを地方教育当局に要求したのである。

「1944年教育法」に基づく教育改革は、低階層教育につきまとう汚名を返上し、福祉と社会主義の枠組み内に新しい教育機会を設定することを企図するものであった。しかし、「1944年教育法」は、平等主義的（egalitarian）でもなく、また真の意味での職業的（vocational）でもないシステムの中において実施されるという結果に終わった。比較的にわずかの技術学校（technical schools）が好ましい方向に発展し、多くの中等学校がグラマー・スクールのカリキュラムを模倣・提供する傾向を見せた。

ノーウッド報告は、試験は決して大学の支配下に置かれてはならず、試験に対する教師の影響力の増大こそ、この7年間の移行期間中に実験的に

でも試行されるものと考えていた。ノーウッド委員会は、モダン校の教師——その大多数が小学校補習科の教師であったが——が試験に対しても支配力を行使することは期待しなかった。ここでいう教師とは、elite of the profession の意味での教師であった。

このノーウッドの見解は、1947年の中等学校試験審議会（SSEC）の報告でも強く支持された。SSEC 報告は生徒の大多数が試験の抑圧から開放されるように、義務教育年限修了後にすべての外部試験が行われるべきことを主張した。

そしてまた、SSEC の提言は、評価は客観テストであるべきこと、その結果はスクール・レコード（school record）に記録されるべきこと、その記録と学校の総合報告が進学・就職に際しての進路決定に用いられるべきこと、などであった。

かくして、この国における同一年齢層の 80% とされるノンアカデミック集団は、少なくとも形式上は外部試験の抑圧から解放され、「1944年教育法」による三分岐制中等学校発足後においても、そのまま試験の対象外に残されたのである。

5. 一般教育証書試験（General Certificate of Education、G.C.E.）の登場

1947年の SSEC 報告は、新しい科目別試験である GCE 試験を提案したが、それは普通レベル（Ordinary Level）、上級レベル（Advanced Level）、スカラーシップ・レベル（Scholarship Level）の3段階から構成され、既存の大学試験委員会（University Examining Boards）が管理するものとされた。もっとも、審議の当初においては、この新試験は学校教師のコントロールの下で、内部的に実施するという見解も見られたのであった。そして試験結果は、合格か不合格のみの判定とされ、旧制度の学校証書試験のそれに対応する評価判定が妥当と考えられたのである。しかし、実際には後年かなりの修正が加えられ、結局は5段階評価に落ち着くこと

となった。

　上級レベル試験は、旧制度の上級学校証書試験に対応するもので、有能な第6年級生を対象に、ほぼ18歳で受験されるものとされたが、当初はそれほど多くの受験生を期待するものでもなかったし、また多目的試験 (all purpose exam.) であることを企図して発足したものでもなかった。のちに高等教育機関入学資格に利用され、かつそれが全大学および全高等教育機関に共通する全国的通用性を認められるに至るのであるが、上級レベル試験の主たる目的は、より上級の学問に受験生を準備適応させることに置かれていたのである。一般に16歳時受験とされる普通レベルと、18歳受験が妥当される上級レベルの試験は、1951年にその第1回が実施された（なお、スカラーシップ・レベルは、上級レベル試験受験生が選択解答できる特別試験問題で、通常の上級レベルよりも出題の範囲が広く、かつ高水準であるのが通例である。上級レベルの成績が一定基準に達した者が、上級レベルの等級に加えて、「優秀」(distinction or merit) の評価を含む場合に選択解答することが認められている。原則的には上級レベル試験の一部であるが、「優秀」の評定を得ることにより、入学・奨学金受給の際の参考とされる。訳者注）。

　さて、GCE試験は学校証書試験と異なり、学校で行われる教育全体を評価する、いわゆる学校評価ではなく、その基本的性格は単一科目の試験で、生徒個々のバランスある教科目学習を保証するものであった。したがって、大学も専門職団体も、中等教育カリキュラムの領域にかかわったり、影響を与えようなどとはいささかも考えるものではなく、また企図するものでもなかったのである。しかしながら結果的には、大学も、専門職団体も、雇用主も特定数の科目の組み合わせを要求したのである。

　中等学校進学に際し、非選抜校であるモダン校を選んだ生徒とその親と教師の三者は、徐々にではあるが、雇用主により求められるに至ったGCE受験の圧力にさらされるようになってくる。モダン校の多くが、こうした動きに敏感に反応して、GCE受験コースを新たに設けたのである。

当時義務教育年限は15歳であったから、1カ年の延長コースに留年在学して、16歳受験を標準とする普通レベル試験に挑戦した。そして、留年する生徒の増加は、やがて別種の新試験CSE創設に向けての刺激剤となった。

1955年教育省訓令 circular 289号にて、政府は普通レベル受験年齢の制限緩和措置をとることになるが、合わせてモダン校が自校の社会的威信を高める目的でGCE普通レベルコースを設け、受験指導することに対して戒めと警告をも発しているのである。

以下、1950年および1960年代に公刊された主要な調査報告書について簡単に述べ、中等教育試験にかかわる当時の状況を概略把握することにしたい。

〈関連主要調査報告書の概要〉

まず、1950年代には、教育機会の不平等な配分、社会経済的階層と学業到達度との相関などについての関心が社会学者間に高まり、各種の調査が実施された。これら一連の調査報告書は、中等学校カリキュラムと外部試験、非選抜校(モダン校)在学生徒に関する教育的配慮の必要性と施策についての示唆・勧告を行っている。

報告書名と公刊年次を示すと、次のとおりである。

1954年
The Report of the Central Advisory Council for Education - England.

[中教審報告書]

Early School Leavers
早期離学者のウエステイジに関して中央教育審議会としての見解を表明したもの。この見解の表明とかかわって、1956年には社会学者Halsey、Floudらがグラマー・スクール在学生の個別的入学条件につ

いて調査「親の職業と選抜校入学者との関連について」を行い、報告書を公表した。

1959 年
The Report of the Central Advisory Council for Education - England.

[中教審報告書]

<u>15 to 18</u>（通称「クラウザー報告」：訳者注）
　　モダン校の 15 歳生徒のための延長課程（extended courses）を勧告。平均以下の能力の生徒に適切な地方・地域レベルの離学証明書試験の創設を勧告。クラウザー委員長の試験観として、「試験は有用な召使いであるが、カリキュラムを支配する主人であってはならない」は関連文献によく引用される語句である（ 'helpful servant, not the dominant master of the curriculum.' Crowther Report. 1959.）
　　なお、1955 年頃までに、モダン校の約半数が、外部試験 The Royal Society of Arts、The City and Guilds、The College of Preceptors の各種コースを取り入れていたが、GCE 普通レベルコースの採用は、上記 3 種の団体試験コース数を上回るほどであった。

1960 年
The Report pf the SSEC Committee

　　<u>The Beloe Report</u>（通称「ベロー報告」：訳者注）
　　1958 年に中等学校試験審議会（SSEC）が、R. Beloe 氏を委員長に設置した委員会報告書。GCE 普通レベル試験は大多数の中等学校生徒にとって適切ではないとして、GCE とは別に、より低レベルの科目別試験の制度化を勧告。勧告の主な内容として、I：大学による試験管理を排除、J：教師の参加と運営、K：地域試験団体の創設、が挙げられた。上述の勧告に従って 1963 年中等教育証書試験（16 歳時受

験）が発足、第1回試験は1965年に実施。評価方法に平素の授業成績、客観テスト、口頭発表なども含まれ、教師の関与が増大した。試験は完全な外部試験「モード4」、学校編成のシラバス（試験団体承認）に基づいて学習し、出題される「モード5」、学校が出題・採点し、試験団体の修正を受ける「モード6」の3種のいずれかを学校単位で選択できるシステムとされた。GCE試験同様に、学校教育全体の評価ではなく、生徒の個別評価方式を継承した。

1964年

学校審議会（Schools Council for Curriculum and Examinations、通称「スクールズ・カンシル」：訳者注）が設立され、学校カリキュラム・試験に関する大規模な調査研究が、学校教師主導のもとに開始される。

おわりに

最後に一言したい。かくして、20世紀初頭以来、優れた中等学校生徒を対象とする外部試験（external examination）は、大学入学・専門職団体への入会資格審査などから直接・間接の影響を受けながら発達を遂げ、今日に至ったのである。GCEが対象とする上位20％の学力的に秀でた中等学校生徒を除く大多数の中等学校生徒のための外部試験は、はるかに遅れて、ようやく軌道に乗り始めたという観がある。今後の中等教育16歳・18歳時外部試験の新たな展開と合わせ、第6年級カリキュラムの改編にも注目していきたいと思う。

(出所)「イギリスの中等学校試験」〈翻訳〉(Jo Motimore and Peter Motimore., *Secondary School Examination*. Bedford Ways Paper No.18. 1984.University of London Institute of Education.)『イギリス中等教育カリキュラム改革研究参考文献資料集(Ⅲ)』(文部省科研〈イギリス中等教育改革における一般教育と職業教育の結合と展開に関する研究・谷口琢男代表〉成果報告書1993年、茨城大学教育学部)所収、pp.191-203.

2節　中等教育試験制度の改革案
——16歳プラス試験・GCSE試験の発足

> **本節の背景とねらい**
>
> 　イギリスでは、義務教育年限修了時の、ほぼ16歳前後で受験する「中等教育修了資格試験」の見直しをめぐる論議が、15年近くも続けられてきた。1984年6月20日政府発表の改革案は、この論議に一応の区切りをつけた重要なものとされる。
> 　当時、在外研究でケンブリッジ滞在中であった筆者は、「内外教育」編集部の依頼に応じて、それまでの収集資料に、発表当日の新聞記事、中等教育試験審議会や教育科学省の関連情報、国会議事録の抜粋文書「16歳プラス試験」などの新たな入手資料を加え、これを分析検討して、改革案のねらいと今後の予想される展開などの項目にまとめた。

1.　はじめに

　イギリスは、15年もの長期に及ぶ中等教育試験の見直しをめぐる論議に、一応の区切りがつけられ、新たな段階を迎えた。

　政府による改革案の公式発表は、去る6月20日に下院で行われた。これは現行二重試験制度の単一化による教育水準の向上をねらいとしたもので、イギリスの中等教育試験史上、一時期を画した1965年の中等教育証書試験(CSE)に次ぐ改革と言ってもよかろう。翌21日付の『ザ・タイムズ』『ガーディアン』『デーリー・メール』『デーリー・テレグラフ』などの全国紙はともにその第一面トップで、政府案の内容と改革の趣旨及びその日の夕刻に行われた記者会見での教育科学大臣ジョセフ卿の談話、関係各代表のコメントを詳細に報じた。

　たまたま、在学研究でケンブリッジ滞在中の筆者は、地方紙『イースト・アングリア』までが第一面の大半をこの報道に当てたニュース性と事の重大さ、さらに試験改革に寄せるイギリス国民の熱い期待を肌で感じ取る機

会を得た。即刻、政府案作成を直接的に担当した中等試験審議会（SEC）に電話を入れ、担当機関としての見解を聞くとともに、プレス・ノティスをはじめ、ジョ卿がSEC会長コッククロフト卿、GCE＝CSE合同審議会長ウィテッカー女史に宛てた公式書簡の写し、および国会議事録の抜粋「16歳プラス試験」などを入手した。

　以下の記述は、これまでの知見と今回収集したこれらの資料とをもとにしたものである。

2．現行二重試験制度の見直し

　イギリスの現行中等教育修了資格試験（GCE）は、義務教育年限修了時のほぼ16歳前後で受験する一般教育証書普通レベル試験（Oレベル）と、さらに第6年級での2カ年間の、より専門化した学習の後に受験する上級レベル試験（Aレベル）の2段階から構成されている。大学が要求する入学資格は、最低GCE5科目合格、うち2、3科目はAレベル・コース2、3科目に集中したものとなっている。したがって、大学に入学するには、まずOレベルに合格、続いて、より高度のAレベルに挑戦し、希望する大学・学科名5つを挙げて、大学入学中央審議会（UCCA）に出願することになる。また、GCEは必ずしも大学入学者だけを対象とするものではなく、就職するにしても、雇用者の採用条件・選抜の目安として広く利用されてきた。

　このように進学するにしても、また、就職に際しても、選抜の目安として広く利用されてきたものの、同一年齢層の上位ほぼ20％の生徒を対象として出題され、中等学校における指導・学習もGCE両レベル試験に向けて進められた。残り80％の生徒に対する教育的配慮が期待されたのも、至極当然のことであった。

　1965年、中等教育機会の拡充と教育水準の向上を期して、新たにGCE対象生徒20％に次ぐ40％の能力層の生徒を対象とする試験制度が設けられた。中等教育証書試験（CSE）の発足である。こうして1965年以来、先のOレベルと合わせ、同一年齢層の60％の学力層の生徒を対象とする

二重試験制度が定着し、今日に至っている。

　CSE 発足の 1965 年、時の労働党政府は、戦前の中等学校の伝統を継承するグラマー・スクールと、戦後新たに設けられたセカンダリー・モダン・スクールとの合併、つまり、中等学校の総合化を企画し、これを推進する訓令を発した。いわゆる中等教育の総合制化政策である。そして、1960 年代後半から 70 年代末にかけての数度にわたる政権の交代にもかかわらず、中等教育の総合制化は逐年その勢いを増し、1979 年 1 月の教育科学省統計では、同一年齢層の 84% もが総合校に在籍するに至った。総合校はイギリス中等教育の主流となったのである。

　この間、教育水準の維持・向上とエリーティズムに沿った教育を主張する保守党議員やその支持者、あるいは一部の研究者と、イガリタリアニズムを指導理念とし、中等教育の総合制化・初等教育修了時の選抜試験イレブン・プラスの廃止を主張する労働党議員、およびこれを支持する過半の教育関係者との間には、熱っぽい論争が行われた。また、それぞれの学校種別による学業到達度に関する実証的な調査研究や主張が、教育研究者、教育者間でも取り交わされた。

　以上のように、中等教育におけるクオリティ（能率主義・高水準の維持）か、イクオリティ（平等主義・機会の拡充）かは、戦後に始まるイギリス中等教育の三分岐制（グラマー、テクニカル、セカンダリー・モダン）の再編成、60 年代後半以降の総合制化の動向の中で、常に教育問題の中心テーマとして論じられてきた。

　そしてまた、総合制化の進展と合わせ、教育内容に直接的な影響を及ぼし、かつ対象生徒層を異にする、いわばアナクロニスティックな GCE、CSE 二重試験制度の見直しも、教育改革の日程にのぼるに至ったのである。

3. 単一試験制度化に向けての動き

　中等教育における総合制化の進展、それはとりもなおさず、戦前の旧制中学校としての伝統を継ぐ、アカデミックな学習重視のグラマー・スクー

ルの漸減を意味する。その余波がイギリス教育の真髄として数世紀にわたって中等教育界に君臨し、オックスブリッジ両大学に多くの卒業生を送り込んできた私立名門中学校（パブリック・スクール）に及ぶのをおそれた保守党が掲げるスローガン「教育水準の維持・向上」の旗色は必ずしもよくない。

毎年、オックスブリッジ入学者の50％近くは、多数の総合校を含む公立学校出身者によって占められ、総合校生徒のOレベル・Aレベル合格率も、グラマー・スクール、パブリック・スクールに比べ、それほどの遜色があるとは言い難い。中等教育の総合制化の流れに、あえてさからう愚を犯したくないという考えも、保守党内にも強く見られる。

1982年11月、こうした情勢の中で出されたサッチャー政権の政策声明には、二重試験制度の解消とその単一化の基本方向が示されている。今回のジョ卿の決断もこれに沿ったものであることは明らかである。

もともと、試験制度を単一化しようとする提案は、1970年学校審議会（スクールズ・カンシル）によってなされたものであった。同審議会は1964年、カリキュラム・教授法の開発、試験制度の改善・調整などを目的として、政府により設置された機関である。審議会各種委員会の過半数を教師代表が占め、経費のほぼ半分ずつを政府と地方教育当局が拠出するという、いわば中央と地方と、そして教師との三者協調主義を基本に運営されてきた。発足後6年目を迎えた段階で、総合校での能力混合授業の困難な実践。二重試験制度によるカリキュラム編成と試験事務の複雑さとその混乱。さらにOレベルかCSEコースのいずれか選択に迷う中間層生徒。両試験の対象外におかれた下位40％の生徒が存在するという現実。これらを日常の実践活動をとおして肌で感じていたのは、そうした教育現実の中で働く教師であり、かつ教員代表が多数を占める学校審議会でもあった。

こうして、教師、父母、そして雇用者など関係者の幅広い支持を得た16歳試験の単一化案は、国民各界各層の賛否を問うべく教育課題として登場したのである。以来、単一化に向けて、学校審議会を中心に教育科学省、

GCE・CSE試験団体、地方教育当局、雇用者団体、教員組合、そして父母などの関係団体・機関間の調整が続けられた。

　1976年、学校審議会は、独自の調査・検討の結果と各界の反応を把握したうえで、再度同提案の即時断行を勧告している。M.カーラエル氏、S.ウィリアムズ氏、そして、K.ジョセフ氏と歴代教育科学大臣も、政権交代にもかかわらず一貫して単一試験の制度化に向けての基本姿勢を継承した。ジョ卿は就任当時の81年9月、単一化の推進も中断し、以来、今回の決断に至るまで新制度について種々思索を重ねてきたのである。

4. 新制度GCSE案の概要

　ジョ卿が発表した単一試験制度案は、概略次のようなものである。
① 現行Oレベル・CSE試験を廃止し、新たに中等教育一般証書（The General Certificate of Secondary Education、GCSE）を設ける。
② 声明の中でのジョ卿は、単一試験ではなく、単一制度による試験であることを強調している。
③ GCSEは、イングランド、ウェールズ全域に及ぶ16歳余試験である。
④ したがって、現行Aレベル試験および試験団体はそのまま存続させる。
⑤ 標準履修コースは、中等学校第4、5学年の2カ年である。現行Oレベル同様に継続教育機関においても同一コースを開講する。
⑥ 履修コースは86年秋に開講し、88年秋に第1回のGCSE試験を実施する。
⑦ 同試験の成績評価はA～Gの7段階（現行Oレベルは、A～E、CSEは1～5の5段階別となっている）。
⑧ G段階に達してない受験生は不合格とする。
⑨ 上位A・B・Cの3段階は、現行Oレベル相当程度、D・E・F・GはOレベル最下位合格か、もしくはCSE各段階に相当する程度とする。
⑩ 現存のGCE・CSE 20試験団体は、GCSE試験については、これを5団体（イングランド4、ウェールズ1）に再編する。

⑪ 現GCE試験委員会はGCSE試験のA・B・C上位3段階の基準設定・維持の責任をもち、現CSE委員会は下位4段階の基準設定・維持の任に当たる。

⑫ GCSEシラバス・試験問題の作成および評価は、SEC・政府・現存試験団体の三者が協議・検討のうえ設定する全国基準（ナショナル・クライテリア）に準拠して行われる。

⑬ SECならびに現GCE・CSE試験団体合同委員会による教科別のA～G各段階の基準設定の作業は、およそ次の日程に従って進める。

　（ア）当面10教科目の基準の最終案を本年12月までに作成し、教育科学省の承認を得て、1985年8月にはこれを公表する。

　（イ）GCSE試験5団体は、この基準に準拠した10科目ごとのシラバスを86年5月までに作成・公表する。

　（ウ）GCSEコースの事業は1986年秋から開始し、第1回試験を1988年5～6月に実施する。

⑭ 現行GCE・CSE試験は1987年の夏・冬をもって最終回とする。

⑮ 7段階ごとの知識・理解・技能についての到達度評価は、科目ごとに設定する等級別基準に従って行う。

⑯ 現行試験が上位60％層を対象とするのと異なり、全受験者を対象とした絶対評価とする。

⑰ 主要教科目にわたり優秀な成績を修めた者には、広範かつ精確な知識を習得したことを証明する「優等証書」（Distinction Certificate）を授与する。

⑱ 科目によっては共通試験問題に段階別設問を用意し、詳細な解答を成しえた者は、より上位の等級を授与する。

⑲ 数学・物理・化学・外国語では、共通試験問題のほかに、難・易2種類の問題を作成し、選択解答させる。仮に、やさしい方の問題を選び、その成績が格段に高い者であれば、それに応じた高い段階の評価が得られる。

⑳ GCSE のシラバスの設定・試験問題の作成および試験の管理等については、SEC の調整の下で、GCSE 試験 5 団体がこれに当たる。

5. 改革案のねらいと賛否両論

　以上の概要に見るように、新試験制度案には、現行試験と比べ、いくつかの著しい特徴が指摘できる。

　その第一は、生徒は共通のシラバスに沿った授業を受けるとしても、受験に際しては、自己の学習到達の程度により共通問題のほかに難・易いずれかの試験問題を選択できるという点である。そしてまた、やさしい問題を選択しても、高い成績を修めれば、より上位の段階成績が与えられるのである。これは従来の制度には見られなかった極めて柔軟なシステムであり、GCSE 試験がいわば目玉商品と目されるゆえんである。

　第二に、GCSE 試験の基本的な、より革新的な改善点とも言いうるものは、到達度評価法への移行であろう。現行 O レベルの論述式テストでは、採点者の主観が入りやすく、ほかの受験生のできぐあいとの比較により該当受験生の評価が行われる。いわば相対評価の傾向が強いという批判も、それまでしばしば聞かれた。新試験では、これを是正するべく、7 段階に設定された全国基準に沿った評価が行われることになる。

　第三は、優等証書の導入である。主要教科数科目にわたり上位成績を修めた受験生は、優等証書が授与される。ジョ卿は下院での質問に対し、優秀者の学習意欲を一層に刺激・助長するための措置と説明しているが、Oレベルの存続、学力水準の低下を危惧する保守党内部の矛先をかわす、苦肉の策とも見ることができるようである。

　第四に、GCE・CSE 20 試験団体の統廃合による 5 団体への組織の縮小である。これまで現存 20 団体が開発したシラバスとそれにかかわるカリキュラムは、1 万 9,000 を数えると言われ、これが柔軟性と多様性を特色とするイギリスの初等・中等教育を支えてきたことは間違いない。ガイドラインとして先に出された教育科学省の「ザ・スクール・カリキュラム」

のもつ基準性と併せて、試験団体の縮小案に反論する筆者の知人も少なくない。下院での質問に答えジョ卿は、「新試験は現行制度に比べ、より強じんで、関係者にとって一層にわかりやすく、また、より公平でもあり、教育水準向上の媒体となりうるもの」と述べている。

　下院議事録の写しを見る限り、基本的には賛成論が大勢を占め、質疑の内容も優等証書の導入、評価法の変更、教師の協力と教員組合との緊張緩和の必要性、移行に際しての教員研修や試験団体の縮小の可否、失業問題との関連などを正すものであった。また、6月21日付けの各紙に報じられた関係各界代表のコメントは、総じて、新試験制度を支持し、賛意を表明するものであった。

　たとえば、経営者団体であるイギリス産業同盟（CBI）は「財界が長年にわたり待望したものとまさしくぴったり」、3万人の会員組織をもつ全国校長会も「教育科学省のここ数年来の決定の中では最高のもの。長年にわたり関係者に重くのしかかっていた暗雲を取り除いた快挙」とした。

　また、この国最大の教員組合NUTの会長は「全教育界を挙げて拍手を送るべきジョ卿の決定」、大学教員の全国組織AUTは、副会長談話で「かなり遅れた決断であるが、心から歓迎する。新試験は柔軟さ、公平さ、公正な条理を試験構造にもたらすもの」とした。企業5,000社の代表から成る雇用者連盟EETも「現行制度は、できない子どもの自信を完全に打ち砕いてきた。成績の悪い子が、必ずしも仕事のうえでできが悪いとは限らない。彼らに自信とやる気を起こさせれば、有能な企業の担い手となりうる」と述べている。以上のとおり、この決定を激賞している。とりわけ地方紙『イースト・サングリア』は、一面トップで、「賞賛されるべきはジョ卿」という見出しの下に、最大限の賛辞を寄せている。

　しかしながら、こうした総論的な歓迎記事の裏に、鋭い批判・反論が見られないわけではない。

　この国の最大の地方教育当局内ロンドン教育委員会委員のモーレル女史（労働党）は、「これまでの2つの試験制度をそのまま単一試験に置き換え

たにすぎない」として、ジョ卿を糾弾する。続けて、「ジョ卿は、こうした批判のあることを知りながら、これに応える改革を断行する勇気をもたなかった」と厳しい。

また、『デーリー・メール』紙では、労働党教育担当議員レディス氏が全体として改革案に賛意を表明したものの、「優等証書の導入は誤りであり、これは最優秀者を大学入学資格者として選抜する旧制度への復帰だ」という反論・抗議を掲載している。『ガーディアン』紙は、関係各界の改革案支持声明を掲載しながらも、5試験団体に縮小されることにより全国的にカリキュラム統制が進行し、これまで互いに競合・開発してきたシラバスの多様性が失われる危険性を指摘している。

日常、筆者が身近に接する大学教員、教育専攻の大学院生たちからは、全体としての学力水準の低下、カリキュラムの多様性が失われることの危険性と合わせ、下位40%の生徒に対する配慮が十分でないという意見も聞かれた。保守党下院議員のコーマック氏は、「手放しで喜ぶのは尚早。よほど注意しないと、ジョ卿が夢に描くバラ色の試験制度に終わりかねない」と、発足に際して生ずる混乱の可能性について警告を発している。

いずれにしても、15年間にわたる二重試験制度の功罪と改革案についての長い論議は、ひとまずその第一ラウンドを終えたわけである。

注目される今後の展開

86年秋からの新シラバスによる具体的な授業が、どう進められるのか。その2年後とされた第1回試験は、果たして予想どおり行われるのか。設定されたタイムスケジュールに合わせて、どのような新しい議論の展開が見られるのか。また、ジョ卿が期待するように、新試験制度が優秀な生徒が一層に伸び、平均ないし平均以下の生徒の学力をも向上させる媒介として果たして機能するのかどうか。今後の展開が注目されるところである。

(出所)「英国の中等教育試験改革」『内外教育』(1984年8月10日号、時事通信社) 所収、pp.8－12.

〈補説：2年後の1986年には、全国の中等学校は、一斉にGCSEコースを開講し、1988年に第1回GCSE試験が実施された。さらに、1989年には、第2回GCSE試験と併せ、新たに設けられたGCE・ASレベルの最初の試験が行われた。〉

3節　中等教育修了資格（大学入学資格）試験の事例研究

―本節の背景とねらい――

　本共同研究は、わが国の共通一次学力試験に代わる大学入試センター試験の実施に先立ち、試験問題作成の科学的方法論を体系的に解明して、センター新試験の問題作成上の指針を開発しようとするものであった。
　本節では、試験団体・オックスフォード大学地方試験委員会の英文学・上級試験を取り上げ、大学入学資格試験GCE（General Certificate of Education）上級レベル（A level）の学習目標・内容・出題範囲・評価方法・日常の学習と評価基準との関係を明らかにすることに努めた。本節の項目立ては以下のとおりである。
　1．シラバス（出題要綱）と試験団体
　2．試験団体と中央調整機関の機能
　3．GCE試験シラバスの特色
　4．シラバスの基準性・拘束性
　5．シラバスと試験問題との関係
　6．シラバス作成上の課題と最近の動向

1.　シラバス（出題要綱）と試験団体

　先に行われた科研共同研究[1]において明らかにされたイギリスの制度的特質は、およそ次のようなものであった。
(1) 入学資格は個々の大学・学科により独自に規定され、全大学共通の資格基準は存在しない。
(2) しかしながら、入学資格と選抜はすべて一般教育証書（GCE：General

Certificate of Education）試験の普通・上級レベルの合格科目数を基準として行われる。選択の型は、実態的には GCE 5 科目のうち 2 科目上級レベルという 5 － 2 型が大多数で、4 － 3 型がこれに次いでいる。
(3) 大学入学の手続きは、すべて大学入学中央審議会（UCCA：Universities Central Council on Admissions）を経由して行われる[2]。

　要するに、入学制度は GCE 試験と UCCA による入学手続きの全国一括処理方式の 2 つのサブ・システムの組み合せにより成り立っているということができる。
　資格試験には、義務教育修了時の 16 歳前後で受験する GCSE（中等教育一般証書：General Certificate of Secondary Education）試験と、第 6 年級など後期中等教育 2 カ年の学習を経た 18 歳前後で受験する GCE 試験上級レベルがある。これに 1989 年 6 月実施予定とされる AS レベル（Advanced Supplementary）が加わり 3 種となる。これらの試験は中等教育修了資格試験と大学入学・就職資格試験という二重の機能を併せもち、全国的通用性のある統一資格試験であるとされ、1 年ないし 2 年の学習を前提としている。
　したがって、試験の実施条件として試験シラバス——それは各教科目の学習の目的・目標・内容および具体的な出題範囲・評価方法、問題の構成・配点と試験日程などを明示した、いわば受験指導・受験準備学習の手引きともいうべきものである——が試験の実施される少なくとも 2 年前（AS レベルは 1 年前）には作成ないし改訂の作業を終了し、教師・生徒など関係者に告知されていなければならない。これを行うのが試験実施機関である民間の試験団体[3]の第一の役割である。中等学校等における教科指導の多くは、当然このシラバスに依拠して進められる。それ故、教育内容の国家基準を欠くこの国では、シラバスが中等教育の全国的平準化の機能を果たしてきた。ただし、今回の教育改革法の成立により、1989 年 9 月からは義務教育段階の教育——中等学校第 4・5 学年生を対象とする GCSE 受

験学習も含まれる——は、すべて国の定める全国共通カリキュラムに準拠して行われるべきこととされた。

　試験団体の第二の役割は、このシラバスに基づく試験問題の作成、第三に試験実施規程による試験日程の公表と試験の実施、第四に採点と5段階ないし7段階の等級評価、そして第五に入学志願者の依頼に基づくUCCAへの試験結果の送付、である。こうした一連の業務のすべてが、試験団体により専門的に処理されるのである。

　本節では、先の科研共同研究で行われた資格試験の歴史的・制度的考察の後を受けて、シラバスとその作成機関である試験団体の2つを考察の対象とした。なお、シラバスおよび試験問題の事例としてGCE試験上級レベルの英文学を取り上げたが、必要に応じその他の教科目についても随時ふれることにした。

2.　試験団体と中央調整機関の機能
(1) 試験団体の種別と役割

　GCE試験団体は上級レベル試験を専門的に実施するほか、GCSE 5地域試験団体群のいずれかに所属する一機関としての役割をも分担し、その数は8団体である。各団体の正式名称と所在地（カッコ内）は次のとおりである[4]。

○ 連合試験委員会 The Associated Examining Board（Surrey）
○ ケンブリッジ大学地方試験評議会
　　University of Cambridge Local Examinations Syndicate
　　（Cambridge）
○ 北部地方大学合同入学委員会（マンチェスター、リヴァプール、リーズ、シェフィールド、バーミンガムの5大学）　Joint Matriculation Board（Manchester）
○ ロンドン大学学校試験委員会

University of London School Examinations Board（London）
○ 南部地方大学学校試験合同委員会（ブリストル、エグゼター、レディング、サザンプトン、バース、サリーの6大学）Southern Universities' Joint Board for School Examinations（Bristol）
○ オックスフォード・ケンブリッジ学校試験委員会
Oxford and Cambridge Schools Examination（Cambridge）
○ オックスフォード大学地方試験委員会
University of Oxford Delegacy of Local Examinations（Oxford）
○ ウェールズ合同試験委員会
Welsh Joint Education Committee（Cardiff）

　これらの試験団体の中には、1838年以来中等学校生徒を対象とする地方試験と、早くもこの年に大学入学試験を実施したロンドン大学大学入学・学校試験審議会 The University Entrance and School Examinations Council（1984年9月 前掲の現名称に変更）や1857年に地方試験と大学入学資格試験を併せて行ったオックスフォード大学委員会などが含まれている。150年に及ぶ中等教育試験の歴史のうえでそれぞれの試験団体が設立された時代とその時々に果たしてきた役割を今にほうふつとさせるに足る名称が、現在も使用されているのである。連合試験委員会とウェールズ合同試験委員会の2つを除けば、ほかはすべて大学に設置された入学審査機関として発足している。
　GCE試験団体のほかに、GCSE試験(従来までの16歳時受験の2つの試験、GCE普通レベル試験とCSE（Certificate of Secondary Education）試験を単一化した制度で1986年発足、1988年6月に第1回試験が実施された)の実施機関として、ロンドン・イーストアングリア地域、南部地域、北部地域、中部地域、ウェールズ地域の5地域試験団体グループがある。同一地域に所在するGCE試験団体とCSE試験団体をそのまま構成団体とした合同組織で、シラバスの作成、試験の実施等は地域試験団体グループごとに行わ

れる。

　したがって、同一教科目のシラバスは5種。構成試験団体数20である。GCSE試験のみを専門とする団体は、その数12である。GCSE試験は7段階評価制であるが、上位3位までは従来のGCE試験普通レベルに相当し、この上位段階の水準維持に責任をもつのはGCE試験団体とされている。

(2) 試験団体の内部組織とシラバスの作成・改訂

　GCE 8試験団体のうち、オックスフォード大学地方試験委員会とロンドン大学学校試委員会を試験団体の事例として取り上げ、シラバス作成にかかわる内部組織とその権限関係、各種委員会の構成員などについて概観することにしたい。

　両試験団体は、それぞれ独自の機構をとりながらも、かなり類似した部分が少なくない。

　まず、オックスフォードでは Delegacy、ロンドンでは Board と呼ばれる。最高意思決定機関は、両団体ともに大学の副学長（Vice-chancellor）が委員長、ほか理事会（Senate）により任命ないし選出された委員30名前後から構成されている。ロンドンの場合、委員はカレッジ等の大学構成諸機関代表者、ほかに大学教員・地方教育当局・教科教員連合・中等学校・継続教育機関の代表。オックスフォードでは、委員の半数は中等教育関係者か、もしくは中等教育についての意見を代表しうる人物とされている。

　Board や Delegacy（具体的には Board members と Delegates）は運営方針など主要事項に関する決定の権限を与えられているが、その権限の大部分は Board、Delegacy が任命する試験委員会（Examination Committee）に委任されている。構成委員数40名前後。Board members ないし Delegates の10名前後が互選されて委員となるほか、教員組合、地方教育当局、教科教育協会、中等教育機関等の代表が委員に任命される。オックスフォードの場合、教員組合代表は中等学校長協会（SHA：Secondary

Heads Association)、中等学校男女教員組合（AMMA：Assistant Masters and Mistresses Association)、全国教員組合（NUT：National Union of Teachers)、全国中等学校教員組合（NAS/UWT：National Association of Schoolmasters/Union of Women Teachers) の主要4組合から各数名の委員選出が定められている。この試験委員会は教科委員会委員・教科小委員会委員・作業部会委員などの任命権をもち、試験団体の中では最も中心的な役割を担うものであるが、シラバスに関する事項はすべて教科委員会〈Subject Advisory Panels（ロンドン)、Subject Panels（オックスフォード)〉に委任される。試験委員会により任命組織される教科委員会は、新シラバスの作成、現行シラバスの改訂、試験計画（問題・配点）の作成など、当該教科のシラバスに関する基本的な事項の決定に責任を持つものとされ、具体的な原案の作成などは教科委員会内部に必要に応じて組織される小委員会・作業部会、および事務局の試験官・専門職員により行われる。

　教科委員会および小委員会・作業部会の委員構成は、ほぼ試験委員会のそれに類似するものであるが、中等教育にかかわる現職教員が過半数を占めている。当該教科についての専門的知識と教職経験、それに高い見識をもつ委員を構成員とする各教科委員会の決定が、上位の諸委員会において拒否・修正されることは極めて稀有なことであると言われる。

　たとえば、オックスフォードの場合、23の教科委員会が常置され、その各々に上述4教員組合代表（教科担当の現職教員）が1名ずつ委員として加わるほか、大学の専門研究者、試験団体事務局の教科担当主任試験官などが委員に任命されている。

　このように、シラバス関連業務は教科委員会を中心に進められるわけであるが、これを補佐・執行するのが事務局である。オックスフォードでは、事務局長・次長の下に、総務（開発・広報・印刷・試験・財務・統計)、GCE上級レベル、GCSE、OCEA（Oxford Certificate of Educational Achievement、現在4地方教育当局が参加している地方試験)、EFL（Oxford Examination in English as a Foreign Language) および研究部の6部があ

り、常勤職員150人がシラバスの作成と改訂を含む試験業務の全体の管理と執行に当たっている[6]。

(3) 中央調整機関とシラバスの関係
○ 中央調整機関・試験団体・シラバスの相互関係

シラバスは、各試験団体の内部組織での検討を経て作成される。しかし、作成後直ちに印刷・刊行されて学校等の関係者に配布されるものではない。GCE、GCSEともに、試験団体あるいはGCSE地域試験グループが授与する教育証書は、教育科学大臣に代わり各団体が行う学力証明であり、しかも、いずれの試験団体が発行するものであっても公認された全国的通用性をもちうるものとされている。それ故、これを公的に保証する措置として、各試験団体の作成したシラバスを全国的なレベルで審査・調整・承認する公的な機関設置の必要が生じてくる。

かつて、学校証書試験（School Certificate、Higher School Certificate）の時代（1917～1951年）と、これに続くGCE試験の初期の13年間に、この全国的調整の機能を果たしたのは当時教育院により設立された中等学校試験審議会（Secondary School Examinations Council）であった。1964年、学校審議会（Schools Council for the Curriculum and Examination）の設置に伴い、以後この機能は学校審議会に移され、さらに1983年以降は中等試験審議会（Secondary Examinations Council、82年政府設立、以下、SECと略記）に引き継がれている。なおSECは「1988年教育改革法」により、新たに全国テスト実施機関としての業務が加わり、名称も学校試験評価審議会（School Examinations and Assessment Council、以下、SEACと略記）に改められた。

したがって現在では、各試験団体作成のシラバスはSEACの審査と承認を経て初めて、実効ある正式な試験シラバスとなりうるものとされている。

○ SEAC の役割と組織 [7]

　SEAC の主たる機能は、以下の 5 つに集約される。その第一は、GCSE 試験の全国基準の設定とその妥当性の検証、第二は GCE 試験・GCSE 試験シラバスの審査と承認、第三は GCE・GCSE 両試験実施の監督、第四に試験制度全般に関する教育科学大臣への助言、そして第五に、新たに加えられた全国テストの実施計画の策定と準備（1991 年より実施された）である。以上の役割を遂行するために編成された内部組織には、①審議会（Council）、②試験委員会（Examinations Committee）、③ 18 プラス教科委員会・GCSE 教科委員会（18+Subjct Committees、GCSE Subject Committees）、④各種助言委員会とその他特定問題を検討する作業部会、⑤事務局、がある。

① 審議会は、SEAC の運営方針など主要事項についての最高決定機関で、教育科学大臣が任命する 15 名の委員より構成されており、1985 年当時は地方教育当局教育長、大学教授、中等学校長、継続教育機関長のほか、テレコム人事部長など有識経験者が含まれていた。ほかに教育科学省、勅任視学官、ウェールズ局より各 1 名が専門員として、また北アイルランド局から 1 名がオブザーバーとして参加し、総数 20 名前後。
② 試験委員会は、教科委員会（総数 35 委員会）を総括し試験に関する全般的な事項を審議する SEAC の中核的な機関。審議会委員 7 名、勅任視学官 1 名から構成。
③ 20 教科領域別の GCSE 教科委員会と 15 教科領域別の 18 プラス教科委員会がシラバスの審査・調整・承認などを含む教科領域に関する専門的な審議と決定を行う。各試験団体から提出された新規のシラバスおよび改訂シラバスは、これらの教科委員会で審議され、承認を受けることになる。修正箇所が指摘され、後日再審査が行われるのも、この委員会においてである。

　シラバスに関して、このような重大な審査・承認の権限を与えらて

いるこれら 35 の常置教科委員会の各々の構成は、審議会委員 1 名（通常、委員長となる）と勅任視学官（通常、専門員として）、GCE 8 試験団体より各 1 名（教科専門官かもしくは教師）、中等・継続・高等教育機関および企業からの代表 5 〜 10 名（教科によりかなりの人数差がある）、ほかに、北アイルランド学校試験審議会（Northern Ireland School Examination Council）から 1 名がオブザーバーの資格で参加しており、各教科委員会の構成委員数は 15 〜 20 名前後。GCSE 教科委員会の場合は地域試験団体グループ代表委員数が 5 名と限定され、GCE 教科委員会よりも 3 〜 4 名少ない委員構成となっている。

④ 各種助言委員会および作業部会には、審議会直属の調査諮問委員会（Research Advisory Committee）、人事委員会（Staffing Committee）、ウェールズ諮問委員会があり、また試験委員会に直接責任を負う作業部会として GCE 上級レベル等級評価検討作業部会（A-Level Grading Working Party）が置かれている。

⑤ 事務局は、審議会委員長を兼任する事務局長、事務局次長、ほか教科・試験に関する専門職員、事務職員、技術職員から構成されるが、SEAC 各種委員会・作業部会の運営補佐、関係諸機関との連絡、調査研究、印刷・広報などを担当する。

SEAC の内部機構は、以上のとおりである。シラバスの審査・承認にかかわる教科委員会に多数を占めるのは試験団体の代表委員であるが、現職教員が代表委員として選出される場合が多いと言われる。これに教育諸機関の代表委員を加えると、教科委員会に占める現職教員の比率はかなり高いものとなる。

○ シラバスの審査・承認手続

シラバスの審査・承認には 2 通りの方法がとられる。一つは通常の審査手続きで、申請した試験団体からの新規・改訂の理由説明が事前に配布さ

れた資料に基づき行われる。審査の結果、承認が得られない場合には教科委員会が指摘した箇所を修正し、再提出・再審査を受けることになる。

　もう一つの方法は、15の常置18プラス教科委員会ではカバーしえない特殊領域のシラバスの審査である。この場合は特別小委員会（Syllabus approval ad hoc committee）がまず組織される。その委員構成としては、試験委員会の委員が委員長に、同種シラバスの審査承認を受けている試験団体の関係者、当該領域の専門家が特別委員に任命され、審査に当たることとされている。

○ SEACとシラバス、試験との関係

　SEACによりひとたび承認され、有効なシラバスが正式に成立すると、そのシラバスに基づく試験の全過程がSEACの監督の下におかれることになる。SEACは教科委員会委員、専門家から成る特別査察チームを編成し、上級レベルの場合には、年間30〜35件程度のシラバスとそれに基づいて実施された試験を対象に査察を行う。査察は、試験終了後の評価の標準化作業・等級評価間境界線の検討、学校成績、実技、口頭試験などの勘案調整のしかたなどにも及ぶ。

　査察チームは、2日間程度試験団体事務局に出向し、試験解答用紙を含む関連全書類を検閲したうえで、当該試験団体関係者とも会合し、詳しい情報を入手する。そのうえで、後日SEAC主任試験官と共同して、当該シラバスおよび実施試験に関する調査報告書を作成する。この報告書草案は、18プラス教科委員会の検討と審議会の承認を経て、正式な調査報告書として当該試験団体に送付される。改善勧告が含まれている場合、試験団体は一定期間内に改善計画を作成し、SEACに回答することが要求される。こうした査察制度は、試験団体間の水準格差の是正、上級レベルの全国的水準の維持・確保を目的とするSEACの日常的業務の一部を成すものであって、シラバスの審査・承認に続く、試験の全過程の査察、改善要求、その後にとられた改善措置の確認までをも含むものである。なお、調査報

告書は部外秘扱いとされている[8]。

3. GCE試験シラバスの特色

本項では、GCE試験に限定して上級レベル・シラバスの特色および出題形式との関連について検討する。

(1) GCE試験の公開性

GCE上級レベル試験が前提とする学習の範囲と水準は、一般には中等学校の後期課程（第6年級）もしくはこれと同程度とされる課程で、2カ年間の受験教科目（領域）に関する学習修了程度を標準としている。年齢的には上限も下限もない。後期中等教育課程2カ年の在学・学習を条件とするものでもなく、上級レベルより下位の資格試験合格を条件とするものでもない。したがって、この限りにおいては、誰にでも広く開かれた公開性の高い資格試験であると言えよう。現実に、海外国際学校や軍関係の学校の生徒にも、刑務所等の施設に収容されている者にも、もちろん一般の人々が受験できる周到な措置がとられている。

(2) 上級レベル・シラバスの内容上の特色

公開性を原則とはしているものの、試験団体がシラバスに指定する学習範囲と評価の基準は、GCE普通レベルの基礎の上における極めて専門的な学習を前提としている。

事例を挙げてみよう。ロンドン大学学校試験委員会の普通レベルの「宗教」（Religious Studies）[9]のシラバスは、大まかに、次の7項目から構成されている。すなわち、①ヘブライ教典、②ルカ伝、マタイ伝に見るキリストの生涯と教え、③「教会法」第1条21節および「コリント人への手紙」第1-13における初期教会の発展と課題、④西暦70～325年の間の教会の発展と課題、⑤キリスト教信仰、⑥個人と社会との関係、⑦世界の宗教、である。

出題は、これら全領域にわたる2時間半の問題。上記7項目から6問が出題され、そのうち2項目・5問題を選択解答することになっているが、かなり広範な学習が要求されている。

　上級レベルの「宗教」となると、特定項目に集中した専門的な学習が前提とされる。学習領域は、①旧約聖書、②新約聖書、③キリスト教教会史、④宗教哲学、⑤世界の宗教の5項目で、普通レベルの学習の基礎の上に接続する学習が要求されていることが理解できる。

　各項目の主題ごとに作成される5つの試験問題冊子（解答時間、各3時間）のうち2つの問題冊子を選び、各冊子から4問構成の1項目を選択、合計8問に論述解答することが、あらかじめ指定されているのである。普通レベルに比べ、その専門度の高さは次の例からも推測できよう。

　たとえば、「世界の宗教」（World Faith）[10]を主題とする第5問題冊子（paper 5）と「キリスト教教会史」の第3問題冊子（paper 3）を選んだとして、前者は、1）仏教、2）ヒンズー教、3）回教、4）ユダヤ教の4項目から成るが、このうち1項目を選択、4問について論述することになる。

　1）の仏教の項目（Section）を選択したとしよう。この項目は、さらに細分化された専門的な学習項目から構成されている。(a) 仏教の起源と背景、およびアショカ王時代における仏教思想の展開、(b) ゴータマの生涯と体験、四諦八正道、(c) パリー語原典からみた小乗仏教と大乗仏教の特質、浄土宗と禅宗に関連して中国・日本における仏教の普及、チベットの仏教と仏教美術への西洋的関心にみられる仏教の今日的状況、(d) 仏陀の逃避、存在・自我・無我、道義についての教え、戒律、菩薩、などである。

　仏教徒を自称する一般の日本人成人の多くにとって、上記小項目4問について各々論述（3時間）するのは、果たしてどの程度まで可能であろうか。上級レベル水準の高さを示す一例である。

（3）出題形式上の特色

　出題形式から見た特色として、上掲「宗教」シラバスの事例からも明らかなように、第一に、出題範囲が極めて限定的であるということ、また、各教科シラバスとも共通して選択解答制を採用しており、学習者の関心に添った個別的な学習目標が立てやすいという、2点が挙げられよう。個別学習を推奨するうえからも、出題問題・学習範囲に関連する参考図書名をシラバス末尾に掲載するか、あるいは参考図書リストの入手先を明記するシラバス冊子（試験団体刊行）も少なくない。

　第二に、わが国の共通一次試験あるいは昨年（1989年）12月に行われた大学入試センター試験試行テストに比べ、試験時間が格段に長い。わが国では60～100分、試行テストは60～80分であった。上級レベル試験は、たとえばロンドン大学の「歴史」（Historical Studies）[11] は2度に分けて受験するが、各々3時間、合計6時間をかけて取り組む。無論、マーク・シート式と論述式という両者の解答方法の相違にも起因しよう。

　しかし、何よりも著しい特色は、出題形式ともかかわった評価水準の高さである。今年（1990年）の共通一次の歴史は日本史と世界史の2種、全問解答でそれぞれ38問、48問。世界史の設問は、古代から現代に至るヨーロッパ・アメリカ・東南アジア・中国を網羅し、まことに広範囲に及び、該博な知識が要求される。

　これに対して、オックスフォード大学の上級レベルの「歴史」（History）[12] には13種の問題冊子が用意される。2回に分割された解答時間は3時間15分と3時間、計6時間15分。13種の冊子のうち最初の7種は、1066年のノルマン征服以降1964年に至るイギリスと世界の通史で、すべて論述解答で設問総数は165問。このうち、指定問題と選択問題を合わせて4問を解答（3時間15分）する。後半の6種は主題別問題冊子（subject papers）で、たとえば、第9冊子は「チューダー王朝期」（1509～53）、第13冊子は「ナチズムと第3帝国」（1919～45）というように主題・時代ごとに区分される。

シラバスには出題範囲（scope of the paper）として、たとえば、第 8 冊子の「十字軍の時代」の事例を見ても、1095 年～1254 年の間のシリアおよびラテン諸国での十字軍の政治・軍事史、当時のラテン諸国の政治機構・築城法…などと詳細な指示がなされている。これらの中から 4 問を選択し、論述するのである（解答時間 3 時間）。それぞれの項目についての深みのある学習が要求されており、指定図書（set texts）5、6 種のほか、30 種近い参考図書が掲載されている。採点のうえで試験官の主観の入る余地はあるものの、論述式解答の採点に当たる試験官の評価基準は高いものと言わねばならない。

シラバスの内容上の特色として挙げた専門的・限定的な学習に加えて、出題形式からみても評価水準の高さを指摘するゆえんである。

4. シラバスの基準性・拘束性
(1) 基準性をめぐるこれまでの論議

共同研究者の荒木広氏の試験制度史に関する論考[13]について、本項主題との関連で次の 2 点だけを補記しておきたい。

その第一は、1850 年代に大学（正確には大学の試験委員会）により実施された地方試験（Locals）や学校試験（School Exams）が、中等学校教師に教科指導の指針を、生徒には刺激を与え、そして一般社会に対しては学校教育の成果を広く伝える積極的な役割を果たしたということ。第二に、大学の実施した試験が中等学校の教育内容を規制する結果を招いたとしても、大学当局の期待したのは受験者の試験成績のみであって、試験科目や試験方法に関する事項はすべて大学試験委員会の裁量に任せられていたという事実である[14]。地方・学校試験が当時の中等教育に果たした役割についての積極的な評価と、発足当初から試験団体が継承してきた独立的自治的な機関としての基本的な性格は、中等教育試験制度発達史における試験団体の役割を考察するうえで見過ごすことのできない 2 点であると思われる。

ところで、1917年全国統一資格試験制度が発足して以降、試験シラバスは、中等学校のカリキュラムを規制し、教育実践の自由を制限するものであるという批判の声が急速に高まってくる。1938年、中等学校のカリキュラムの諮問に答えたスペンズ委員会報告書（委員長 Sir Will Spens、いわゆる *Spens Report*）の中には、「学校証書試験はカリキュラムをはなはだしく規制している。試験はカリキュラムに追従すべきものであって、カリキュラムを限定すべきものではない（ The School Certificate dominates the curriculum unduly.It should follow the curriculum not determine it ）」[15]という試験に関する結びの一節がみられる。筆者は "dominates the curriculum unduly" を婉曲に「はなはだしく規制している」と訳出したが、学校証書試験時代の科目群試験制度下におけるシラバスの拘束性を、これまでに得た当時の状況についての知識をもとに推測すれば、むしろ「不当に支配している」とでも邦訳すべきかとも思えるのである。ともあれ、こうした主張は GCE 時代に入って10余年を経過した1960年代後半においても、学校審議会（Schools Council）により再三繰り返された。

　今世紀初頭以来、全国基準による教育内容統制を意図的に避けてきたイギリスにあっては、試験シラバスによるカリキュラム規制は、とりもなおさず慣行化した教育内容に関する学校・教師の自由裁量と自由な教育実践を阻むものとの基本的な認識が、教師集団に共通して存在する。すでに見たように、試験団体のシラバス作成過程および中央調整機関によるシラバスの審査・承認過程への学校教育関係者、とりわけ、教員組合、現職教員の参加比率の高さは、シラバスとカリキュラムとの緊張関係を緩和する方途としてとられた措置であるという見方もできるのである。

　ともあれ、カリキュラム編成上、準拠すべき全国基準を欠くこの国で、試験シラバスが果たしてきた中等教育内容の全国的平準化の機能は積極的に評価されるべきものであろう。

(2) シラバスと学習指導の実態

　後述する英文学シラバスと試験問題との関係を分析検討した結果でも明らかなように、両者の関連はまことに緊密である。したがって、学校における指導と学習はシラバスが指示する学習範囲・出題項目に沿って展開されているのが通例である。特に GCE 上級レベル課程を履修する第6年級生の場合は、第5学年以下の生徒に比べ、必修共通科目とその授業時間数がはるかに少なく、上級レベル受験科目についての集中的な個別学習を可能とする時間割編成上の措置がそれぞれの学校で独自に講ぜられている。中等学校の中には[16]上級レベル教科目の学習に専念する第6年級生をスペシャリストと呼び、ほかの生徒と区別するところもある。それほどに彼らの学校生活は専門的・限定的な学習に終始している。

　それ故、第6年級生の教育内容を幅のある調和のとれた（broad and balanced）それに改編しようとする主張が従来からなされてきた。第6年級生共通必修科目の設置とその拡充、学習量と履修期間を上級レベルの半分（1年課程）とする AS（Advanced Supplementary）レベルの新設なども、この目的に沿った措置であるとされる。

5．シラバスと試験問題との関係
(1) 上級レベル・シラバスの事例

　事例として、オックスフォード大学地方試験委員会の GCE 上級レベル・英文学[17]を取り上げる。

　シラバスは以下のように9区分され、問題冊子（paper）第1と第2は全員必修解答、冊子第3～第8の中から1冊子を選択し、設問に答えることが指示されている。なおシラバス冒頭に、本シラバスが GCE 試験団体間にて合意に達した共通コア（the common core for English Literature agreed by the G.C.E. Boards）に準拠するものである旨が記されている。

【基本シラバスの問題区分】

〔1〕 シェイクスピア　　（1時間半、最高得点 40）
〔2〕 主要作家　　　　　（2時間 15 分、最高得点 100）
〔3〕 1550 年～1660 年　（3時間、最高得点 100）
〔4〕 1660 年～1790 年　（3時間、最高得点 100）
〔5〕 1790 年～1832 年　（3時間、最高得点 100）
〔6〕 1832 年～1896 年　（3時間、最高得点 100）
〔7〕 1896 年～現代　　　（3時間、最高得点 100）
〔8〕 詩、散文、戯曲　　（3時間、最高得点 100）
〔O〕 選択特別問題　　　（3時間、最高得点 100）

　最後の〔O〕(Optional Special Paper) 問題冊子は、通常の上級レベルでは解答の必要はないが、同一シラバスに基づく設問がより広範、高水準のもの。この問題で成績が一定基準に達した者には、上級レベルの等級のほかに、「優秀」(distinction or merit) の評価がなされる。O 問題冊子は一般には S (Special) 問題冊子と呼ばれ、上級レベル試験の一部であるがより高い学力をもつ受験者用の特別問題で、「優秀」の評定を得ることにより、入学・奨学金受給の際の参考とされる。オックスフォード大学の、それも英文学に限らず、一般にアカデミックな教科目に設けられる場合が多い。
　以上の問題区分に従って 1987 年用シラバスに指定された各問題冊子ごとの学習項目および出題形式は、次のようなものであった。なお、※印の付記された作家・作品は 1988 年にも再指定されるものである。

【1987 年度用シラバス・問題区分別】
〔1〕 シェイクスピア「オセロ」。
　出題の形式は、(1) 戯曲オセロの中から抜粋した 2 つのテキストのうち 1 つを選び設問に解答する。(2) 2 つの論述問題のうち 1 問を選び論述する。

〔2〕 主要作家——チョーサーの「フランクリン物語」、ミルトンの「失楽園」巻2、ディケンズの「リトルドリット」もしくはヘンリー・ジェームズの「夫人の肖像」。

《設問形式》試験はA・Bの2部に分かれる。Aは上記主要作家の指定作品のそれぞれからの抜粋テキストである。受験者はそのうち1つの抜粋テキストについて設問に解答する。Bでは指定作品の抜粋テキストに関する2つの設問に論述解答するが、各抜粋テキストのいずれかを選択できる。

〔3〕から〔8〕の中で、散文の抜粋テキストまたはシェークスピア以外の劇についての問題を選択しない場合には、〔2〕のAもしくはBの設問の少なくとも1問について論述する。

〔3〕（1550年から1660年まで）受験者は〔2〕で散文の抜粋テキストに関する設問に取り組まない限り、ここで散文またはシェークスピア以外の劇作品からの抜粋テキストについての設問に解答すること（以下〔4〕～〔7〕まで同様の指示がなされているが、以下省略。筆者注）。

スペンサーの『神仙女王』巻1（オリエントロングマン版利用可能、ロングマンブック社から入手可能、オックスフォード大学出版部の版は現在絶版）、シェイクスピアの「終わりよければすべて良し」、ジョンソンの『ボルポーニ』、※マルローの『フォースタス博士』、ヘレン・ガードナー編の『形而上派詩人』（ペンギンまたはオックスフォード大学出版）か『ジョージ・ハーバート詩集』（オックスフォード大学出版、ペンギン版にも含まれているが現在絶版）、バニヤンの『天路歴程』第1部、第2部（文学鑑賞のためのテキストは第1部から抜粋される予定）。

〔4〕（1660年～1790年）ウィチャリーの『田舎女房』、ポープの『髪の毛盗み』『アーバスノット博士によせる書簡詩』※、ジョンソン博士の『ラセラス』（ペンギン版利用可能）、デフォーの『モル・フランダース』（ペンギン、オックスフォード大学出版利用可）、スウィフトの『ガリバー旅行記』全巻（読解・

鑑賞テキストは第4部から抜粋の予定)、デヴィソン編「18世紀英詩―ペンギンブック」の第6、第7、第10部。

〔5〕(1790年～1832年)ワードワースの『ティンタン寺院』『不滅の告示』(以下11詩編)、シェリーの『無政府の仮面劇』(以下省略)、バイロンの『ドン・ファン』(ルートリッジ版)、ジェーン・オースティンの『高慢と偏見』、※ハズリットの『選集』(ペンギンブックのpp.43～258, 470～491.)
(指定作品の学習上有効とされる出版社版、入手可能な出版社版などの記載があるが省略した。筆者注)

〔6〕(1832年～1896年)テニスンの『インメモリアム』、シャーロット・ブロンテの『ジェーン・エア』、ガースの『父と子』、トロロプの『バーチェスターの搭』、アーノルドの『詩と散文選集』アロット編(デント)詩はpp.1～32、78～99、107～128、散文はpp.187～264から出題。『ビクトリア詩集』(ペンギン版) pp.100～160、168～240、281～295.

〔7〕フォスターの『インドへの道』、T. S. エリオットの『詩集』、ウルフの「燈台へ」、ストッパードの『戯作』(Faber版)、ルーシー・スミス編『1945年以降の英国詩集』(最新版所収のピーター・ポーターの2つの詩は学習の必要なし)

〔8〕詩、散文、戯曲
　この問題冊子では、受験者は問題「1」にて即席(unseen)鑑賞課題(詩および散文)に回答する。詩、散文、戯曲の各部の設問の中から1問を選び、論述する。設問は下掲の作品のそれぞれに関連するものである。
〔詩〕スペンサー『神仙女王』巻1、コールリッジ『老水夫の歌』『孤独の恐れ』(以下略)、テニスン「インメモリアム」、T. S. エリオット「詩選集」
〔散文〕ジェーン・オースティン「高慢と偏見」、エミリー・ブロンテ「嵐

ガ丘」、コンラッド *Under Western Eyes*、パトリック・ホワイト *Voss*
〔戯曲〕 シェークスピア『トロイラスとクレシダ』、ジョンソン『ボルポーネ』、ワイルド『まじめが肝心』『ウィンダミア卿夫人の扇』、ストッパード『戯作』

〔O〕 選択特別問題
 特別問題冊子は、受験者が、問題冊子1～8に指定する全作品について、第6年級の英文学コースでの学習の基礎の上に、どの程度の学習を積み重ねているかを評価しようとするものである。選択の読解鑑賞の設問もある。3問選択解答。

(2) 上級レベル・試験問題の事例
 上掲年度シラバスに基づいて1987年6月に実施された上級レベル・英文学（English Literature、試験問題番号98039問題のうち、必修解答の事例として第1問題冊子を、また選択解答の事例として第7問題冊子の2つ(18)を取り上げてみた。

〈第1問題冊子：シェイクスピア〉
(問題はA・Bの2部構成で、A・Bともに設問の指示に従い、解答すべきものとされている。筆者注釈)

《1987年6月1日（日）、制限時間1時間30分、最高得点40》
— セクションA —
1. 次の2つの文のうち1つを選び、各々の文に続く問題に答えなさい。

(a) 　Enter OTHELLO and ATTENDANTS.
　　 Oth. O my fair warrior!

Des. My dear Othello!
Oth. It gives me wonder great as my content
To see you here before me. O my soul's joy!
If after every tempest come such calms,　May the winds
blow till they have waken'd death,　　　　　　　　　　　　5
And let the labouring bark climb hills of seas
Olympus-high and duck again as low
As hell's from heaven. If it were now to die,
'Twere now to be most happy; for I fear
My soul hath her content so absolute　　　　　　　　　　10
That not another comfort like to this
Succeeds in unknown fate.
Des.　The heavens forbid But that our loves and comforts
should increase Even as our days do grow!
Oth.　Amen to that,sweet powers!
I cannot speak enough of this content;　　　　　　　　　15
It stops me here; it is too much of joy.
And this, and this, the greatest discords be　[They kiss.
Iago. [Aside.]　O, you are well tun'd now!
But I'll set down the pegs that make this music,
As honest as I am. Oth. Come; let us to the castle.　　20
News, friends:our wars are done; the Turks are drown'd.
How do our old acquaintance of the isle?
Honey, you shall be well desir'd in Cyprus;
I have found great love amongst them. O my sweet,
I prattle out of fashion, and I dote　　　　　　　　　　　25
In mine own comforts. I prithee, good Iago,
Go to the bay, and disembark my coffers;

```
        Bring thou the Master to the Citadel;
        He is a good one, and his worthiness
        Does challenge much respect. Come, Desdemona,           30
        Once more well met at Cyprus.
```

（ⅰ）次の文言がどのような意味であるかについて、あなたが理解したことを、必要ならば想像力を働かせて、できるだけ詳細に説明しなさい。
（配点6）

```
        set down the pegs（19行目）
        out of fashion（25行目）
        his worthiness...much respect（29〜30行目）
```

（ⅱ）オセロとデスデモーナの悲劇に関して、このエピソードの重要性について説明しなさい。　　　　　　　　　　　　　　　（配点10）

```
(b)     Oth.  Had it pleas'd heaven
                To try me with affliction; had they rain'd
                All kind of sores and shames on my bare head,
                Steep'd me in poverty to the very lips,
                Given to captivity me and my utmost hopes,       5
                I should have found in some place of my soul
                A drop of patience; but, alas, to make me
                The fixed figure for the time of scorn
                To point his slow unmoving finger at! —O, O!
                Yet could I bear that too; well, very well;      10
                But there, where I have garner'd up my heart,
                    Where either I must live or bear no life,
```

```
       The fountain from the which my current runs,
       Or else dries up —to be discarded thence!
       Or keep it as a cistern for foul toads                    15
       To knot and gender in! Turn thy complexion there,
       Patience, thou young and rose-lipp'd cherubin—
       Ay, here, look grim as hell.
       Des. I hope my noble lord esteems me honest.
       Oth. O, ay; as summer flies are in the shambles,          20
       That quicken even with blowing. O thou weed
       Who art so lovely fair and smell'st so sweet
       That the sense aches at thee!
       Would thou had'st never been born!
       Des. Alas, what ignorant sin have I committed?            25
       Oth. Was this fair paper, this mostly goodly book,
       Made to write 'whore' upon?  What committed!
       Committed! O thou public commoner!
       I should make very forges of my cheeks
       That would to cinders burn up modesty,                    30
       Did I but speak thy deeds. What committed!
       Heaven stops the nose at it, and the moon winks;
       The bawdy wind, that kisses all it meets,
       Is hush'd within the hollow mine of earth
       And will not hear it. What committed!                     35
       Impudent strumpet!
```

（ⅰ）次の文言がどのような意味であるかについて、あなたが理解したことを、必要に応じて想像力を働かせながら、できるだけ詳細に説明しなさい。
（配点6）

Where I have garner'd up my heart; （11行目）
I should make...speak thy deeds; （29～31行目）
winks （32行目）

（ⅱ）シェイクスピアは、オセロの感情の強烈さをどのような文言に込めているか。　　　　　　　　　　　　　　　　　　　　　　（配点10）

― セクション B ―
2.
(a)「オセロでは、登場人物に同情するのが難しいことがわかる。なぜなら彼らは、彼らの置かれた状況に責任があるからである」。劇中の2、3の登場人物を取り上げてこれを説明しなさい。　　　　　　　　　（配点24）
　または、
(b) オセロの悲劇には、戦争と平和という背景がどのように重要であるか。
　　　　　　　　　　　　　　　　　　　　　　　　　　　　（配点24）

〈第7問題：1896年～現代〉
《1987年6月8日(月)、制限時間3時間、最高得点100(全問題とも等配点)》

(筆者注：問題は9問から構成されている。第1問は必修解答、ほかに3問を第2～第9問の中から選び解答するが、問題がA・Bの小項目に分けられている場合、そのいずれかを選択解答することとされている。したがって必修・選択を合わせ4つの設問にいずれも論述解答することが要求されている。各問配点25点)

1．次の (a) 散文、(b) 詩のうち1つにコメントしなさい。その際に主題、意味、スタイルの特徴で十分に影響を与えているものを考慮しなさい。

(a) This Mr Fielding had been caught by India late. He was over forty when he entered that oddest portal, the Victorian Terminus at Bombay, and—having bribed a European ticket inspectors — took his luggage into the compartment of his first tropical train. The journey remained in his mind as significant. Of his two carriage companions one was a youth, fresh to the East like himself, the other a seasoned Anglo-Indian of his own age. A gulf divided him from either; he had seen too many cities and men to be the first or to become the second. New impressions crowded on him, but they were not the orthodox new impressions; the past conditioned them, and so it was with his mistakes. To regard an Indian as if he were an Italian is not, for instance, a common error, nor perhaps a fatal one, and Fielding ofen attempted analogies between this peninsula and that other, smaller and more exquisitely shaped,that stretches into the classic waters of the Mediterranean.

His career, though scholastic, was varied, and had included going to the bad and repenting thereafter. By now he was a hard-bitten, good-tempered, intelligent fellow on the verge of middle age, with a delief in education. He did not mind whom he taught : public schoolboys, mental defectives, and policemen, had all come his way, and he had no objection to adding Indians. Through the influence of friends, he was nominated Principal of the little college at Chandrapore, liked it, and assumed he was a success. He did succeed with his pupils, but the gulf between himself and his countrymen, which he had noticed in the train, widened distressingly. He could not at first see what was wrong. He was not unpatriotic, he always got on with Englishmen in England, all his best friends were English, so why was it not the same out here? Outwardly of the large shaggy type, with sprawling limbs and blue eyes, he appeared to inspire confidence until he spoke. then something in his manner puzzled people and failed to allay the distrust which his profession naturally inspired. There needs must be this evil of brains in India, but woe to him through whom they are increased! The feeling grew that Mr Fielding was a disruptive force, and rightly, for ideas are fatal to caste, and he used ideas by that most potent method—interchange. Neither a missionary nor a student, he was happiest in the give-and-take of a private conversation. The world, he belived, is a globe of men who are trying to reach one another and can best do so by the help of good will plus culture and intelligence—a creed ill-suited to Chandrapore, but he had come out too late to lose it. He had no racial feeling—not because he was superior to his brother civilians, but because he had matured in a different atmosphere, where the herd-instinct does not flourish. The remark that did him most harm at the club was a silly aside to the effect that the so-called white races are really pinko-grey. He only said this to be cheery, he did not realize that 'white' has no more to do with a colour than 'God save the King' with a god, and that it is the height of impropriety to consider what it does connote. The pinko-grey male whom he addressed was subtly scandalized; his sense of insecurity was awoken, and he communicated it to the rest of the herd.

(b)   I

        The winter evening settles down
        With smell of steaks in passageways.
        Six o'clock.

The burnt-out ends of smoky days.
And now a gusty shower wraps   5
The grimy scraps
Of withered leaves about your feet
And newspapers from vacant lots;
The showers beat
On broken blinds and chimney-pots,   10
And at the corner of the street
A lonely cab-horse steams and stamps.
And then the lighting of the lamps.

II

The morning comes to consciousness
Of faint stale smells of beer   15
From the sawdust-trampled street
With all its muddy feet that press
To early coffee-stands.
With the other masquerades
That time resumes,   20
One thinks of all the hands
That are raising dingy shades
In a thousand furnished rooms.

III

You tossed a blanket from the bed,   25
   You lay upon your back, and waited;
You dozed, and watched the night revealing
The thousand sordid images

Of which your soul was constituted;
They flickered against the ceiling.
And when all the world came back   30
And the light crept up berween the shutters
And you heard the sparrows in the gutters,
You had such a vision of the street
As the street hardly understands;
Sitting along the bed's edge, where   35
You curled the papers from your hair,
Or clasped the vellow soles of feet
In the palms of both soiled hands.

IV

His soul stretched tight across the skies
That fade behind a city block,   40
Or trampled by insistent feet
At four and five and six o'clock;
And short square fingers stuffing pipes,
And evening newspapers. and eyes
Assured of certain certainties,   45
The conscience of a blackened street
Impatient to assume the world.

I am moved by fancies that are curled
Around these images, and cling:
The notion of some infinitely gentle   50
Infinitely suffering thing.

> Wipe your hand across your mouth, and laugh;
> The worlds revolve like ancient women
> Gathering fuel in vacant lots.

2．(a) エリオットは、詩の中でほのめかしの技術をどのようにうまく使っていると思いますか。または、(b) あなたの読んだエリオットの詩を参考にして、精神的無か社会的衰退をテーマとしてエッセイを書きなさい。

3．(a)「インドへの道」の３つのパートは、どのように相互にかかわっているでしょうか。または、(b)「インドへの道」に登場する Aziz 博士以外のインド人の性格は、どのように描かれているか考えなさい。

4．(a) バージニア・ウルフは、「燈台へ」においての中心は、父親の性格であると言っている。ラムゼイ氏は、どの程度小説の中で中心人物だと思いますか。または、(b)「『燈台へ』は芸術家がひそかに現実を整理する方法について示している」。これに同意しますか。

5．(a)「戯作」で表現されたヘンリー・カーの性格と態度から、われわれは何を学ぶか。または、(b)「戯作」のどの特徴が、劇場において最も面白いと思いますか。

6．(a) *A Bend in the River* で、心をかき乱すどのようなものを発見しましたか。または、(b)「*A Bend in the River* で、Salim が、問題になる唯一の人物である」。このコメントに、あなたはどの程度同意しますか。

7．(a)「『1945年以降の英国詩集』の中の作品は、ふさぎ込んだ控え目とロマンティックな充溢の対比を示している」。あなたの発見したのはこのことですか。(b)「ほかに何をしようとも、詩は性格を表現する」。

1945年以降、英国詩集の収録詩の中でどの詩が、このことについてあなたにアピールしましたか。

8．この時期の文学における成功した実験によって、何を理解しましたか（このペーパーの別のところで扱った題材をもとにしてはいけない）。

9．この時期の作家のうち1人もしくは2人の作品の中で、戦争または性関係についてのテーマの取り扱いについて考えなさい（このペーパーの別のところで取り扱った題材をもとに論述してはいけない）。

(3) シラバスと試験問題との関係

　以上、英文学シラバス（オックスフォード1987年度用）と1987年6月に実際に出題された試験問題の一部を訳出してみた。

　200～201ページに掲げる表は、これら2つの基本資料をもとに両者の比較分析の作業をとおして作成した比較一覧表である。以下、この表をもとにしてシラバスと試験問題との関係を明らかにしたい。

　まず、基本シラバスと1987年度用シラバスとの関係であるが、基本シラバスは単に劇作家・詩人としてのシェイクスピアを指定しているにすぎない。英文学史上最大の文豪とされる彼の作品は、悲劇・史劇・喜劇を合わせて37篇、ほかに詩作品があり、『ソネット集』だけでも全巻154篇に達する膨大な量である。年度シラバスは、これらの作品を特定するもので、1987年度は四大悲劇の一つ『オセロ』に限り、これを出題の範囲と指定している。1987年受験に向けての第6年級の2カ年に及ぶ学習が、「オセロ」を中心に展開されたであろうことは言うまでもない。そして、1987年6月実施された試験は、年度シラバスの指定どおり「オセロ」からの2つの抜粋テキスト（上掲邦訳問題参照）に関して論述解答を求めるものであった。

　次に、第7問題の学習・出題範囲を見てみよう。基本シラバスは、「1896

年以降現在に至る」およそ一世紀に近い文学史上の一時期を定めているが、この時期に輩出した作家とその作品は、実におびただしい数にのぼる。年度シラバスでは特定作家による作品を指定し、受験者に対して学習の指針を提示する。1987年度用シラバスは7作家の7作品に限定し、これを出題の範囲と指定した。この年度シラバスは、すでに1985年にSEACの承認を得て、正式シラバスとしてオックスフォード試験団体により刊行配布されていたものである。

この年度シラバスに基づいて作成された1987年の試験問題は、まぎれもなく同シラバスの指定どおりの範囲内からの設問であった。第7問題の最初の設問（必修解答）に引用された長文の抜粋テキスト（a）は、E. M. フォースターの『インドへの道』（*A Passage to India*）の1節であるし、（b）はT. S. エリオットの『詩集』（*Collected Poems 1909–1962*）の'Preludes'である。2問から7問までは、指定作品に関する設問で、8・9問がそれぞれ指定時期全般にかかわる設問であった。いずれも、論述を要求するものである。

以上のように、英文学の事例分析にみる限り、指定作品について少なくとも最低1問は間違いなく出題されているのである。設問形式は、「オセロ」からの抜粋テキストの中の特定の文言（句、節または文）について、受験者の理解に想像をも加えて論述させる問題、作品に登場する人物の性格描写について受験者の見解を求めるもの、時代文芸思潮を作品のテーマとの関連で論述させるもの、など多様である。シラバスの指示する文学作品についての試験問題が確実にこうした設問形式で問われるとなると、受験者は指示された作品を繰り返し精読するだけではなく、作品を相当程度に読み込んだうえで、想定しうる設問に対して自分なりの理解と解釈や意見などを前もって準備しておかなければならない。多肢選択法による解答ではなく、自分の文章による論述式の解答をである。

結論的に言って、シラバスと試験問題（そして両者と受験者の学習）との緊密な関係は、極めて明瞭である。シラバスが、教師の教科指導のみなら

GCE試験上級レベル　英文学（オックスフォード大学地方試験委員会）
基本シラバス・1987年度出題問題（Paper 1、Paper 7）比較対照表

問題区分	資本シラバス （枠組み）	年度シラバス （具体的出題範囲の指定）
1	シェイクスピア	シェイクスピア『オセロ』 　2抜粋テキストに関する論述問題 　2問の指示あり
7	時期区分 　1896年～現在	M．フォスター『インドへの道』 T．S．エリオット『詩選集』 ウルフ「燈台へ」 ストッパーズ『戯作』 ナイボール A Bend in River ルーシー・スミス編 『1945年以降英国選詩集』 　　　　↓ 　・・・・・・・

(*Univ. of Oxford Delegacy of Local Examinations: GCE 1987 Regulations and Syllabuses, Advanced Level.*　および1987年出題問題より作成)

```
┌─────────────────────────────────────────────────────────────┐
│            1987年度　出題試験問題（設問分析）                │
├─────────────────────────────────────────────────────────────┤
│                                                             │
→│   シェイクスピア『オセロ』より抜粋テキスト2部各々に関して  │
 │   ・必修解答2問　　　　セクションA（2問中1問選択論述）    │
 │                        セクションB（2問中1問選択論述）    │
├─────────────────────────────────────────────────────────────┤
 │   M．フォスター『インドへの道』から抜粋テキスト（a）       │
→│   T．S．エリオット『詩選集 1909-1962』より抜粋テキスト（b）│
 │   1．上記（a）（b）より1テキストを選び設問について論述    │
 │   2．T．S．エリオット『詩選集』に関し、2問中1問選択論述   │
 │   3．M．フォスター『インドへの道』に関し、2問中1問選択論述│
→│   4．バージニア・ウルフ「燈台へ」に関し、2問中1問選択論述 │
→│   5．ストッパーズ『戯作』に関して2問中1問選択論述          │
→│   6．ナイポール *A Bend in River* に関して2問中1問選択論述 │
→│   7．ルーシー・スミス編『1945年以降英国選詩集』に関して    │
 │      2問中1問選択論述                                       │
 │   8．1896年から現在に至る時期全体に関する文学の理解についての│
→│      論述（選択設問なし）                                   │
 │   9．1896年から現在に至る時期全体の中で、1．2．の作品を選び、│
 │      戦争または性のテーマの取り扱いについて論述（選択設問なし）│
└─────────────────────────────────────────────────────────────┘
```

ず受験者の自己学習をも規制・拘束するという批判の声が聞かれるのも、こうしたシラバスと試験問題との一体化した関係に根ざすものといえる。シラバスの作成過程、決定過程への中等教育・継続教育関係者、とりわけ実際の教科指導に携わる現職教員の意見反映の措置が、ことのほか重視されるゆえんである。

6．シラバス作成上の課題と最近の動向
(1) 試験制度改革の目指すもの

　大学入学制度の基本を成すものは、GCE試験を中核とする統一資格試験制度である。これを長年にわたり支えてきたのは、まぎれもなく上述した8試験団体であった。そして、全国統一試験制度の発足以来、制度全般の改善に意を尽くしてきたのは、中央調整機関としての役割を担った中等学校試験審議会（SSEC）、学校審議会（Schools Council）、中等学校試験審議会（SEC）であった。そして現在、その機能はSEACに引き継がれている。

　これら試験団体と中央機関が70年におよぶ統一資格試験制度の歴史のなかで、絶えず追求してきたのは、試験の公平さと全国的通用性の保証の2つであったと言ってよい。

　上述のように、1850年代に地方試験を実施したオックスフォード大学学校試験委員会は、大学当局より試験範囲と試験方法の決定に関する大幅な自由裁量権を与えられ、その自治的地位を設立規則に高らかに謳いあげた。他の試験団体の多くも、このように大学の一機関（委員会）として設置され、中等教育修了・大学入学資格審査の二重機能を遂行する、なかば独立的な性格と地位を保持しつつ独自の発展を遂げてきた。

　したがって、こうした歴史的背景をもつ試験団体が、相互間における試験の均衡・同水準の確保と維持に意を注いできたのは、個別に授与する教育証書（certificate）が全国的通用性をもちうるものとする制度的理念実現へ向けての努力を意味するものでもあった。このことは、大学教育の修

了を証明する学位が、個別の大学により授与されるものでありながらも、全国的に同水準のものであるという学位の同等性の考えにも相通ずる。大学では、別の大学の教官が参加して学位授与の可否を審査する学外試験官制度（External Examiner System）の導入をもって同等性確保の措置としてきた。

　大学教育の入口に当たる入学資格試験の同等性の確保と保証が課題として提起されるのも、個別大学による学位授与の場合と同様に、資格試験制度が複数の既成試験団体による個別試験を基本に成立しているからにほかならない。中央機関による試験団体間の調整補正機能に期待がかけられたのも、このゆえである。

(2) 同等水準のシラバス作成に向けて

　資格試験の同等性確保に向けての動きは、すでに中等学校試験審議会の1939年の年次報告書における、「試験団体間および試験科目間の格差―シラバスの相違と出題の難易―」に言及した批判的文言の中に胚胎していた[19]。

　1960年、当時の中央調整機関であった中等学校試験審議会は、上級レベル評価基準を証書授与者のパーセントで、大まかにA～E等級の5段階評価（A=10%、B=15%、C=10%、D=15%）を試験団体ごとの基準とするよう求めた。大学の選抜目安としてはC等級以上とするのが通例であったが、かなりの不合理を伴うものであった。

　1964年、中央機関としての調整機能を引き継いだ学校審議会も、試験団体間の格差是正、同一水準化へ向けての努力を継続したが、十分な成果をあげるには至らなかったのである。巷に溢れる試験団体間格差の批判を背景に、国会では、下院歳出委員会がこの問題を取り上げた。それは、1977年年次報告書[20]において、試験団体間、教科目間、および試験実施年次間にみられる格差を、極力同等水準に近づけるべき努力を試験団体に要請する勧告として記録されている。教師指導型の運営機構のもとに、カリキュラムと試験制度の改善に大きな役割を果たした学校審議会が、

1983年その活動の幕を閉じるに至るまでの19年間に蓄積した研究成果[21]は、試験問題・到達度・等級評価の団体間比較調査など、膨大な量に上っている。この成果を踏まえてSEC、そしてSEACによる同等性確保に向けての努力は、今なお続けられているのである。

(3) 教育改革とシラバスをめぐる最近の動向

現在、イギリスの教育は一大転換期を迎えている。1970年代後半以降、経済不振からの脱却と国際的競争力の強化が最大の国策とされ、それを支える教育の効率化と水準向上をねらいとする一連の改革施策が実施されてきた。そして1988年7月には、戦後最大規模といわれる「教育改革法」が成立した。改革の骨子は、①教育課程の全国共通基準の設定、②地方教育当局の権限縮小、③教育分野への競争と効率原理の導入、であると言える。1991年まで13期に分けての各条文の実施に伴い、この国の特色とされた国・地方・学校（教師）の三者協調を基本とする学校教育の在り方は、大きく変わることとなった。

こうした改革措置の展開と連動する形で、1980年代当初より資格試験制度の見直し、改変措置が活発化してきている。すなわち、1982年には学校審議会（政府と地方当局の共同設置機関）の解散とSEC（政府単独設置）の新設が行われ、後者には新たに、「教育改革法」に基づく全国テスト実施機関としての役割が付与されることとなった。名称もSEACと改められたことは、上述したとおりである。続く84年には、全国基準に準拠したGCSE試験の実施計画の公表、86年よりGCSEシラバスによる授業開始、88年6月第1回試験の実施というように、まことに急速な展開であった。

GCE上級レベル試験に関しては、1984年評価基準を見直す作業部会（委員長J. Allanson教授）がSECにより任命組織され、85年にはその検討結果をまとめた報告書が教育科学省に回付されたが、教育科学大臣の支持をおおむね取りつけたと報ぜられている。続いて1987年には、新たに上級レベル評価基準に関する検討委員会（委員長G. Higgins教授）が発足、そ

こで検討された上級レベル主要教科の等級評価（Grade）A、B、Eの共通基準は、各試験団体の同意を得て、1988年実施の上級レベル試験から評価の指針（agreed grade descriptions）として適用されることとなった。

また、1983年より、SECの「18プラス教科委員会」では各試験団体間の共通出題範囲に関するシラバスの検討作業を進めてきた。試験団体間ですでに了解に達した範囲については、the agreed inter-board common core として現行の正式シラバスに取り入れられてきている。なお、これは公的な強制力を伴うものではないとされながらも、主要教科目シラバスに関しては各試験団体ともに取り入れる方向で一致しており、各団体発行のシラバス冒頭にはこの旨を明記することとされている。《本項引用事例、オックスフォード・英文学シラバス参照。各教科シラバスに組み入れられる共通出題事項は、*A Statement of the Agreed Common Cores in Certain Subjects as the Advanced Level of the General Certificate of Education* というGCE試験団体発行の小冊子に収録されている[22]。》

このような、各教科における基本学習事項ないし主要出題範囲についての試験団体間のシラバス共通化の動きは、各団体の独自性に配慮しつつ、しかも同等水準の確保・維持に向けての実効性のある第一歩として評価しうるものであろう。すでに全国共通基準に基づくGCSE試験が発足し、これに上向接続する上級レベル・シラバスの改訂作業が目下各試験団体において進められている。SEACのイニシアティヴによる上級シラバス共通コアの拡大とその基準化も、あるいはそう遠い日のことではないのかもしれない。最近の教育改革の動きを見ていると、そう感ぜざるをえないのである。

（注）

(1) 中島直忠（大学入試センター教授）代表「大学入試に関する理念と制度の国際比較調査研究」（昭和56〜58年度科研費研究）。「各国大学入学制度の研究」（『内外教育』昭和59年4月24日号、時事通信社）。「各国大学入学制度の比較表」（『内外教育』昭和59年4月27日号、時事通信社）。

(2) 荒木広「イギリス―GCEによる大学入学資格の規定方式―」中島直忠編著『世界の大学入試』時事通信社、昭和61年6月、所収
(3) 試験実施機関にはboard、committee、syndicate、delegacyなど多様な名称が用いられている。ロングマン社の教育年鑑ではこれらを、Examining Bodyと総称している。また、試験調整機関である学校試験評価審議会（SEAC）では便宜的にboardの語をもって実施機関全体を表記している。本節では実施機関の内部組織である委員会committee、boardと区別するため、「試験団体」という用語を充てることにした。
(4) Longman; *Education Year Book 1988*.
(5) University of Oxford Delegacy of Local Examinations; General Report 1987, The University of London School Examinations Board; General Certificate of Education Examination Regulations and Syllabuses 1987
(6) University of Oxford Delegacy of Local Examinations; op. cit.
(7) Secondary Examinations Council; *Annual Report 1983-84*. 1985-86.
(8) Secondary Examinations Council; *SEC News*. Autumn. 1985.
(9) University of London School Examinations Board; General Certificate of Education, Regulations and Syllabuses, June 1987-Jan. 1988.
(10) ibid.
(11) ibid.
(12) University of Oxford Delegacy of Local Examinations; General Certificate of Education 1989, Requlations and Syllabuses, 1988
(13) 荒木広；前掲論文
(14) University of Oxford Delegacy of Local Examinations; General Report 1987.
(15) Secondary Education, with Special Reference to Grammar Schools and Technical High Schools. HMSO. 1938. p.364.
(16) たとえば、レスターのWyggeston and Queen Elizabeth I College、エセックスのNewport Free Grammar School、サフォークのStowmarket High Schoolなど。
(17) University of Oxford Delegacy of Local Examinations; General Certificate of Education 1987, Regulations and Syllabuses, Advanced Level, English Literature（試験問題番号9803）
(18) University of Oxford Delegacy of Local Examinations; General Certificate of Education. Advanced Level, Summer Examination, 1987, English Literature,Paper 1, ShakespeareおよびPaper 7（1896年から現代まで）
(19) T. Christie and G. M. Forest; Defining Public Examination Standards, Sohools Council Research Studies, Macmillan, 1981
(20) House of Common Expenditure Committee, 1977 Tenth Report, HMSO
(21) T. Christie and G. M. Forest; Standards at GCE-A Level 1963-1970, Schools Council, Macmillan, 1980. Maurice Plaskow Ed., *Life and Death of The Schools Council*. Palmer Press. 1985. G. S. Bardell. et al., *Comparability in GCE: A Review of the Board's Studies. 1964-1977*. J.M.B. 1978. その他のSchools Councils Working Paper, Schools Council Examinations Bulletinの関係調査報告書
(22) Secondary Examinations Council; SEC News, Autumn 1985.

(出所)「イギリスの大学入学資格試験の基準− GCE 上級レベル「英文学」試験に関する事例研究−」『諸外国の大学入試等に関するシラバス及び試験問題の国際比較研究』(文部省科研・特定研究〈1〉研究成果報告書、1990 年、大学入試センター)所収、pp.73 – 97.

〈補説：1989 年に SEAC（学校試験評価審議会）および NCC（ナショナル・カリキュラム審議会）が創設される。これにより、全国共通基準を基本とする GCSE 試験に上向接続する GCE・A レベル試験も、必然的に基準化・共通化の方向に沿った進展を見せた。

　以後、1992 年の「継続・高等教育法」の制定、翌 1993 年の GNVQ（一般全国職業資格）の先導的試行、1997 年の QCA（資格・カリキュラム機関─ Qualifications and Curriculum Authority─）の創設と活動を経て、イギリスの資格試験制度は、学業資格の基準化と併せ、学業資格と職業資格との統合化という新たな課題に向けて歩み始めている。2002 年には、その第一歩として、GCSE 試験にも職業科目が加えられるに至った。〉

第7章　教育の国際化と多文化教育

― 解説 ―

　わが国では、社会経済の国際化・グローバル化に伴って、ユネスコが提唱する国際理解教育の理念に基づく学校教育での実践が全国各地で進められてきた。とりわけ、80年代以降の在日外国人の急速な増加や海外帰国子女の教育問題の表面化に対応して、異なった文化的背景や生活背景をもつ人々と共生するための資質・能力の育成が課題とされるに至った。たまたま、1998年（平成10年）告示の学習指導要領が定める「総合的な学習の時間」で取り上げる主要テーマにも、異文化理解・国際理解・環境教育などが例示されている。こうした動きは、いち早く教員養成課程の教育課程に反映され、関連科目の増設によって、あるいは既設科目内で、取り扱われるという事例も見られる。

　本章では、多民族・多文化国家である欧米諸国でのカリキュラム編成や実践の様子を、イギリスの場合に即して紹介し、わが国の取り組みを検討する手掛かりとしたい。

1節　イギリスの多文化教育の展開

― 本節の背景とねらい ―

　教師の資質向上に役立つ研修・研究用図書として刊行された教職課程講座シリーズに、この1巻が加えられたのは、80年代当時のわが国における国際理解、異文化・他民族理解への関心の急速な高まりを示している。

> 本節は、教職教育の国際理解教育（多文化教育）分野での先進国イギリスでの実態を調査し、わが国の教職教育の研究開発に有用な示唆を得るべく論述したものである。

1. 多民族・多文化社会イギリス ——はじめに代えて——

「移民と二言語教育」の著者 A. トジ（Tosi）氏は、「21世紀の開幕時には、ヨーロッパに居住する少数多民族集団（以下、マイノリティ）の35歳以下の若者の数は、ヨーロッパ全都市人口の3分の1に達する。したがって、ヨーロッパ諸国の未来は、それら諸国で生活する彼らマイノリティに対し、社会的にも教育的にも、どう対応するかにかかっていると言ってよい」[1]と、今日における対応策の重要性を指摘し、二言語教育政策策定の必要性を説いている。

この警告は、ヨーロッパ諸国の、それも言語教育にのみ限られることではない。あらゆる面で国際化の進展が著しい現代においては、いずれ先進諸国の多くが多文化併存社会へと移行することが予想され、マイノリティ文化の尊重と文化的調和という観点からの社会的・教育的対応を迫られることになる。

さて、イギリスは正式名称「連合王国」が示すように、イングランドのほか、政治・経済・宗教・文化の面でも異なる部分の多いスコットランド、北アイルランド、ウェールズから成る。人種的にもアングロ・サクソンを主流にゲールなどの諸民族の連合体であり、言語のうえでも英語に加え、ウェールズではウェールズ語が、スコットランド高地ではゲール語が使用されている。いわば長い歴史を通じて多民族・多文化国家であったと言える。

本節では、第二次世界大戦後の、とりわけ旧英領植民地諸地域から大量の移民を受け入れた1950年代、60年代以降の文化・教育政策と学校における多文化教育の展開に限定し、これを中央行政、地方行政、学校レベルの順に概観することにしたい。

なお、わが国と事情を異にするイギリスでは「国際理解教育」に相当するか、もしくは部分的に重なり合う概念・用語として、多民族（人種）教育（Multi-racial Education、Multi-ethnic Education）、多文化教育（Multi-cultural Education）、反人種差別教育（Anti-racist Education）、多言語（二言語）教育（Multi-lingual Education、Bi-lingual Education）などが使用されている。それぞれ、ほぼ同義的に用いられる場合や、強調点やコンテクストの相違により使い分けられることがある。本節では、概念上「国際理解教育」に最も近いと考えられる「多文化教育」に統一し、以下これを用いることにした。

2. 多文化教育の展開過程
(1) 初期の動向 ── 同化・適応政策 ──

1950年代・1960年代における大量の移民受け入れと、その後の移民二世・三世人口の増大に伴い、イギリスは人種・言語・宗教・生活習慣などを異にする多民族社会へと急速に変貌した。そして、この社会変化への対応として取られた初期の教育措置は、イギリス社会と文化への「同化」を基本政策とするものであった。

したがって、それはまた同時に、大多数の学校教師の社会的出身階層文化を色濃く反映した、中流白人のそれを主流とする学校文化への同化・適応をも意味するものであった。それ故、第二言語としての英語教育に重点が置かれ、イギリス社会・文化への適応能力の育成を第一義的目的とする補償教育の拡大が強調されたのである。このため、中央・地方の教育研究機関、大学等においてはマイノリティを対象とするカリキュラム開発が盛んに行われ、それに基づく教育が学校内部の慈恵的な特別措置として、もしくは学校外の特別教育施設において進められた。

この段階では、マイノリティの大多数を占める西インド・カリブ諸島、アジア・アフリカ大陸の各地域から渡来した移民の文化が、イギリスないしヨーロッパの文化と同等の教育的価値をもつものであり、彼らの文化を

全児童・生徒を対象として、カリキュラムに組み込むべきなどという動きはまったく見られなかった。

(2) 多文化教育の試み —— 文化的多元化政策への転換 ——

ところが1970年代中葉に至ると、マイノリティの文化を理解・受容し、かつこれを尊重する教育の必要性が提唱され始めてくる。その背景には、人種的偏見と差別の拡大、マイノリティ青少年犯罪率の上昇、白人に比べ極度に高い失業率、貧困、劣悪な居住環境など、マイノリティ社会には常に不満と反抗の火種が胚胎していたという実態があった[2]。

こうした社会不安に対応する社会的・教育的措置をめぐる論議のなかから、文化の一元化主義から多元化主義へという発想が生まれてくる。同化政策から多文化教育政策への転換である。やがて、イギリスが多民族社会であるという一般の認識が拡大し、それに支えられた多文化教育の萌芽的な実践が、マイノリティ居住地域を抱える大都市の学校で徐々に試みられ始める。そして、イギリスないしヨーロッパ中心の白人文化の学校カリキュラムに代わり、マイノリティの文化をも取り入れた学校カリキュラムの開発とその教育実践が各地でみられるようになる。なかでも、内ロンドン、バークシャー、ブラッドフォード、レスターシャーなどが、多文化教育の先進的教育当局として知られている。

また全国レベルの動きとしては、マイノリティ子弟の英語教育担当教師の団体が、73年には多文化教育に関心をもつ教師を吸合して名称を改め、全国多文化教育協会（略称NAME）[3]が新たに発足したことを挙げねばならない。以来、同協会は父母・学生会員を加えるとともに機関誌を発行するなど、多文化教育の教育内容・方法に関する情報・意見の交換や学校での取り組みに対する積極的な支援活動を行ってきている。

(3) 多文化教育の拡大・普及と教育改革

こうした多文化教育の拡がりを背景にして、折りしも学校教育をめぐる

改革論議が一段と活発化した。77年に公表された教育科学省の教育改革に関する公式の諮問文書「学校教育」[4]（教育緑書）は、多文化教育の推進を重要課題として取り上げ、学校カリキュラムには「異なる民族・文化に対する理解ある態度の育成」も含めるべきことを強調した。これを受けて、多数のマイノリティ子弟を抱える地方教育当局の多くが、多文化教育推進のための専任の指導主事を任命し、推進計画の策定、学校カリキュラムの編成と実践に対する助言・指導に当たらせるなどの措置を講じたのである。

　この教育緑書の提言をカリキュラム編成の指針として明示したのは、1980年公刊の教育科学省文書「学校カリキュラムの枠組み」[5]、次いで、翌1981年に出された「学校カリキュラム」[6]においてであった。後者は、義務教育諸学校が自校のカリキュラムを編成する際に考慮すべき事項を示した教育科学省の基準文書として知られる。これを受けて、その後に勅任視学部が公刊した一連の討議文書では、現代社会の人種的・文化的多様性の理解は当然に重視さるべき教育目標であることが繰り返し強調された。

3. 学校教育カリキュラムと多文化教育
(1) 学校教育白書と教育目標

　学校教育改革、とりわけ教育内容の全国共通化を企図する1981年の基準文書「学校カリキュラム」の公刊に続いて、1985年には教育改革の基本方向を示す教育科学省白書「ベター・スクール」[7]が公示された。目下この実施計画に沿った施策が進行中である。同白書が掲げる学校教育の目標6項目の中には、多文化教育にかかわる2項目が含まれている。ちなみに全6項目を以下に訳出してみた[8]。

(1) 児童・生徒の生き生きとした探求心と問題を提起して論理的に討議し応用する能力と、身体的技能の発達を助長する。

(2) 児童・生徒が急速に変化する世界で、成人・職業生活を送るに必要な理解力・知識・技能の習得を援助する。
(3) 児童・生徒が言語と数学を効果的に使用できるよう指導する。
(4) 児童・生徒が自己の個性的・道徳的資質を涵養し、宗教的価値を敬い、ほかの民族・宗教・生活様式を受容できるよう指導する。
(5) 児童・生徒が自分の生活する世界と個人・集団・国家間における相互依存の関係を理解するよう助力する。
(6) 児童・生徒が人類の業績と向上心を正しく評価できるよう指導する。

　上掲第4・5項目が、国際理解教育ないし多文化教育に関する教育目標である。各地方教育当局・学校は、これらの6項目を考慮したうえで、地域の実情に即したカリキュラム編成を行い、それに基づいて具体的な教育活動を展開することが求められたのである。

(2) スワン (SWANN) 委員会勧告と多文化教育

　1985年、マイノリティに関する教育調査を行った政府委員会（通称スワン委員会）の報告書「万人のための教育」[9]が公表された。これは、多文化社会における学校教育の在り方とその指針を探るべく、同委員会が各種の調査の実施、各界からの意見の聴取、教育実践の見直しと分析を通して作成したマイノリティの教育に関する総合的な調査報告書である。
　スワン委員会はその報告書にて、多文化社会におけるマイノリティの教育に関し学校教育上配慮すべき事項を、次のように勧告している。

① 学校教育はマイノリティの特殊なニーズを考慮すべきである。
② すべての児童・生徒を対象に、多様な文化について学習する機会が与えられるよう配慮すべきである。
③ 文化的・言語的・宗教的もしくは人種的にも異なる個人または集団に対する差別的な態度・言動に対処する方策を講ずるべきである。

勧告の第2項目こそは、まさしく1977年の「教育緑書」以降の一連の公的文書の刊行を経て到達した、国際理解教育ないし多文化教育の機会確保を明示した文言として注目すべきものであろう。

スワン報告書タイトル *Education for All* の示すように、マイノリティーだけでなく、す・べ・て・の児童生徒を対象とする、成人生活への準備教育の重要な一領域として、多文化教育は、学校教育上にその正当な位置づけを勧告されたのである。

(3) 地方教育行政レベルでの取り組み

中央レベルでのこうした動きに呼応して、地方レベルでも多文化教育に関する調査が行われ、その報告書に基づく政策論議が展開された。内ロンドン教育当局が作成した調査報告「多民族社会における教育」[10]、ブラッドフォード市教育当局の「多文化社会の教育」[11]はその代表例であるが、ともに地方教育当局の方針として、全児童・生徒を対象に、「多文化社会での生活に向けての準備教育の在り方」「人種差別対策」「文化的・言語的多様性の受容とマイノリティの要請に対する対応」などが掲げられている。

しかしながら、マイノリティ居住区域を抱える大都市の多文化教育先進当局を除けば、一般に地方レベルの取り組みは、必ずしもはかばかしいものではない。ましてマイノリティ人口の少ない地域もしくは全白人地域では、父母・住民の関心は低く、多文化教育導入が今なお争論的な教育問題として残されている地方当局も少なくない[12]。

(4) 教員組合の対応

多文化教育の重要性を認識し、その取り組みをいち早く開始したのは、マイノリティの教育指導に日々携わる学校教師であった。したがって、この国最大の教員組合 NUT は、早くも1977年の年次大会で、多民族社会の調和的発展を志向して、人種差別的行動の増大に対して警告を発する決議を行っている[13]。

また、中等学校教員の組合 AMMA は、多文化教育問題を調査・検討する作業部会を設け、1981年には「多文化社会の教育」[14]と題する報告書を公表した。こうした教員組合の積極的な取り組みを支えたのは、学校レベルでの、あるいは個人レベルでの教師による多文化教育の意欲的な実践であったことは言をまたない。

4. 学校における多文化教育の実践
(1) 多文化教育の学習範囲

マイノリティが多数在学する学校ないし学級ほど、多文化教育は一般化していると言われる。それは、教師がマイノリティの文化的背景を把握する指導上の必要からであるが、合わせてこれら教師は、教材研究にも概して熱心であり、仲間の児童・生徒に身近なマイノリティを理解させるため、時宜を得た学習の展開が可能であるという理由にもよる。マイノリティの親の協力とか、教材の入手も容易だという理由もあろう。

しかしながら、マイノリティの在学とは無関係に、各国間の相互依存関係と他民族文化の受容と理解が多文化教育の目的であるとすると、学習の範囲は限りなく拡大するおそれがある。サンダーランド・ポリテクニクのの J. リンチ (Lynch) 教育学部長[15]は、多文化教育の限界について、多文化教育の登場をうながした新たな民族文化集団に、イギリス主流文化の発展に寄与した長い歴史をもつウェールズ人とゲール人を加えて多文化教育の外枠とすべきだ、と主張する[16]。

リンチの主張と同様な考え方は、78年以後に相次いで公刊された教育科学省視学部の初等・中等教育関連の諸調査報告書の文言からも読みとることができる。すなわち、「多民族社会における生活への準備教育」という限定がそれである。したがって、多文化教育の学習範囲は、今日のイギリス社会を構成する民族文化に限ると理解してよいようである。

(2) 学校における実践例

　地方教師センターでの多文化教育をテーマとする現職教育コースの開講、地方教育当局による関連教材等購入のための予算措置、担当指導主事による訪問指導などの物心両面の支援を得て、学校レベルでは教職員・学校理事[17]、父母などを混えて学校独自の多文化教育指導要項の作成が行われた。学校理事会も何度も開かれ、指導要項原案が検討された。

　A.クロフト（Croft）氏は、個々の学校が作成した指導要項を分析して、次のように述べている。各学校とも、多文化教育は校長から学校図書館司書・用務員・給食調理員に至るまで、全校教職員の協力を得て行われるべきものであることを謳い、教職員の一人ひとりの役割分担が明記されている、ことなどを挙げている[18]。

　具体的な実践例としては、学校の廊下、学校図書館・教室のコーナーないし壁面への民族文化に関する教材・資料の展示と掲示、映画の上映、自校教師もしくは招へい講師による講習会の開催、集会時でのキリスト教以外の宗教・祭礼についての講話などが、全校児童生徒を対象として行事化されている。

　通常の授業では、関連するトピック学習、プロジェクト学習を取り入れ、多言語・多文化社会イギリスの多様性を認識させる多くの機会が設定されている。学校図書館や各教室文庫の図書・教材の購入も、また教師と児童・生徒との共同学習プログラムの策定も、多文化教育推進の観点から行われつつある。マイノリティの多数在学する学校では、今や、彼らの母国語教育までも時間割に正式に組み込まれている学校も少なくない。

　学習方法としては、一般に個別的自己学習の方式が採用され、各自の関心ある特定の国・文化・民族等についての学習の掘り下げが可能とされ、そのための教材準備や文化的背景を異にする児童・生徒間の交流が、特に奨励される。

　第二言語としての英語学習は、かつては特別施設での分離学習が一般的であったが、今日では初等・中等学校ともにイギリス人児童・生徒と共学

する通常のカリキュラムの一部としての英語指導へと移行しつつある。

　また、中等学校では、教科担当教師による教科目の枠内での学習は、適切なる学習テーマの選択により、効果的に展開されるようになった。社会科・宗教教育では、異文化・異宗教に関する討議の機会が最も有効とされている。クロフトは、とりわけ歴史学習における「大航海時代」ないし「植民地主義の波及」を事例として取り上げ、「発見された」または「植民地化された」諸国・地域からの考察の可能性を指摘する[19]。

　多文化教育に関連する学習テーマの選定と学習の視点は家庭科[20]・音楽・文学・言語・生物・地理・美術・ダンス・数学など、すべての教科目学習について見出しうるものである。要は、担当教師の多文化教育関連教材の収集と、教材研究や授業研究に対する熱意と力量にかかっていると言ってよいようである。

(3) 多文化教育用教材の開発

　1980年代の多文化教育の拡大普及を反映して、地方教育当局・諸学校の指導方針を勘案した多文化教育用図書の企画・編集・刊行が教育図書出版社により相次いで進められている。

　既述のように、たとえば、大手の教育図書出版社マクミラン社は、トピック学習用に8～13歳用の教科書「祭礼」(Festival) 4冊シリーズ[21]と8～14歳用の「国内と国外で」(At Home and Abroad)[22] 4冊シリーズを編集・出版した。ほかに、同社出版の同種の教材に、「世界を回って」「世界：人々と地域」「生活様式」「世界の食物と料理」「世界の民話」「イスラム教予言者の物語」「インド洋・太平洋」（日本を含む7カ国（7分冊）の学習参考書）、その他に掛図、子ども用百科事典等17種がある。

　「祭礼」シリーズでは、「香港の新年」「ブルナイの回教徒の祭礼」「トリニダード（西インド諸島）のカーニバル」を分冊タイトルとして、それぞれの祭礼・儀式を宗教的・歴史的に文化・生活慣習上の観点から取り上げ、挿絵・写真・統計・地図などを各ページに2、3点ずつ掲載している。説

明文は平易・明解で活字も大きく、初等学校中学年、中等学校の低・中学年用（ミドル・スクール生徒用）、トピック学習用に巧みに編集されている。ワーク・シート（別刷）も開発・発売されている。

「国内と国外で」シリーズは、イギリス生まれのマイノリティ二世が、両親の生まれ育った国々を訪れ、自分たちの現在のイギリスでの生活の紹介、両親がイギリスに持ち込んだ出身国の文化・習慣、そして訪問先の各地での見聞とイギリス社会の文化・生活との比較を主題に、話が進展する。マイノリティ二世の子ども2人の間に取り交わされる会話が挿まれている分冊もある。マイノリティにも、またイギリスの子どもにとっても理解しやすい説明が、写真・挿絵・地図とともに平易な文体で続く。各冊は、旅する2人の子どもの名を分冊タイトルとし、その副題として「ヒンズー教徒の子どものインド旅行」「シーク教徒の子どものインド旅行」「回教徒の子どものパキスタン旅行」が付されている。

両シリーズとも、宗教教育、環境教育、社会科教育でも、また多文化教育単独のプロジェクト学習・トピック学習用に使用できるよう、行き届いた編集がなされている。取り扱う国々は英連邦国に限られているが、このことは、ほかの多文化用教育図書の場合にもほぼ共通して言いうることである。

おわりに

以上、戦後のイギリス社会における多文化教育の展開の過程と現状を、学校教育に限定して、国、地方、学校レベルの順に概観してきた。

多文化教育は、その経緯から見ても明らかなように、この国のカリキュラム論議の中では宗教教育、平和教育・核問題とともに争論的な学習領域であるとされる。しかしながら、学校教師の間には、多文化教育はあらゆる教育活動をとおして推進さるべき総合的な学習領域であり、かつ21世紀の開幕を目前に控えた今日、学校教育が果たすべき喫緊の課題であるという認識が、次第に拡がりつつある。政府、地方当局、地域住民の三者協

調による学校教師への支援体制づくりに、一層の拍車が掛けられることが期待される。

(注・引用文献)

(1) Arturo Tosi 〈Oxford Politechnic〉 *Immigration and Bilingual Education, Pergamon Institute of Education.* Pergamon Press. 1984. p.vii.
(2) 木村浩「イギリスにおける非行・問題行動の現状と対応」『児童・生徒の問題行動—社会的不適応の研究—』(青少年適応問題研究委員会編)、昭和62年 ぎょうせい、pp.103-104.
(3) The National Association for Multiracial Education 本部所在地 Derby、全国に50余の支部がある。
(4) 教育科学省: Education in Schools — Consultative Document — HMSO. 1977. 表紙が緑色であることから通称 Green paper、教育緑書と呼ばれている。76年から77年にかけて全国各地で開かれた教育大討論会での論議を基に教育科学省がまとめた諮問文書。
(5) 教育科学省: Framework for the School Curriculum. HMSO. 1980.
(6) 教育科学省: The School Curriculum. HMSO. 1981.
(7) 教育科学省: Better Schools. HMSO. 1985.
(8) 教育科学省: 上掲書 p.14.
(9) 教育科学省: Education for All. HMSO. 1985.
(10) 内ロンドン教育当局: Education in a Multiethnic Society. An Aide-Memoire for the Inspectorate. 1981.
(11) ブラッドフォード市教育当局: Education for Multicultural Society. Local Administrative Memorandum 282. 1982.
(12) J. J. Wellington (ed.), *Controversial Issues in the Curriculum*. Blackwell. 1986. pp.80-81.
(13) James Lynch. *Multicultural Education : principles and practice*. Routledge. 1986. p.80.
(14) AMMA: Education for a Multicultural Society. 1981.
(15) James Lynch. op.cit., p.3.
(16) James Lynch. op.cit., p.34.
(17) Board of School Governors (学校理事会) の構成員。イギリスの各初等・中等学校には、法令により学校経営上の重要事項 (カリキュラム、人事、生徒の停・退学、学校行事など) について協議する学校理事会が置かれている。学校の規模により構成員数は異なるが、地方教育当局代表・校長・教員代表・父母代表・地域代表などから構成される。
(18) Alma Croft. " 'Multicultural Teaching' : Controversial Issues on the Curriculum." J. Wellington (ed.), op.cit., pp.76-77.
(19) Alma Croft. op.cit., p.79.
(20) 事例として家庭科を取り上げた。すでに出版されている教材としては、世界の食物・

料理、世界の服飾・衣服、世界の家庭生活と家族の役割分担などがある。
(21) *Festival !*（4冊シリーズ）各冊32頁、ソフト・カバー、McMillan Education社、1987年
(22) *At Home and Abroad*（4冊シリーズ）各冊48頁、ハード・カバー、McMillan Education社、1987年

（参考文献）

R. K. Arora and C. G. Duncan (eds.), *Multicultural Education : Towards Good Practice.* Routledge. 1986.
Maurice Croft (Ed.), *Teaching in a Multicultural Society : The Task for Teaching Education.* The Falmer Press. 1981.
James Lynch. *Multicultural Education : principles and practice.* Routledge. 1986.
John Twitchin and C. Demuth (eds.), *Multi-cultural Education (Revised Edition).* B.B.C., 1985.

（出所）「イギリスにおける多文化教育の展開」『国際理解の教育』（実践・教職課程講座第15、1988年、日本教育図書センター）所収、pp.305-316.

2節　国際理解教育──日本とイギリス──

2-1　帰国子女

本項の背景とねらい

　わが国では、70年代に企業の海外進出が盛んになるにつれ、海外帰国子女の受け入れ、在外日本人学校の派遣教員や教育内容などをめぐる教育問題が議論され始める。70年末には全国共同利用施設・海外子女教育センター（現・国際教育センター）が東京学芸大学に置かれ、専門的な研究・研修事業を開始した。その直後、同センターが組織する海外補習校カリキュラム研究プロジェクトに、筆者は3年間にわたり参加する機会を得た。その縁で、寄稿依頼に応じたのが本稿である。イギリスで見学した「国際理解」をテーマとする授業に、わが国の帰国子女教育の実態を重ね合わせ、随想風に述べたものである。

臨時教育審議会が発足した年のことである。在外研究のためケンブリッジ滞在中であった私は、同市内の公立小学校で進められている多文化教育の実際を参観する機会を得た。国際的学都としての伝統をもつこの町には、移民子弟に加えて、世界各国から蝟集する留学生・研究者の子女が居住しており、日本を含め23カ国にも及ぶ、社会的文化的背景を異にする子どもたちが、各自持参した資料を提示しながら誇らしげに自国文化について語っていた。わが国の帰国子女と比べ、どの子の瞳も光り輝いていたのが印象的であった。

基礎学力の向上と多文化教育ないし国際理解教育の推進を教育目標とするこの学校は、第二言語としての英語指導も行い、人種・出身国の別なく、学区に居住するすべての子どもに等しく開かれた、まさしく公立の国際学校とも称すべきものであった。多民族・多文化国家イギリスの、とりわけ大都市に所在する学校の多くは、大同小異こうした性格を備えていると言ってよい。

さて、海外子女のための在英教育施設を瞥見してみよう。在英邦人およそ1万5,000人、うち1万人がロンドンに居住していると言われるが、その子女の多数が上述のような公立学校と、一部が私立学校に在学している。ロンドン日本人学校在学者数は、1986年6月調査で小・中学生合計520人であった。したがって、邦人子女の多くが、個性重視・個別学習を特徴とする現地校で、自由でゆとりある学校生活を送るかたわら、在籍者1,500人を数える最大規模のロンドン補習校をはじめ、5つの地方都市に設けられている補習校に通学しているのが実態のようである。ほかに、立教英国学院、英国四天王寺学園、英国暁星国際学園などがあり、いずれも高等部を併設し、小・中学部よりも多くの高等部生徒を収容している。また、この国初の四年制大学・英国暁星国際大学が開学された。レディング大学との単位互換、同大学の学寮生との共同生活などが構想され、教育国際化の新しい試みとして注目を集めた。

発足3年後、臨時教育審議会は、「異なるものを理解し、受容し、相互

交流の深化をはかることは、日本の社会にとって最重要な課題の一つであるとの認識に基づいて、国内諸学校への帰国子女・外国人子女の受け入れと、海外体験が生かされる開かれた学校こそわが国の学校のあるべき姿である」との見解を表明したのである。提案された具体的な諸施策の中でも、とりわけ、帰国子女、外国人子女、一般の日本人子女が共学する新国際学校の設置と、在外教育施設の現地住民子女への開放という二つの構想は、国際的にも文化的にも開かれた日本社会の形成へ向けての貴重な第一歩を刻したという意味で、高く評価されて然るべきものであろう。

　すでに、この構想に沿った組織改編の企画や実験的な試行を進める施設・学校もあると聞く。構想の早期実現が大いに期待されるところである。

（1項出所）「海外・帰国子女教育と開かれた日本社会の形成」『海外子女教育研究』（第99号、1988年10月、東京学芸大学海外子女教育センター）所収

〈補説：1989年、東京都立国際高等学校（国際学科専科）が、目黒区駒場に開設され、国際理解教育と語学教育を広く一般の日本人生徒、海外帰国生徒、在京外国人生徒を対象に提供する先進校として高い評価を得て今日に至っている。

　2005年度当初の在学生徒総数およそ500人のうち、在京外国人生徒は64人、海外帰国生徒159人、一般日本人生徒約370人であった。〉

2−2　多文化教育

―本項の背景とねらい――

　文部省科研「学習材としての教科書の機能に関する基礎的研究」の研究協力者として外国調査に参加。1993年9月にロンドン、バーミンガムを中心に、ナショナル・カリキュラム導入（1989年）以後の多文化教育に関連する教科書の開発情報の入手、関係資料の収集、聞き取り調査を実施

した。以下は、その折りに訪問した関係2団体の活動をまとめた報告である。

1. ナショナル・カリキュラムの導入とその後の見直し

「教育改革の出発点は、イギリスの教育水準に対する大きな不満だった」（サッチャー回顧録）という鉄の女性宰相の改革に対する頑なほどの首尾一貫した姿勢は、「1988年教育改革法」とそれに続く立法措置により、多様な制度改革をもたらした。なかでもナショナル・カリキュラム（National Curriculum 以下、NCと略称）の導入は、イギリス教育のこれまでの慣行を大きく変えるものとして世界の注目を集めた。

NCに基づく学習は89年9月から、また全国テストは92年夏より、初等段階の中核教科と技術科について実施されたが、中等教育段階の評価については、極端な準備不足が災いして関係者の納得と協力を十分に得るに至らなかった。

このため、93年4月には、NCと評価に関する政府の見直し委員会（ロン・デアリング委員長）が任命され、①カリキュラム範囲の縮減、②NCとテストの中央管理・運営方策、③テスト方法の簡略化、④評価スケールの検討、について調査が始められた。同委員会は、早くも7月に中間報告を、12月には最終報告を公表した。全国基準としてのNCは、実施早々にして改訂の必要に迫られ、今後の成り行きが注目されている。

2. 教育出版社協会（Educational Publishers Council 以下、EPC）にて

EPC事務局では、13年来旧知の常務理事J.デイヴィス氏と女性職員から、多文化教育用の教材の開発について十分な説明を伺うことができた。それによると、NC導入以後少数民族に配慮した教科書への需要が高まってきており、EPCでは教員集会や地方教育当局主催の諸会合に参加、関連情報を収集して教科書改善に努力している。また、EC統合に向けての教材開発は極めて重要であり、会員出版社への情報提供に余念がない。

多文化教育は NC に定められた「教科」ではない。しかし、現実に多民族・多文化社会化の著しい今日のイギリス社会にあっては、多文化教育を学校教育の中核に位置づけ、それを推進するための教材開発と教育実践が望まれている。両氏は、NC 教科の教科書出版を手がける出版社の多くが、多文化教育に配慮した編集と開発を進める最近の好ましい傾向を指摘する。教科書に登場する少数民族子弟のイラストや写真、主題として取り上げる多民族問題の増加は、こうした傾向を端的に示している。

今後の課題として、アジアの民族と文化に関する関心と理解を高める教科書編集と発行が期待されている、という。

3. ラニメード財団（The Runnymede Trust）にて

人種差別の解消と多文化教育の振興を目的に、1968 年に設立された民間チャリティ団体であるラニメード財団を訪ね、常務理事のロビン・リチャードソン氏から、財団の諸活動について話を伺った。設立当初は、移民問題・人種差別問題が優先されていたが、今日では専任職員 4 名ながら、学校教師を対象とする調査研究物の出版、多文化教育の手引書の作成、多文化教育関連の全国セミナーやワークショップの開催、ニューズレター・年報の発行など、その活動は拡大された。

とりわけ注目すべきは、NC 教科の指導と教材開発のうえで教師・関係者にとって拠り所となる手引書の作成・発行である。NC 導入に際し、全国カリキュラム審議会（NCC）は多文化教育振興のための作業部会を組織し、審議を尽くして報告書を作成した。しかし、NCC は公式の報告・答申を行わなかったのである。1991 年、ウオーイック大学と同地方教育当局共催の教育改革法に関する全国集会が開かれた。これに参加した教師115 名は、NCC が公式の答申を行わなかったことを遺憾とし、答申を含めた多文化教育実践手引書の作成をラニメード財団に委託することとなった。

1992 年に「学校カリキュラムにおける平等の保障」が作成・配布され、

全国の教師・関係者の討議と提言にもとづく修正が加えられた。そして翌1993年1月、72ページから成る「学校における平等の保障」が刊行された。同ハンドブックは、教員研修・ワークショップ等でテキストとして使用され、1994年1月現在、販売総数1万5,000部に達し、多文化教育の実践・教材開発に際しての手引書として絶大な影響を及ぼしている。

(2項出所)「イギリスの多文化教育」『教科書研究センター通信』(第66号、1994年4月、教科書研究センター)所収

〈補説:イギリスにおける多文化教育は、文化的多様性の理解と民族的少数者の社会的不平等の解消を目的として展開されてきた。とりわけ、1980年代後半以降には、人種的差別・偏見の是正が重要と考えられ、反人種差別の教育・民族的少数者の母国語教育・キリスト教以外の宗教教育を学校カリキュラムに含めるべきと広く認識された。以来、種々のカリキュラム・教材開発活動が継続して進められ今日に至っている。〉

関連資料

1. イギリスの学校系統図（2000年現在のイングランド、ウェールズの一般的な学校系統）

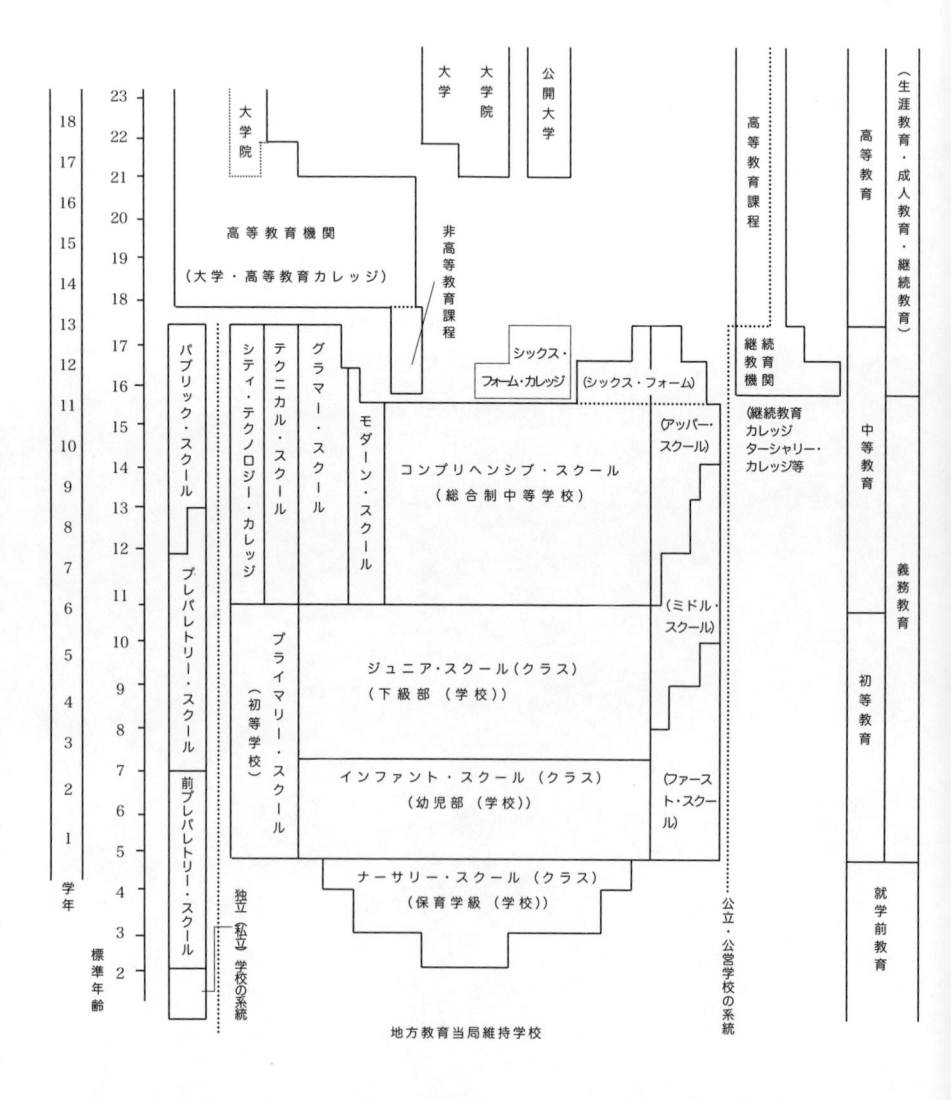

(注) イングランドの一般的な学校系統を図表化して示したもの。「イギリスの教育」(木村浩・冨田福代)『新版 現代学校教育大事典』第1巻、所収〈ぎょうせい、2002年8月初版より転載〉

2．イギリス教育課程関連年表　1980-2005 年

1980 年 1 月初旬	教育科学省「学校教育課程のための枠組み」(A Framework for the School Curriculum) を公表
1980 年 1 月下旬	第 1 回全国学力調査報告書 (教育科学省内 Assessment of Performance Unit; 11 歳生徒対象・数学) 公表
1980 年 4 月 3 日	「1980 年教育法」(Education Act 1980) 成立
1980 年 8 月	政府白書「特別の教育的ニーズ」(Special Needs in Education) 公表
1980 年 9 月中旬	全国学力調査のうち 15 歳生徒対象・数学の調査報告書公表
1980 年	教育科学省視学部討議文書「カリキュラムの視点」(A View of the Curriculum) 公表
1980 年	M. ガルトン (Maurice Galton)、B. サイモン (Brian Simon) による ORACLE (Observational Research an Classroom Learning) 調査公表
1981 年	ランプトン (Rampton) 委員会、中間報告書「少数民族の教育」(Education of Ethnic Minorities) 公表。
1981 年 1 月 31 日	「1981 年雇用・訓練法」(Employment and Training Act 1981) 成立
1981 年 3 月 25 日	「学校教育課程」(The School Curriculum) 公表
1981 年 4 月上旬	学校審議会 (Schools Council)、「実践的教育課程」(The Practical Curriculum) 公表
1981 年 7 月	全国学力調査のうち 11 歳児童対象・国語の調査報告書公表
1981 年 9 月 14 日	教育科学相交替 (Hark Carlisle から Sir Keith Joseph へ) (※カーライルは 1979 年 5 月 8 日から。ジョセフは 1986 年 5 月 21 日まで)
1981 年 10 月 30 日	「1981 年教育法 (特殊教育)」成立
1981 年 12 月中旬	全国学力調査のうち 11 歳児童対象・理科の調査報告書公表
1981 年 12 月	マンパワー・サービス委員会「A New Training Initiative: A Programme for Action」公表

1982年1月下旬	コッククロフト (Cockcroft) 委員会「数学教育のあり方」(Mathematics Counts) 答申
1982年2月中旬	下院教育学術特別委員会報告 (The Secondary School Curriculum and Examination with special reference to the 14 to 16 year age group) 公表
1982年3月	全国学力調査のうち15歳生徒対象・国語の調査報告書公表
1982年6月上旬	協議文書「学校における理科教育」(Science Education in Schools) 公表
1982年11月	教育科学省、政策文書「16歳時試験」公表
1983年1月	教育科学省視学部討議文書「学校における学習指導:教員養成教育の内容 (Teaching in Schools:the Content of Initial Training) 公表
1983年3月下旬	政府白書「教員の質」(Teaching Quality) 公表
1983年3月下旬	教員養成・供給審議会、教員養成課程編成の全国的基準を公表
1983年5月末	教育科学省協議文書「教育課程における外国語」(Foreign Languages in the School Curriculum) 公表
1983年7月	ジョセフ (K.Joseph) 教育科学相、16歳試験の一元化正式決定
1983年7月下旬	教育科学省討議文書「5-16歳のカリキュラムの組織と内容 (The Organisation and Content of the 5-16 Curriculum) 公表
1984年	「1984年教育法(補助金拠出)」成立
1984年1月	学校審議会を発展的に解消し、中等教育試験審議 (Secondary Examination Council) と学校カリキュラム開発委員会 (School Curriculum Development Committee) を創設
1984年3月	教育科学省、国語教育のガイドライン「5歳から16歳の国語」(English from 5 to 16) 公表・GCSE試験シラバスの統一的基準公表
1984年6月20日	教育科学省討議文書「5歳から16歳の理科:政策の提言」

	(Science 5-16:A statement of Policy) 公表
1984年10月2日	政府緑書「青年の教育と訓練」(Education and Training for Young People)
1985年	政府白書「より優れた学校」(Better Schools) 公表
1985年	教育科学省視学部討議文書「カリキュラム5歳～16歳」(The Curriculum 5-16) 公表
1985年3月中旬	数学教育のガイドライン「5歳から16歳の数学」(Mathematics from 5 to 16) 公表
1985年3月22日	音楽教育のガイドライン「5歳から16歳の音楽」(Music from 5 to 16) 公表
1985年3月26日	「1985年継続教育法」(Further Education Act 1985) 成立
1985年4月	教育科学省協議文書「地方教育当局の視学の役割」(The Role of Local Education Authority Advisory Services) 公表
1985年9月下旬	家庭科教育のガイドライン「5歳から16歳の家庭科」(Home Economics from 5 to 16) 公表
1985年	スワン (Swann) 報告 (Education for All) 公表
1986年5月	ケネス・ベーカー (Kenneth Baker) 教育科学相就任
1986年6月16日	外国語に関する政策提言文書「教育課程における外国語」(Foreign Languages in the School Curriculum) 公表
1986年7月	下院教育学術特別委員会の初等教育に関する報告書 (Achievement in Primary Schools) 公表
1986年9月	全国5試験機関、GCSE試験のシラバス (Standard Syllabus) 公表
1986年10月	GCE試験委員会、ASレベルのシラバス公表
1986年11月7日	「1986年教育法」(The Education Act 1986) 成立
1987年4月1日	白書「高等教育：変化への対応」(Higher Education: Meeting the Challenge) 公表
1987年7月	教育科学省、全国共通コア・カリキュラム導入に関する討議文書 (the National Curriculum 5-16:a Consultation Document) 公表

1987 年 9 月	全国 5 試験機関、義務教育修了者対象の GCSE 試験シラバス (Mature Syllabus) 公表
1987 年 11 月 20 日	教育改革法案 (the Education Reform Bill) 議会に提出
1987 年	「教員の給与と地位保全法」(Teachers' Pay and Conditions Act) 成立
1988 年	評価とテストに関する作業部会 (Task Group on Assessment and Testing: TGAT) のブラック報告公表
1988 年 2 月	政策文書「教育課程における現代外国語」公表
1988 年 4 月	英語に関する調査委員会のキングマン報告 (The Report of the Committee of Inquiry into English) 刊行
1988 年	ヒギンソン (Higginson) 報告「A レベルの向上」(Advancing A Levels)
1988 年 7 月 29 日	「1988 年教育改革法」(The Education Reform Act 1988) により、ナショナル・カリキュラム創設、翌 89 年に導入開始
1988 年 8 月	第 1 回 GCSE 試験実施
1988 年	「地方政府法」(Local Government Act) セクション 28 にて、公立学校における同性愛を促進する教育の禁止を明記
1989 年	エルトン (Elton) 報告「学校におけるしつけ」(Discipline in Schools)
1989 年 3 月	「ナショナル・カリキュラムにおける理科」(Science in the National Curriculum) 公表
1989 年 3 月	「ナショナル・カリキュラムにおける数学」(Mathematics in the National Curriculum) 公表
1989 年 6 月	「5 歳から 16 歳の英語」(English for Ages 5 to 16) 公表
1989 年 7 月	ジョン・マグレガー (John McGregor) 教育科学相
1990 年 11 月	サッチャー (Thatcher) 退陣、第 1 期メージャー (Major) 政権発足
1990 年 11 月	ケネス・クラーク (Kenneth Clarke) 教育科学相
1990 年	「1990 年教育法」成立

1991年	「学校教員の給与と地位保全法」(School Teachers' Pay and Conditions Act) 成立
1991年	白書「高等教育」、学生の定数増を勧告
1991年	Parents' Charter により親の学校参加の権利が認められる
1992年4月	ジョン・パッテン (John Patten) 教育科学相
1992年	「1992年継続高等教育法」(Further and Higher Education Act) 成立
1992年	「1992年教育法」成立
1992年9月	教育水準局 OFSTED (Office for Standards in Education) 設立
1992年	「三人の賢者」(three wise men) による報告「初等学校におけるカリキュラムの組織と実践」(Curriculum Organisation and Classroom Practice in Primary Schools) 公表
1993年	デアリング (Dearing) 報告「ナショナル・カリキュラムとその評価」(The National Curriculum and Its Assessment)
1993年	「1993年教育法」成立により、中等学校における性教育義務化
1994年	「1994年教育法」成立
1994年7月	ジリアン・シェパード (Gilliam Shephard) 教育科学相
1994年	スペシャリスト・スクール・プログラムのもと、初めてのテクノロジー・カレッジ認定
1994年	現代徒弟制度 (Modern Apprenticeship) 試験的導入
1995年8月	教育省と雇用省が合併し、教育雇用省 (Department of Education and Employment: DfEE) となる
1995年	現代徒弟制度 (Modern Apprenticeship) 本格導入
1996年3月	デアリング報告「16〜19歳の資格レビュー」(Review of Qualifications for 16-19-Year-Olds)
1996年	シティ・テクノロジー・カレッジ、法制化
1996年	「学校視察法」(School Inspections Act) 成立

1996年	「1996年教育法」成立
1997年	保守党政権による最後の教育法 (「1997年教育法」) が成立
1997年5月	労働党27年ぶりに政権に返り咲く。第1期ブレア (Blair) 政権発足
1997年5月	デビッド・ブランケット (David Blunkett) 教育雇用相就任
1997年6月	ケネディ (Kennedy) 報告「学習の効果」(Learning Works)
1997年7月23日	デアリング報告「学習社会における高等教育」(Higher Education in the Learning Society)
7月	白書「学校における優秀性」(Excellence in Schools) 公表
1997年10月	資格・カリキュラム機関 (Qualifications and Curriculum Authority) 創設
1997年	労働党政権による最初の教育法 (「1997年教育法」) 成立により、補助学籍制度廃止、「全国資格枠組」(National Qualifications Framework) 制定
1997年10月	「成功のための資格取得」(Qualifying for Success) 公表
1997年12月9日	教育雇用省政策討議文書「若年層への投資」(Investing in Young People) 公表
1998年3月	全国リテラシーおよびヌメラシー戦略 (National Literacy and Numeracy Strategy) 公表
1998年3月	「学校水準および枠組法」(School Standards and Framework Act) 成立により EAZ(Education Action Zone) の制定
1998年7月16日	「教授および高等教育法」(Teaching and Higher Education Act) 成立
1999年3月	政府、「成功のための資格取得」の諮問結果 (consultation) を公表
1999年3月	緑書「教師―変化への挑戦と対応」(Teachers - Meeting the Challenge of Change)
1999年4月19日	モーザー (Moser) 報告 (A Fresh Start - improving literacy and numeracy)
1999年9月9日	2000年からのナショナル・カリキュラムの改訂 (カリキュ

	ラム 2000 の導入) が決定
2000 年 7 月 28 日	「学習と技能法」(Learning and Skills Act) 成立
2001 年 2 月	緑書「学校:成功の樹立」(Schools: Building on Success) を公表
2001 年 6 月	総選挙で労働党が大勝、第 2 期ブレア政権
2001 年 6 月	教育雇用省を教育技能省 (Department of Education and Skills: DfES) に再編
2001 年 6 月	教育技能相として、エステル・モリス (Estelle Morris) が就任
2001 年 11 月	白書「学校—成功への到達」(Schools-Achieving Success) 公表
2002 年 2 月	緑書「14 歳—19 歳:機会と卓越性」(14-19: Opportunity and Excellence) 公表
2002 年 7 月	「2002 年教育法」成立
2002 年 9 月	カリキュラム 2000 が本格実施、A レベル・スキャンダルが起こる
2002 年 9 月	市民科 (Citizenship) が 11 歳〜16 歳の法令教科となる
2002 年 9 月	シティ・アカデミー (Academy) 設立
2002 年 9 月	元勅任視学官マイク・トムリンソン (Mike Tomlinson) が、A レベル試験混乱の調査報告を提出。モリス、QCA 長官のウィリアム・スタッブズ (William Stabbs) を更迭
2002 年 10 月	OFSTED 報告書、「成功を収めている初等学校におけるカリキュラム」公表
2002 年 10 月	エステル・モリス教育技能相辞任、後任にチャールズ・クラーク (Charles Clarke) 就任
2002 年 12 月 3 日	マイク・トムリンソンによる A レベル試験に関する最終報告書公表
2002 年 12 月	政策文書「教育と技能—成果:2006 年までの戦略」(Education and Skills - Delivering Results: a Strategy to 2006) 公表

2003年5月		政策文書「卓越性と楽しさ─初等学校における戦略」(Excellence and Enjoyment - A Strategy for Primary Schools) 公表
	7月	白書「21世紀の技能─潜在能力の実現」(21st Century Skills - Realising our Potential) 公表
2003年9月		緑書「エヴリ・チャイルド・マターズ」(Every Child Matters) 公表
2003年12月		白書「高等教育の将来」(The Future of Higher Education) 公表
2004年2月17日		マイク・トムリンソンを座長とするワーキング・グループ「14歳─19歳のカリキュラムと資格の改革」(14-19 Curriculum and Qualifications Reform) 中間報告書公表
2004年7月		政府「子どもと学習者のための5ヵ年戦略」(Five Years Strategy for Children and Learners) を公表
2004年10月19日		トムリンソン・ワーキング・グループ「14歳─19歳のカリキュラムと資格の改革」(14-19 Curriculum and Qualifications Reform) 最終報告書公表
2004年11月15日		「2004年児童法」(Children Act) 成立
2004年12月15日		チャールズ・クラーク教育技能相、内務大臣に就任、後任にルース・ケリー(Ruth Kelly)が教育技能相となる
2005年2月23日		白書「14歳─19歳の教育とスキル」(14-19:Education and Skills) 公表。カリキュラム2000を当分は堅持することを確認
2005年3月22日		白書「スキル：ビジネスの成功、仕事の成功 (Skills: Getting on in Business ,Getting on at work)」公表
2005年5月		総選挙で労働党勝利。ブレア政権、3期目

(注) 教育課程関連年表のうち、1994年以降の追録作業は、宮島健次氏（西武文理大学）の全面的な協力を得た。

3．イギリス試験制度関連年表　1800-2005 年

1800 年	Oxford 大学 試験規則制定・公式に筆記試験を採用
1815 年	薬剤師会、入会に際し専門職資格筆記試験を採用
1835 年	ソリシター (事務弁護士) 会、入会に際し専門職資格筆記試験を採用
1850 年	公務員、陸軍・海軍士官学校、採用・入学に際し選抜筆記試験を採用
1853 年	インド文官 (ICS) 採用に筆記式の競争試験導入
1854 年	オックスフォード大学法
1854 年	技芸協会 (RSA) が資格試験を開始
1857 年	Exeter の実験：エクゼター所在の中等学校生徒 (15 歳・18 歳) を対象とした競争試験 (コンクール) を実施
1857 年	ケンブリッジ大学法
1858 年	Oxford 大学、Cambridge 大学、中等学校教育の振興策として地方試験実施
1862 年	「出来高払い制」の開始
1868 年	Taunton 委員会、中央試験審議会の設置を勧告
1870 年	国家公務員文官試験が原則競争試験となる
1871 年	大学審査法
1877 年	オックスフォード・ケンブリッジ両大学が受験者個人に合格証明書の発行を開始
1895 年	Bryce 委員会、中央調整・地方運営方式を勧告
1902 年	ロンドン大学、「学校修了証書 (School Leaving Certificate Examination)」および「大学入学試験 (Matriculation Examination) を開始
1911 年	教育庁 (Board of Education) の中等教育試験諮問委員会、資格試験制度創設を勧告
1917 年	中等学校試験審議会 (SSEC) 設置 School Certificate、Higher School Certificate 試験発足

1926 年	Hadow 報告、グラマー・スクール以外の中等学校生徒を対象とする新試験の開発を勧告
1943 年	Norwood 報告、科目別試験と grade 別評価の採用を提案、教員評価を重視
1944 年	1944 年教育法
1947 年	SSEC 報告、科目別試験 ;GCE:O レベル・A レベル試験制度を提案
1949 年	Mountford 委員会、大学入学最低条件を協定合意
1951 年	GCE O レベル・A レベル試験発足
1955 年	通達 289 号、O レベル受験年齢制限を緩和
1960 年	Beloe 報告、CSE 試験を提案
1963 年	ロビンズ報告
1963 年	CSE 試験創設
1964 年	Schools Council 設置
1965 年	CSE 試験発足
1969 年	Schools Council と大学入学常設会議 (SCUE)、Q・F 案を共同提案
1970 年	Schools Council、16 歳試験の単一化構想公表
1973 年	Schools Council、CEE、GCE:N.F 案を提出
1975 年	Schools Council、教育科学大臣に 16 歳試験単一化改革案提出
1978 年	Waddel 委員会 (教育科学大臣の試験制度検討委員会)、16 歳共通試験を了承。教育科学白書、「Secondary School Examination -A Single System at 16+-」(中等学校試験 16 歳時単一制度) を公表
1980 年	The School Curriculum 公表
1982 年	教育科学省、「16 歳余試験」を公表
1983 年	中等試験審議会 (SEC) 設置
1984 年	GCSE 試験に関して教育科学大臣試験構想と実施日程を公表
1985 年	教育科学省、全国統一基準 (National Criteria) を公表
1985 年	BTEC(Business and Technician Education Council) 創設
1986 年	各試験機関、試験要目 (standard syllabus) を作成、配布
1986 年	GCSE コース各学校で開講

1986年	全国職業資格協議会 (NCVQ) 創設
1987年	過年度生用 GCSE 試験要目 (mature syllabus) を作成、配布
1987年	NVQ パイロット導入
1988年	『A レベルの向上 Advancing A Levels』(ヒギンソン報告)
1988年	第1回 GCSE 試験実施
1988年	NVQ と SVQ が本格導入
1988年	1988年教育改革法
1988年	ナショナル・カリキュラムの導入
1989年	第2回 GCSE 試験実施、第1回 GCE・AS レベル試験実施
1989年	学校試験評価審議会 (SEAC) およびナショナル・カリキュラム審議会 (NCC) の創設
1990年	第3回 GCSE 試験実施
1991年	教育科学省、一般全国職業資格 (GNVQ) を提案
1991年	7歳の児童に全国共通のナショナル・カリキュラム・テスト (通称 SATs) を実施
1992年	継続・高等教育法 (1992 Further and Higher Education Act)
1992年	1992年教育法 (1992 Education(Schools) Act)
1992年	OFSTED(The Office for Standards in Education) 創設
1993年	一般全国職業資格 (GNVQ) パイロットテスト開始
1993年	学校試験評価審議会とナショナル・カリキュラム審議会が合併
1993年	『ナショナル・カリキュラムに関するデアリング報告』
1993年	UCAS(Universities and Colleges Administrations Service) 創設
1994年	現代徒弟制度 (Modern Apprenticeships) 実施
1994年	GCSE の成績評価に A* が加えられる
1995年	教育省と雇用省が合併して教育雇用省 (Department of Education and Employment) に改組
1995年	11歳の児童、14歳の生徒に全国共通のナショナル・カリキュラム・テスト (通称 SATs) を実施
1996年	『デアリング報告:16歳から19歳までの資格に関する検討』
1996年	BTEC とロンドン大学試験・評価協議会の合併により、エデクセ

	ル (Edexcel) 創設
1997 年	ロンドン市同業組合協会、連合試験委員会 (AEB)、北部試験評価委員会 (NEAB) の合併により、評価資格同盟 (Assessment and Qualifications Alliance: AQA) 創設
1997 年	1997 年教育法 (Education Act, 1997)
1997 年	資格・カリキュラム機関 (Qualifications and Curriculum Authority) 創設
1997 年	「成功のための資格取得」(Qualifying for Success) 公表
1997 年	初等学校に全国リテラシー戦略 (National Literacy Strategy) を導入
1998 年	技芸協会試験委員会 (RSA) とケンブリッジ大学地域試験連合の合併により、オックスフォード・ケンブリッジ RSA 試験群 (OCR) 創設
1999 年	Joint Council for General Qualifications 創設
2000 年	カリキュラム 2000 導入
2000 年	旧 AS(Advanced Supplementary) レベルを廃止、新たに A レベルを AS(Advanced Subsidiary) レベルと A2 の 2 つのレベルに分割
2000 年	AEA(Advanced Extension Award) 導入
2000 年	キー・スキル (Key Skills)、コースワーク (coursework) を A レベル試験科目 (UCAS ポイント) に導入
2001 年	教育雇用省、教育技能省 (Department of Education and Skills: DfES) に改組
2001 年	カリキュラム 2000 実施後、初の改訂版 GCE AS (Advanced Subsidiary) レベル試験を実施
2002 年	カリキュラム 2000 実施後、初の改訂版 GCE A レベル試験を実施
2002 年	A レベル・スキャンダル
2002 年	A レベル・スキャンダルの責任を取り、QCA 長官ウィリアム・スタッブズ (William Stabbs) 辞任。後任はケン・ボストン (Ken Boston)
2002 年	教育技能相エステル・モリス、辞任。新たにチャールズ・クラークが教育技能相となる。
2002 年	トムリンソン報告書『A レベルの水準に関する調査』(Inquiry

	into A Level Standard)
2002 年	緑書『14-19: 機会と卓越性』
2002 年	GNVQ、VCE に段階的に統合
2002 年	GCSE に職業科目を導入
2003 年	エデクセル、ロンドン資格群 (London Qualifications) に改称
2003 年	数教科目にまたがるハイブリッド GCSE の試行
2004 年	トムリンソンのワーキング・グループ、バカロレアの導入を諮る
2005 年	白書「14 歳―19 歳の教育とスキル」公表、GCSE、GCE A レベルの継続を確認

(注) 試験制度関連年表のうち、1990 年以降現在に至るまでの追録作業は、宮島健次氏（西武文理大学）の全面的な協力を得た。記して、敬意を表したい。

あとがき

　本書は、研究報告として、あるいは寄稿の依頼に応じて、その時おりに作成したイギリス教育についての拙稿を、現在の問題状況との関連を重視する観点から選別して、1冊にまとめた論稿集である。

　当初は、厳選した論文をもとに書き改め、問題領域ごとに再構成し、新たに書き下ろした部分を加えて、1冊にまとめ上梓することを考えていた。しかし、これまでに収集した文献資料の散逸が著しく、加えて、新たな改革動向を追究する十分な時間的な余裕を欠く現況にも鑑みて、問題領域別（各章）に「解説」を、掲載論稿ごとに「論稿の背景とねらい」を付記した論稿集の形に纏めることとした。したがって、本書「イギリスの教育課程改革——その軌跡と課題——」は、筆者の当初の意に適ったものとは言い難い。また、本書の続編として刊行を予定している「イギリスの教育制度改革」(仮題)についても同様である。後日、時間とこころに余裕を得た折りに、改めて当初計画どおりの「拙著」刊行に取り組むことを考えている。ご意見やご助言を賜わることができれば、幸いである。

　　2005年10月　　　　　　　　　　　　　　　　　　　　　　木村　浩

　追記 ——イギリス教育研究追懐——

　筆者が、永年勤続表彰を受けた国立教育研究所（現・国立教育政策研究所）を辞して城西大学に赴任したのは、平成5年4月のことである。以来12年が経過した。城西大学勤務の最初の2年間は、それまでの研究プロジェクトの分担者としての職務を継続するため、国立教育研究所客員研究員を

併任した。この間、主任研究官、欧米教育研究室長、在外研究員、客員研究員など職名は変わったが、ほぼ一貫してイギリス教育研究に携わることができた。この幸運に心から感謝したい。

ところで、イギリス教育研究とのかかわりは、国立教育研究所勤務に先立つこと15年余り以前にさかのぼる。個人研究テーマとして掲げた「イギリスの中等教育修了資格試験制度研究」についての資料収集開始の時期から起算すると、35年余り。現在の勤務大学赴任後の科研費研究分担者や協力者としての、細々とした研究期間を加えると、45年に及ぶ。顧みて、生涯の過半をイギリス教育に関わってきたことになる。

ついでのことながら、イギリスを含むヨーロッパ諸国の文化・歴史についての関心の芽生えに思い馳せると、それは千葉県佐倉の地に縁故疎開した大戦末期の昭和19年4月、国民学校6年生の頃にまでさかのぼることができる。勤務地に踏み止どまった父が、戦災による焼失をおそれて、蔵書の多くを箱詰めにして疎開先に送り届けたのは、その数か月前のことであった。蔵書の中に見つけた「世界文化史物語」と題する少年少女向けに書かれた400頁の立派な装丁の本を、米機来襲を告げる警戒警報のサイレンの音を聞きながら夢中になって読み続けた記憶は、今なお鮮明である。

著者は一氏義良、誠文堂出版、大正13年6月刊である。大正10年英国留学中の著者が、大英博物館の読書室で、イギリスの子どもを対象に書かれた文化史物語を読み、それをヒントに帰国後に書き上げたものである。読みやすい日本語の文章とウエスタミンスター寺院やアルタミラの谷のバイスンの岩絵など多くの写真・挿絵は、当時12歳の少年であった私の心を外国文化に引きつけるに十分であった。この一冊の本は、それ以後の私の関心を持続的に外国の、ことにイギリスの、文化と言語に、後年には「社会と教育」に結びつけることとなった。私をイギリス教育研究に向かわしめた貴重な「一冊の本」であった。

爾来、60年の歳月が経過して今日に至ったが、イギリスとの付き合いの原点はここにあった、と言えようか。追懐の念一入である。

事項索引

[ア行]

「アボツホルムの新学校」(1889) 38
イギリス産業同盟 (CBI) 50, 167
イギリスにおいて一般化している
　能力別学級編成方式 75
「イギリスの教育改革」 17
イクオリティ（平等主義・機会の拡充） 162
一斉指導（授業） 29, 31
一般教育証書試験 (GCE) 155, 169
異文化理解 208
インテグレイテッド・カリキュラム
　（統合カリキュラム） 23
インファント・スクール 27, 29
インフォーマル・アプローチ 41
インフォーマル・エデュケーション
　23, 24, 27, 29, 34, 36-39
　——の伝統 35
エクゼターの実験
　(Exeter Experiment) 147
オックスフォード試験団体 199
オックスフォード大学試験規則 145
オックスフォード大学地方試験委員会
　173, 202
　——の英文学・上級試験 169, 184
オープン教育 37
オープン・スクール 23

[カ行]

海外帰国子女 220
　——の教育問題 208
改正教育令 (Newcastle Commission's
　Revised Code of 1861) 152
外部試験 147, 152,
　155, 157-159
　——制度 151
科学技術地域機構 (Science and
　Technology Regional Organisation) 49
学外試験官 152
　——制度 (External
　Examiner System) 203
学習材 124, 125, 131, 132, 136
　——開発 133-136
　——開発センター 131, 132
　——サーヴィス (Learning
　Material Service) 132
学習指導要領 49, 74,
　75, 86, 91
学習プログラム 11, 93, 130, 140
学校カリキュラム 127, 128, 138, 212
「学校カリキュラムにおける
　平等の保障」 224
「学校カリキュラムの枠組み」
　（教育科学省文書） 212
『学校教育論争』(The School Debate) 33
学校試験 (School Exams) 182
学校試験評価審議会 (SEAC) 11, 93, 175
学校証明（証書）(School Certificate)
　150, 151
　——試験 (School Certificate Exam.)
　153, 155,
　156, 175, 183

学校審議会（Schools Council） 144, 159, 163, 164, 175, 183, 202-204
　→スクールズ・カンシル
「学校における平等の保障」 224
「学校は誰のもの」 17
学校用図書（school book） 95, 96
科目群試験制度 150, 151, 183
科目別能力別指導 77
カリキュラム 93, 95-98, 103, 104, 108, 109, 115, 126, 127, 133, 138, 151, 154, 158
　——改革 140
　——開発委員会 132
　——統制が進行 168
　——と教材開発 111
　——と試験制度の改善 203
　——の共通化 13
　——の多様性 168
　——のバランス 26, 29
　——編成 37, 139, 140, 163
　——論議 218
カリキュラム・教育内容の共通化 40
「カリキュラムの構造と内容・5歳～16歳」 14
環境教育 116, 218
キーステージ 134-136, 138, 140
機械技術者協会（institute of Mechanical Engineers） 153
技術学校（technial schools） 154
技術・職業教育先導計画（TVEI） 63
基礎学力水準 8, 34, 139
基礎教科（foundation subjects） 93, 138, 140
　——の重視 139

キャリア教育 46, 49, 57, 71
キャリア（教育）担当教員 50, 53, 61, 62, 71
教育院（Board of Education） 148, 149, 154
　——の諮問委員会 149
教育開発センター（バーミンガム） 134
教育科学省 56, 163
教育課程審議会 21, 92
教育課程の全国的基準設定 8, 14, 86, 88, 204
教育・産業パートナーシップ組織（Education Business Partnership） 65
教育出版社協会（EPC） 100, 101, 108, 109, 113, 115, 125-128, 130, 223
教育水準の（全体的）向上 10, 13, 16, 39
教育（職業体験）法「Education (Work Experience) Act 1973」 44, 56
教育緑書（グリーンペーパー） 7, 13, 45, 48, 56, 57, 212, 214
教科書 91, 92, 94-96, 98, 101-103, 105-110, 112-120, 123-133, 139, 140
教科書研究センター 35, 91, 92, 124
教師の「秘密の園」 35
『教室の危機』 23, 24, 36, 39
教職の自律性 101, 102, 137
共通カリキュラム 77
　——法定 12
　——導入 14
共通必修 83
　——科目 83
　——教科 93

クオリティ（能率主義・高水準の維持） 162
クラウザー報告 5
グラマー・スクール 5, 59, 76, 80, 85, 87, 103, 146-148, 150, 152-154, 157, 162, 163
──タイプのコース 88, 89
交付金（rate support grants） 99
──補助 100
コース選択制 89
公立グラマー・スクールの創設 87
国際教育センター（東京学芸大学） 220
国際理解教育（多文化教育） 110, 112, 120, 209, 210, 213, 214, 220, 221
個別学習 29-31, 37, 134
──方式 34, 36
雇用者連盟 ETT 167

[サ行]

サフォーク・コンパクト（Suffolk Compact） 65
(財) サフォーク・パートナーシップ（The Suffolk Partnership Ltd.） 65
サマーヒル校（1924） 38
産学パートナーシップ 70
三分岐制中等教育 5
三分岐制中等学校 155
シェフィールド地域センター（Region Centre for Science and Technology） 50
試験シラバス 170, 183
──によるカリキュラム規制 183
「児童と初等学校」（1967） 34, 36
11歳（時）（選別）試験（eleven plus test） 4-6, 12, 32, 80, 138
15 to 18 158

宗教教育 6, 36, 116, 137, 218
自由発行・自由採択制 92, 93, 130
16歳（時統一）試験 6
──の単一化案 163
16歳プラス試験 160, 161
16歳余試験 164
上級学校証明（証書）(Higher School Certificate) 150, 151
──試験（Higher School Certificate Exam.） 153, 156, 175
上級レベル（A Level） 169
──試験 205
──・試験問題の事例 188
──主要教科の等級評価 205
──・シラバス 179, 184, 205
──評価基準 203
→ GCE・Aレベル（上級レベル）
職業体験・キャリア教育 69
職業体験学習 44, 51, 54-57, 59-61, 63-65, 69, 72
「書籍と学校カリキュラム」 125-127
シラバス 77
──関連業務 174
──共通化の動き 205
──作成上の課題と最近の動向 169, 202
──出題範囲（scope of the paper） 182
──と学習指導の実態 184
──と試験団体 169
──と試験問題との一体化した関係 202
──と試験問題との関係 169, 184, 198
──に基づく試験問題の作成 171
──の基準性・拘束性 169, 182
枢密院教育委員会 (The Committee

of the Privy Council on Education) 152
スカラーシップ・レベル
  (Scholarship Level) 155, 156
スクールズ・カンシル 8, 97, 103, 104,
  106, 107, 114, 115, 134
「ストーマーケットからヨーロッパへ」 66
スペンス委員会 154
  ──報告書(Spens Report) 153, 183
スワン委員会 111
  ──勧告と多文化教育 213
  ──報告書「万人のための教育」 111,
  115, 213
「青少年職業体験計画」(YOP) 64
「青少年職業訓練計画」(YTS) 64
セカンダリー・モダン・スクール 58, 80,
  87, 154, 162
1918年教育法 87
1973年の教育法(職業体験法) 59, 60
1976年教育法 5
1902年教育法 87, 153
1988年教育改革法 3, 4, 9, 10, 15,
  21, 35, 39, 64, 89,
  92, 93, 130, 138, 140, 223
1944年教育法 12, 14, 36, 87,
  99, 137, 154, 155
全国カリキュラム審議会(NCC) 11,
  18, 93, 224
全国教育研究財団(NFER) 41, 104, 105
全国教員組合(NUT) 167, 174, 214
全国共通カリキュラム 9-12, 15, 17,
  18, 93, 94, 139, 171
全国計算力向上戦略 39
全国書籍連盟(書籍財団) 103, 125, 126
全国多文化教育協会(NAME) 211
全国中等学校教員組合(NAS/UWT) 174
全国テスト(到達度評価) 16-18,
  93, 94, 138, 223

全国統一(資格)試験制度 183, 202
総合学習 23, 26, 29,
  30, 32-34, 36-41
全国読解力向上戦略 39
総合制学校 77, 81, 88, 89
総合制中等学校 47, 80
総合的な学習の時間 21, 35, 44, 208

[タ行]

大学教員の全国組織 AUT 167
大学入学(・就職)資格試験(GCE) 169,
  170, 172
大学入学中央審議会(UCCA) 161, 170
大学試験委員会(University
  Examination Board) 150, 155
体験学習 49, 61-64,
  66-68, 70-72
第6年級(生) 48, 78
  ──共通必修科目の設置 184
多文化教育 110-113, 115-117,
  134, 208-218, 224
「多文化教育の手引き」 115, 118
地方教育当局(LEA) 8, 10, 12,
  36, 64, 153,
  154, 163, 164, 173
地方試験(Locals) 147, 148,
  172, 182, 202
中核教科(core subjects) 93, 138,
  139, 140
中等学校外部試験 152
中等学校長協会(SHA) 173
中等学校試験審議会(SSEC) 104, 149,
  150, 155, 158,
  175, 202, 203
中等学校男女教員組合(AMMA)
  174, 215
中等教育試験制度(SEC) 144, 151

―――発達史　182
中等教育修了資格（大学入学資格）試験
　→ GCE
中等教育証書試験
　→ CSE
中等学校の三分岐制（グラマー、
　テクニカル、セカンダリー・モダン）　162
中等教育の総合制（化）　9, 12, 13, 32, 56,
　76, 79, 80, 88, 162, 163
中等試験審議会（SEC）　144, 161, 165,
　166, 175, 202, 204, 205
デアリング・レポート　130
テクニカル・カレッジ　47
テクニカル・スクール　87, 154, 162
トートン委員会（1868年）　148
トピック学習　34, 35, 37-39,
　41, 95, 118, 216-218
　―――研究委員会の報告　35
　―――用教科書　116, 117
トピック・ブック　94-96, 98,
　116, 117, 131

[ナ行]

ナショナル・カリキュラム
　（全国共通教育課程）　3, 15, 16,
　40, 92, 130, 134,
　137-140, 143, 223
　―――協議会　132
ナッツフィールド財団　97, 103
二言語教育政策策定の必要性　209
二重試験制度　160-162, 163, 168
ノーウッド委員会　155
　―――報告（Norwood Report）　154
能力混合指導　76, 83
能力混合授業　163
能力混合のクラス編成方式の問題　89
能力混合編成　82

能力主義　5, 75, 86, 134
能力別学級編成　6, 74, 79, 81
　―――指導（streaming）　79
能力混合教育（mixed ability
　teaching）　80, 81, 84
　―――の実践事例　79
能力別指導　74, 75, 78-80
能力別編成（ストリーミング、
　バンディング、セッティング）　77, 78

[ハ行]

ハウス（house）　86
　―――システム　84
ハドウ報告（Hadow Report）　153
ファースト・ミドル・ハイスクール
　制度　58
複線型　86, 89
　―――学校制度　89
　―――の学校体系　87
プラウデン報告　6
ブライス委員会（1895年）　148
プロジェクト学習　216, 218
プロジェクト調整員　53
ベロー報告（The Beloe Report）　158
ホーランド報告　45

[マ行]

マイノリティ　111, 114,
　118-120, 209-216
マクミラン（教育）出版社　117,
　118, 217
マルボロー校　80, 82

[ヤ行]

「優等証書」（Distinction Certificate）
　165
　―――の導入　166-168

「よりよき学校」(教育科学白書)　14, 15, 111

[ラ行]
ラニメード財団 (The Runnymede Trust)　224
臨時教育審議会　3, 4, 92, 143, 221

[ワ行]
わが国の学習指導要領改訂 (1978)　22
ワーク・ブック　25, 26, 28

[欧文]
AS (Advanced Supplementary) レベル　170
——の新設　184
CEE (17歳教育証書試験)　63, 78
CSE　44, 47, 60, 77, 88, 89, 153, 157, 158, 160-162
——試験　84, 164
Early School Leavers　157
GCE (中等教育修了資格試験)　6, 45, 60, 61, 85, 88, 89, 143, 144, 156, 159, 161, 162, 170, 175
——試験　156, 159, 202
——試験委員会　165
——試験シラバスの特色　179
——試験団体　171-173, 205
——試験の公開性　179
GCE・Aレベル(上級レベル)　45, 82, 85, 90, 155, 158, 161, 170, 174, 179
——課程　184
——コース　47
——試験　156, 161, 164, 170, 204
——等級評価検討作業部会　177
——8試験団体　177
GCE・Oレベル(普通レベル)　46, 77, 78, 84, 155, 157, 158, 161, 170, 173, 179
——コース　47
——教育証書　47
——試験　161, 164
——の論述式テスト　166
GCE=CSE合同審議会　161
GCE・CSE試験団体　164, 165
——20試験団体の統廃合　166
——両試験実施の監督　176
GCSE　90, 164, 174, 175
——教科委員会　177
——5地域試験団体群　171
——試験　165, 170, 172, 173, 204, 205
——受験学習　171
——のシラバス　166, 204
GNVQ (一般全国職業資格)　65
HNC (Higher National Certificate)　153
HND (Higher National Diploma)　153
SCDC　107, 112, 114, 115
SEAC　202, 204
——の承認　199
The City and Guilds of London　148, 158
The College of Preceptors　148, 158
The Royal Society of Arts　148, 158
WEA (労働者教育連盟)　46

人名索引

荒木広	206	ハヴィランド, J.	16
アランソン, J.	204	ハーグリーブズ, D.	78
アルトバック, P.	140	ハートレイ, J.	105
ヴァインズ, J.	41	バドレー, J.H.	38
ウィリアムズ, S.	7, 13, 164	ヒギンズ, G.	204
ヴィンセント, K.	102, 103	ビーリング, D.	24, 29, 31
エグルストン, J.	78	ブラウデン, B. H.	23, 24, 34, 36-38, 40, 41
小沢周三	40		
オーヘイガン, R.	80, 81, 83, 85	フラウド, J.	157
カーラエル, M.	164	ブラッドフット, P.	150
キャラハン, J.	13, 15, 56	ブレア, T.	3, 39
キング, E.	17	ベーカー, K.	10
クラウザー, G.	158	ベロー, R.	158
クラフト, A.	112, 115	ホプキンズ, A.	33
クロスランド, A.	4, 36	ホールゼイ, A.H.	157
クロフト, A.	216, 217	マックファーレン, C.	135
コッククロフト, W.	144	マーランド, M.	109, 126
ゴールドスミス, E.	106	持田栄一	27
サッチャー, M.	3, 15, 39, 223	モーラン, P. R.	24, 29, 31
リニー・サラン	17	モンゴメリー, R (M氏)	58, 59, 62, 72
ジョセフ, K.	160, 161, 164, 167, 168	ラガット, M.	131-133
シルバーマン, C. E.	23, 24, 36, 39	ラッグ, E.C.	33
鈴木慎一	17	ラッター, M.	76
スペンズ, W.	183	リチャードソン, R.	224
デアリング, R.	223	リンチ, J.	215
デイヴィス, F.	109, 126	ルンツェル, J.	106
デイヴィス, J.	125, 130, 132, 133, 223	レーシー, H.	78
テイラー, W.	80	レディ, C.	38
トジ, A.	209	ロートン, D.	35, 148
中島直忠	205		
ニイル, A.S.	38		

著者紹介

木村 浩（きむら ひろし）
1932年生まれ。
東京大学大学院教育学研究科修士課程修了。
英国オックスフォード大学留学。
国立教育研究所主任研究官・欧米教育研究室長、
ケンブリッジ大学客員研究員、城西大学経済学部教授を経て、
現在、城西大学経営学部・大学院経営学研究科招聘教授、
城西大学水田記念図書館・館長（兼任）。
著書『学校の歴史』（共著、1979年、第一法規）
　　『国際理解の教育』（共著、1988年、日本教育図書センター）
　　『世界の留学』（共著、1991年、東信堂）

Education Reform and Curriculum Development in England

イギリスの教育課程改革 —— その軌跡と課題 ——
2006年6月10日　　初版第1刷発行　　　　　　　　［検印省略］
　　　　　　　　　　　　　　　　　　　　定価はカバーに表示してあります

著者© 木村浩／発行者 下田勝司　　　印刷/製本　（株）中央精版印刷

東京都文京区向丘1-20-6　郵便振替 00110-6-37828　　　発 行 所
〒113-0023　TEL (03) 3818-5521　FAX (03) 3818-5514　株式会社 東信堂
Published by TOSHINDO PUBLISHING CO., LTD
1-20-6, Mukougaoka, Bunkyo-ku, Tokyo, 113-0023, Japan
E-mail：tk203444@fsinet.or.jp　http://www.toshindo-pub.com

ISBN4-88713-672-2 C3037　　　　　　　　　© H. KIMURA

東信堂

比較・国際教育学（補正版）	石附実編	三五〇〇円
教育における比較と旅	石附実	二〇〇〇円
比較教育学の理論と方法	J・シュリーバー編著／馬越徹・今井重孝監訳	二八〇〇円
比較教育学―伝統・挑戦・新しいパラダイムを求めて	M・ブレイ編／馬越徹・大塚豊監訳	三八〇〇円
世界の公教育と宗教	江原武一編著	五四二九円
世界の外国人学校	福田誠治・末藤美津子編著	三八〇〇円
世界の外国語教育政策―日本の外国語教育の再構築にむけて	大谷泰照・林桂子 他編著	六五七一円
日本の教育経験―途上国の教育開発を考える	国際協力機構編著	二八〇〇円
アメリカの才能教育―多様なニーズに応える特別支援	松村暢隆	二五〇〇円
アメリカのバイリンガル教育―新しい社会の構築をめざして	末藤美津子	三三〇〇円
21世紀にはばたくカナダの教育（カナダの教育2）	小林・関口・浪田他編著	二八〇〇円
現代英国の宗教教育と人格教育（PSE）	柴沼晶子・新井浅浩編著	五二〇〇円
ドイツの教育	天野正治・結城忠・別府昭郎編著	四六〇〇円
21世紀を展望するフランス教育改革	小林順子編	八六四〇円
一九八九年教育基本法の論理と展開		
マレーシアにおける国際教育関係―教育へのグローバル・インパクト	杉本均	五七〇〇円
フィリピンの公教育と宗教―成立と展開過程	市川誠	五六〇〇円
社会主義中国における少数民族教育―「民族平等」理念の展開	小川佳万	四六〇〇円
中国の職業教育拡大政策―背景・実現過程・帰結	劉文君	五〇四八円
中国の後期中等教育の拡大と経済発展パターン―江蘇省と広東省の比較	呉琦来	三八二七円
東南アジア諸国の国民統合と教育―多民族社会における葛藤	村田翼夫編著	四四〇〇円
オーストラリア・ニュージーランドの教育	石附稔・笹森健編著	二八〇〇円

〒113-0023 東京都文京区向丘1-20-6
TEL 03-3818-5521 FAX 03-3818-5514 振替 00110-6-37828
Email tk203444@fsinet.or.jp URL: http://www.toshindo-pub.com/

※定価:表示価格(本体)+税